AF743011

L'Algérie pays immergeant

D'un géant sur papier à un géant en papier

Histoire et Perspectives méditerranéennes

Collection dirigée par Jean-Paul Chagnollaud

Dans le cadre de cette collection, créée en 1985, les Éditions L'Harmattan se proposent de publier un ensemble de travaux concernant le monde méditerranéen des origines à nos jours.

Déjà parus

Abdellah BOUNFOUR *Malaise dans la transmission, La crise de l'autorité familiale, scolaire et politique au Maghreb,* 2016
Riza SAYGILI, *Un siècle de démocratisation innachevée, Partis et courants politiques en Turquie (1908-2008)*, 2016
Karim BEN YEDDER, *Le fondouk al-ghalla de Tunis, Marché central (1891-1956)*, 2016.
Association Déméter-Coré (coord.), *Travail et maternité dans l'aire méditerranéenne*, 2016.
Zakaria FATIH, *Le Maghreb à la croisée des chemins : l'enjeu de la tradition et le défi de la modernité,* 2016.
Hassan BANHAKEIA, *Histoire de la pensée nord-africaine,* 2016.
Saïd CHIBANE, *L'Algérie entre totalitarisme & populisme, La fausse ouverture ou l'heure des illusions/désillusions, tome 2,* 2016
Saïd CHIBANE, *L'Algérie entre totalitarisme & populisme, Le temps du parti unique, tome1,* 2016.
Johara BERRIANE, *Ahmad al-Tijâni de Fès : un sanctuaire soufi aux connexions transnationales*, 2016.
Pascal CYR, *Égypte, la guerre de Bonaparte*, 2015
Philippe GAILLARD, *Génération Algérie : Mémoire d'un quidam*, 2015
Mustapha ARIHIR, *Les relations extérieures franco-algériennes à l'épreuve de la reconnaissance, de 1962 à nos jours*, 2015.
Chadia CHAMBERS-SAMADI, *Répression de manifestants algériens*, 2015.
Mohammed Anouar MOGHIRA, *L'Égypte en marche ?. Les atouts, les espoirs et les défis (1952-2015)*, 2015
Mohamed HARAKAT, *Les paradoxes de la gouvernance de l'État dans les pays arabes,* 2015.
Mohammed GERMOUNI, *Le protectorat français au Maroc. Un nouveau regard,* 2015.
Guillaume DENGLOS, *La revue* Maghreb *(1932 - 1936). Une publication franco-marocaine engagée,* 2015.
Michel CORNATON, Nelly FORGET et François MARQUIS, *Guerre d'Algérie, ethnologues de l'ombre et de la lumière,* 2015.

Kheladi MOKHTAR

L'Algérie pays immergeant

D'un géant sur papier à un géant en papier

L'Harmattan

Du même auteur

Urbanisme et systèmes sociaux. OPU, Alger 1991
Introduction à l'économie politique. OPU, Alger 2004
Introduction aux relations économiques internationales, OPU, Alger, 2010
Le développement local. OPU, Alger 2013

Ouvrages collectifs

Chanson-Jabeur (Chantal) et Musette (Saïb) (Sous la direction de) : Transports urbains et interurbains en Algérie. Co-édition CREAD-Laboratoire SEDET/Gremamo – CNRS, Université Paris 7. article pages : 103-123.
La Méditerranée occidentale. Entre régionalisation et mondialisation. Ed. CREAD et Labo Economie & Développement de l'Université de Béjaia. Alger 2003. articles pages 59-75
Algérie, Maghreb, Méditerranée. Ouvrage collectif réalisé dans le cadre de l'année de l'Algérie en France, L'Harmattan, Paris 2006.

Articles

Kheladi Mokhtar, Belattaf Matouk & Arhab Baya : Transport urbain à Béjaia. In Les Cahiers du CREAD n° 54 du quatrième trimestre 2000
Kheladi Mokhtar : La mondialisation : une nouvelle stratégie d'accumulation. In Les Cahiers du CREAD, n° 55 du premier trimestre 2001
Kheladi Mokhtar, Belattaf Matouk & Arhab Baya : Contribution à l'analyse des structures de la ville algérienne, à partir du cas de la ville de Béjaia. In Les Cahiers du CREAD, n° 56 du deuxième trimestre 2001
Kheladi Mokhtar : La gratuité de l'éducation : un frein au développement. Revue de l'Association du Tiers-monde. 2006, Université de Nancy II.
Kheladi Mokhtar : Le poids économique du monde arabe. Revue Algérienne de Management, n° 2. INPED (Boumerdes) 2007
Kheladi Mokhtar : Analyse de la question de la PME face au marché international. Rétrospective et étude des conditions de compétitivité Revue Algérienne de Management, n° 4. INPED (Boumerdes) 2008.
Kheladi Mokhtar and Arhab Baya : The transition to a market economy : the experience of Algeria. China-USA Business Review. Volume 11, Number 3, March 2012.

© L'HARMATTAN, 2016
5-7, rue de l'École-Polytechnique, 75005 Paris
www.harmattan.fr
diffusion.harmattan@wanadoo.fr
ISBN : 978-2-343-09189-1
EAN : 9782343091891

Sommaire

Introduction

Pour l'Algérie, le 5 juillet 1962 est le grand jour qui met fin à la présence française et à la Colonisation avec un grand C. Le peuple algérien sort grandi de la guerre de libération et il profite de son élan pour se projeter dans un futur radieux où tous les hommes sont frères, égaux et riches. Dans les conditions de l'époque, c'est un projet immense, ambitieux et utopique. Il est d'autant plus utopique que la nation s'y engage avec beaucoup de bonne volonté, mais pratiquement sans moyens. Malheureusement dans un excès de fébrilité, le pays aurait, à un moment quelconque, raté une intersection, car à l'issue d'un demi-siècle d'aventures et de mésaventures, l'illusion est tombée annonçant au monde que la montagne a accouché d'une souris. Einstein disait que le succès c'est 1 % de génie et 99 % de sueur. A supposer que le 1 % de génie ait été disponible, il a manqué à l'Algérie les 99 % de sueur. On ne devient pas *Superman* par décision administrative.

L'Algérie est un immense pays de 2,3 millions de km² de superficie et des frontières qui se déroulent sur 6600 km, sur lesquels seulement 1200 km de côtes qui ouvrent le pays sur la Méditerranée. Partant du littoral, le territoire s'enfonce profondément à la fois dans le désert et dans le continent africain. Géographiquement l'Algérie est au nord de l'Afrique et au sud de l'Europe, mais économiquement elle tient plus de l'Afrique que de l'Europe, puisqu'elle se laisse définir par les fléaux de misère, ignorance, dictature, injustice, corruption qui sont le propre de la majorité des pays africains.

Le nom, les frontières et la superficie que nous connaissons à l'Algérie d'aujourd'hui, lui ont été donnés par la colonisation française. On serait bien en peine de tracer les limites du pays pas plus loin que le premier tiers du XIX° siècle. C'est pourquoi l'histoire de l'Algérie telle que pratiquée aujourd'hui n'est que l'histoire de sa partie septentrionale qui s'étend le long du littoral sur une épaisseur de moins d'une centaine de kilomètres. C'est un territoire qui correspond grossièrement à celui que délimite le *limes* romain.

Par un curieux hasard, les conditions de vie existent sur la frange Nord mais les moyens d'existence sont localisés au Sud (pétrole, gaz, or, fer, uranium...). Les matières premières sont acheminées vers le nord sur des centaines de kilomètres (pour y être transformées ou exportées en l'état) tandis que les produits de l'agriculture et de l'industrie (produits localement ou importés) prennent le chemin inverse, induisant des coûts de transport faramineux. De plus, le contraste, fort, entre un Nord très ramassé et très densément peuplé et un Sud trop vaste et trop vide, pose des problèmes quasiment insolubles en termes d'occupation rationnelle de l'espace, de justice sociale, de coût d'approvisionnement, de sécurité nationale, etc.. Ces problèmes étant donnés, une bonne gouvernance peut les adoucir et une mauvaise les aggraver.

Devenu indépendant en 1962, le peuple algérien auréolé comme un champion olympique allait pouvoir commencer une page blanche. Nul ne doutait qu'ayant gagné haut la main, avec des moyens dérisoires, sa guerre contre une grande puissance, il allait faire des miracles, la paix revenue. Partie sous les vivats d'un Tiers-monde admiratif, l'Algérie s'élance, avec cette foi du charbonnier, que l'essentiel c'est d'aller vite, même si l'on ne sait pas exactement où l'on va. Après un demi-siècle d'efforts, où que l'on ait décidé d'aller, on n'y est pas arrivé, car selon toute vraisemblance le pays a fait du surplace. L'élève « Algérie » est un cancre, en dépit de quelques bonnes notes obtenues dans les matières secondaires.

En juillet 2015, l'Algérie se retrouve comme en juillet 1962, dans une situation dramatique, faite de lendemains incertains, d'injustices, d'inégalités, de pauvreté, de dépendance à l'égard de l'étranger. Il faut y ajouter la haine, l'intolérance et la violence qui ont fleuri et se sont superbement épanouies depuis quelques années. Tout ce que le peuple a redouté, tout ce qu'il a essayé d'éviter, il est tombé en plein dedans et pour la première fois depuis 2000 ans, il ne peut incriminer personne d'autre que lui-même. Pour rester dans l'analogie pédagogique, avertissons d'emblée que ce n'est pas l'objet de ce travail de faire le bilan de l'élève Algérie, il s'agira seulement de montrer qu'il aurait pu mieux faire. Il s'agit d'abord de faire plus d'efforts, mais également de mieux choisir les secteurs prioritaires sur lesquels il faut porter encore plus d'efforts, c'est-à-dire les matières essentielles qu'il aurait fallu bûcher plus sérieusement (agriculture, industrie, éducation, ville et énergie).

1- L'agriculture est le ventre mou de l'Algérie et le niveau effroyable de dépendance à l'égard du marché mondial pour sa nourriture, est un indicateur suffisant en soi. Le secteur a été méprisé, maltraité, torturé… en des opérations appelées autogestion, révolution agraire, restructuration des domaines autogérés, privatisation, PNDA, PNDRA… qui ont justifié des peines immenses et des budgets colossaux dont le secteur a bien peu bénéficié, en vérité. Les quelques acquis réalisés ici ou là (lait, pomme de terre, viande blanche…) ont été rattrapés par une démographie galopante ; de sorte qu'en la matière pratiquement tout reste à faire. Mais y a-t-il encore quelque chose à faire ?

2- L'industrie reste l'expérience la plus douloureuse et la plus décevante de l'Algérie indépendance. Il lui a été consenti tous les sacrifices possibles. Durant deux décennies elle a porté les espoirs et les ambitions des Algériens, mais elle les conduit sur un chemin sans issue au bout duquel il n'est même plus possible de faire demi-tour. Aujourd'hui, le bilan est effarant, l'industrie participe avec moins de 5 % dans le PIB ; les grandes entreprises publiques ne sont que des coquilles vides et les entreprises privées sont trop petites pour porter l'industrie. Entre ces deux extrêmes, il y a bien quelques champions, mais ils sont trop rares et trop isolés pour servir de locomotive à l'économie nationale.

3- A première vue l'école n'est pas un secteur d'activité, mais elle est le moteur de toutes les activités en produisant/diffusant le savoir académique qui constitue le terreau de la recherche appliquée. La R&D, pratiquée efficacement au sein de l'entreprise lui assure un flux continu d'innovations qui lui permettent d'améliorer sa compétitivité. Il n'existe, dans le monde contemporain, aucun exemple d'une nation écrasée par l'analphabétisme et l'ignorance où l'économie se porte bien. Vue de loin, l'Algérie prend grand soin de son école, mais paradoxalement l'économie n'en profite pas, car elle est aussi stérile que si le pays n'avait pas d'école du tout. Ce serait un euphémisme de dire qu'il est urgent de comprendre pourquoi l'investissement dans l'école est aussi improductif et même contre-productif.

4- La ville est par définition LA civilisation. A la fois contenant et contenu, elle est la synthèse de tout ce que l'homme a acquis de savoir et de savoir-faire depuis les origines. C'est une entité vivante, douée de sa propre intelligence. Ville et hommes développent une telle synergie qu'il n'est pas possible de définir l'homme sans y intégrer la caractéristique « ville », tout comme il n'est pas possible de définir la ville en omettant l'« homme ». Cette relation n'est ni exclusivement pacifique ni forcément positive, chacun pouvant être ange ou démon pour l'autre. La ville socialise, organise et hiérarchise la *meute*, mettant chacun sur la fonction qui optimise l'utilisation de ses capacités physiques et/ou intellectuelles. Devenus plus inventifs et plus productifs, les hommes œuvrent à renforcer les capacités de leur ville à les rendre plus inventifs et plus productifs. Et ainsi de suite. Quid de la ville algérienne ?

5- Tout ce que l'Algérie est, tout ce qu'elle a été, elle le doit au pétrole, les meilleurs moments comme les pires. Pourtant en plus d'un demi-siècle de cette symbiose entre un peuple et une matière première de son sous-sol, les Algériens n'ont pu domestiquer le cours tumultueux du pétrole, le laissant les entraîner sur des sentiers impraticables. Il est peu probable que le débat sur la question de savoir si le pétrole est une bénédiction ou une malédiction puisse un jour être tranché. L'argent du pétrole a permis à l'Algérien de profiter des bienfaits de la civilisation à des niveaux auxquels il n'aurait jamais aspiré sans : automobiles, NTIC, moyens de transport modernes, nourritures du bout du monde, voyages... Malheureusement, l'aisance financière a dispensé l'Algérien de travailler et le décideur d'être intelligent. Là où il faut réfléchir, calculer, innover, tester... pour trouver des solutions durables aux problèmes, on coupe au plus court, en recourant à l'importation. C'est une solution facile et de facilité qui est à la portée de n'importe qui et qui permet à des problèmes « réglés » cette année de se poser avec plus d'acuité l'année prochaine. Et ainsi de suite jusqu'à ce qu'il n'y ait plus d'argent et que la bulle éclate.

Voilà les cinq chapitres qui vont constituer le corps de ce livre pour montrer que plus qu'à aucun autre moment depuis l'indépendance, depuis que le XXI° siècle est entré, le peuple Algérien vit dans une bulle qui le coupe de la réalité. L'Algérien vit dans l'illusion qu'il est jeune, beau, fort, intelligent, craint et respecté. Pas moins ! Pendant ce temps, le poids économique et politique du pays dans le monde tend à devenir quantité négligeable. Le pays fait eau de toutes parts, mais le citoyen ne semble pas ou ne veut pas s'en apercevoir, lâchant la proie pour l'ombre d'un discours démagogique truffé de superlatifs, de mensonges et demi-vérités. Convaincu d'avoir atteint la perfection, il s'adonne à la lubie de toujours faire le contraire de ce que font les autres. Si, partout dans le monde, on travaille dur, on met en valeur, on invente, on innove, on améliore, on projette, on protège… en Algérie on fonce dans la direction opposée, devenant au fil du temps, un pays sans ambitions, sans projet et quasiment sans avenir parce qu'il gaspille ses ressources et celles des autres.

Si ce modeste ouvrage pouvait ouvrir les yeux sur ce drame latent, nos efforts pour le rédiger seraient payés. Pour le produire, nous nous heurtons à la double difficulté d'écrire un livre *sur* l'Algérie et d'écrire un livre *en* Algérie. La première difficulté tient à la rareté des données et à leur fiabilité et la seconde tient à la peur de dire que le roi est nu et au parcours du combattant à réaliser pour trouver à le publier.

Chapitre 1
AGRICULTURE
Vivre pour manger !

L'opinion générale est portée à croire que l'Algérie est un pays à vocation agricole, et le quidam aime à rappeler que les Romains en ont fait leur grenier à blé, que les farouches Vandales ont été ramollis par la vie de château qu'ils y ont menée, que la France l'a colonisée pour une histoire de blé non payé et que le président égyptien Nacer avait dit que : *l'Algérie suffira pour nous et pour vous !* En réalité, l'agriculture est le talon d'Achille de l'Algérie. Bien que le secteur emploie plus de 2,5 millions de travailleurs, il fournit moins de 10 % du PIB, ce qui le met bien loin de pouvoir répondre aux attentes de la population qui se découvre, mangeant plus qu'elle ne produit. C'est surtout leur pétrole qui nourrit les Algériens.

1- RAPPELS

La vie du peuple algérien était rythmée par le calendrier agraire dans le cadre du paradigme de Ptolémée avec les certitudes bien ancrées qui énoncent que : le soleil *se lève le matin* et *tombe le soir* ; que l'espace se mesure en temps (une distance d'une demi-journée de marche, une superficie de trois jours de labour…), etc. Le savoir est primaire et sa transmission orale tandis que les techniques s'apprennent sur le tas, par la pratique. Ce qui explique qu'il nous reste bien peu de traces de ce que fut la vie en Algérie dans l'antiquité[1]. Ce que nous savons avec une certaine certitude c'est que l'Afrique du Nord compte parmi les greniers à blé de Rome, d'où

[1] Ce qu'il nous en reste date essentiellement de l'époque romaine lorsque leur histoire croise celle de la Numidie. C'est le cas, par exemple de Salluste écrivant *La Guerre de Jugurtha* ou de Cicéron écrivant *De la République*.

certains contemporains tirent qu'à cette époque la région était une puissance agricole. Cette conclusion est si bien enracinée qu'elle recèle forcément un fond de vérité, même si elle demande à être relativisée par le rappel de certaines vérités :

- A cette époque, la population de l'Afrique du Nord était peu importante, de sorte que par contraste la superficie agricole utile est immense, d'autant plus que la terre ne connaît pas les agressions dont elle fait l'objet aujourd'hui. Il est, donc, plausible que le territoire produise au-delà de ses besoins en certains produits (blé, huile d'olive...).
- Au sommet de sa gloire Rome comptait à peu près un million d'habitants, de sorte que ce n'est pas une performance exceptionnelle pour un territoire aussi vaste que l'Afrique du Nord de la nourrir.
- Nous savons, par ailleurs, que Rome s'approvisionnait auprès d'autres sources (Pont-Euxin, Egypte, Syrie...)

La longue succession de tragiques événements dans la région (conquêtes romaine, vandale, byzantine, arabe, hilalienne, espagnole, turque et française) a produit une configuration originale de l'organisation du foncier et de la production. A la veille de la colonisation française, on pouvait distinguer plusieurs formes juridiques : les terres *makhzen* (qui appartiennent au Pouvoir), les terres *arch* (qui appartiennent en indivision à toute la tribu qui les cultive collectivement, elles sont inaliénables), les terres *melk* (qui appartiennent en indivision à une seul famille) et les terres *azel* (propriété de l'Etat qui les donne en fermage). Le gros du patrimoine foncier est formé par des terres, *propriété communautaire collective incessible et insaisissable* ; statut que la France va s'employer à remodeler en utilisant de nombreux stratagèmes, afin de déposséder les populations de leurs terres[1]. Le processus de dépossession aboutit avec la promulgation par Napoléon III du fameux *sénatus-consulte* qui fractionne les terres *arch* et les répartit par tête avec des actes de propriété dûment rédigés. Les terres deviennent, dès lors cessibles et saisissables, alors que les terres dont le propriétaire n'est pas clairement identifié sont tout simplement confisquées pour être redistribuées à des colons.

[1] Cf. Sari (Djilali) : La dépossession des fellahs. SNED Alger, 1977.

L'Algérie étant géographiquement très proche de la France, celle-ci envisagea dans un premier temps de la reconvertir en une vaste plantation de produits exotiques jusque-là ramenés de contrées lointaines à prix prohibitif. Le café, la betterave, la canne à sucre, le cacao, le poivre, la cannelle, l'indigo, le manioc, le thé, le riz, le tabac... ont été tour à tour essayés, mais se sont avérés infructueux en raison du climat qui ne s'y prête pas. Remis à la raison, les colons se rabattent sur les produits indigènes, essentiellement le blé, l'orge, le sorgho, le figuier, l'olivier, le dattier, et à un moindre degré l'oranger, le citronnier, le caroubier... Toutefois, ils ne s'y arrêtent qu'accessoirement, réservant leurs efforts aux cultures d'exportation : tabac, primeurs, agrumes, dattes, coton et surtout vigne.

Tableau 1 : Superficie des exploitations et statut juridique des terres

Origine des terres	**Nombre d'exploitations**	**%**	**Superficie** (ha)	**%**
Melk personnel titré	120 087	11,73	1 090 192	12,89
Melk personnel non titré	252 331	24,65	847 872	10,02
Melk en indivision titré	143 900	14,06	1 294 676	15,31
Melk en indivision non titré	261 005	25,49	2 624 472	31,03
Domaine privé de l'Etat	181 194	17,70	2 541 876	30,05
Domaine public	5 428	0,53	24 323	0,29
Wakf privé	2 211	0,22	24 056	0,28
Wakf public	605	0,06	4 821	0,06
Non déclaré	1 103	0,11	6 392	0,08
Total	967 864	94,55	8 458 680	100
Hors sol	55 935	5,46		
TOTAL	1 023 799	100	8 458 680	100

Source : MADR, Recensement général agricole, 2003

En matière d'élevage, les colons se sont livrés également à quelques expériences *exotiques* en essayant d'introduire des animaux tels que le zébu, le lama, l'alpaga... avant de se résigner à s'aligner sur l'élevage indigène, « enrichi » par l'inévitable porc. Après la défaite de 1871 (contre l'Allemagne), la France qui a perdu l'Alsace et la Lorraine entreprit d'accélérer le processus de dépossession en recourant à toute sorte de manœuvres.

Le cas de la vigne mérite quelques détails. La vigne a pris son essor en Algérie dans le dernier quart du XIX° siècle, après des hésitations et des atermoiements que la crise du *phylloxera* dans le

Midi de la France contribua à faire dépasser. De 10 à 12 000 hectares, en 1870, le cépage atteignit 91 000 ha en 1889, pour arriver à 170-180 000 ha en 1916. L'Algérie devint la brasserie de la France jusqu'à la fin des années 60, ce qui déséquilibra son agriculture et son économie pour très longtemps. La colonisation a, en effet, structuré le secteur agricole par rapport aux besoins de la métropole, ce qui va avoir des conséquences dramatiques sur le développement du pays au lendemain de l'indépendance, comme nous aurons l'occasion de le voir. Les données disponibles sur le commerce franco-algérien de l'époque, indiquent que l'Algérie exporte des produits agricoles (avoine, blé, ovins, bovins, citrons, oranges, pomme de terre, légumes frais, orge, figues, tabac, raisin, dattes, eau de vie, alfa, huile d'olive, vin, peaux, poissons) et quelques produits du sous-sol (minerai de fer, phosphates, zinc, cuivre, plomb…). En contrepartie elle importe certaines matières premières, des produits intermédiaires et surtout des biens manufacturés de consommation finale (tissus et vêtements, ouvrages en métaux, matières animales, combustibles, bois, produits chimiques, peaux et pelleterie ouvrée, métaux, machines pour l'agriculture, machines de construction, superphosphates et engrais…). C'est une spécialisation qui est à l'avantage de la France, à l'égard de laquelle l'Algérie est totalement dépendante pour les produits manufacturés. A la veille du déclenchement de la révolution, nous retrouvons dans la nomenclature des importations de l'Algérie (venant de France s'entend) les produits suivants : sucre, café, voitures de tourisme et autocars, machines et appareils, construction électrique, papier, huiles végétales, laminés, feuilles et tôles, camions, produits pharmaceutiques, chaudières, pompes et moteurs, constructions métalliques, etc. Les importations de l'Algérie sont de plus en plus complexes (ce qui témoigne du niveau de développement atteint par la France) et de plus en plus coûteuses, tandis que ses exportations sont restées sans changement ce qui est un excellent indicateur de stagnation.

A la veille de l'indépendance, l'Algérie est, donc, un pays foncièrement agricole et son agriculture se répartit entre un secteur moderne exportateur entre les mains des colons et un secteur traditionnel et vivrier, entre les mains des indigènes. Lorsque les colons quittent précipitamment le pays l'été 1962 « leurs » terres sont spontanément reprises par les paysans qui y étaient employés, pour conduire la campagne à son terme. Cette réaction instinctive des fellahs ouvre la voie à l'autogestion et va grandement contribuer à asseoir l'orientation socialiste du pays. Il est évident que passé le premier élan *révolutionnaire* l'anarchie menace dans la mesure où les terres n'appartiennent à personne de précis. Des individus plus audacieux et peu scrupuleux pourraient détourner les exploitations restées vacantes à leur seul profit. C'est pourquoi, les pouvoirs publics se sont rapidement interposés (fin août 1962) pour soustraire ce patrimoine aux convoitises. L'Etat donna un cadre à l'intérieur duquel le comportement des ouvriers soit légal et bien contrôlé ; en créant des *Comités de gestion* dans les exploitations de plus de 10 travailleurs. Toutefois, cela ne met pas fin à toute forme de problèmes : au sein des exploitations les conflits se multiplient, obligeant l'Etat à s'ingérer de plus en plus dans la gestion, via des règlements *ad hoc* promulgués au fur et à mesure selon les besoins. Aujourd'hui encore, nous sommes en peine de dire qui du fonctionnaire (représentant l'administration) et du comité de travailleurs, gérait vraiment l'exploitation. Ce flou préjudiciable dura jusqu'à la promulgation de la Révolution Agraire (RA) en 1972. La révolution agraire intervient en plein milieu du Premier Plan Quadriennal, entièrement dédié à la gloire de l'industrie. Avec le recul, nous la voyons comme une ample gesticulation pour faire croire qu'on s'occupe sérieusement de l'agriculture, alors même qu'elle constitue le cadet des soucis d'un gouvernement tout acquis à l'industrie. Le budget alloué au secteur ne dépasse pas les 5 % du budget de l'Etat et mille difficultés empêchent que ce quota soit entièrement consommé.

L'agriculture entre dans une longue crise structurelle, mais personne n'en a cure, la population est approvisionnée par de massives importations subventionnées ; ce qui est unique dans les annales. En effet, partout ailleurs, les gouvernements déploient des ruses de Sioux pour rendre plus chers les produits d'importation, mais pas en Algérie où on s'évertue à les rendre bon marché, donnant une prime indue aux producteurs de l'étranger. Des produits comme la semoule, le lait, le sucre, le café, l'huile, le riz… sont vendus trois ou quatre fois en dessous de leur prix réel. Les germes de la dépendance alimentaires sont semés.

2- DONNEES SUR L'AGRICULTURE

Avec 2,3 millions de km², l'Algérie est le plus vaste pays d'Afrique, mais le désert en occupe près de 9,5 km² sur 10, et ce que le désert ne prend pas, c'est la montagne qui se l'accapare. En effet, la frange vaguement rectangulaire que constitue le nord du pays, est parcourue d'ouest en est par deux chaînes de montagnes parallèles (l'Atlas tellien et l'Atlas saharien) qui enserrent les Hauts-Plateaux, ne laissant çà et là, que quelques poches favorables à l'agriculture (les étroites plaines du littoral), auxquelles il y a lieu d'ajouter quelques oasis[1]. Lorsqu'on aura défalqué les superficies forestières et alfatières, les disponibilités foncières résiduelles ne s'élèvent qu'à 42 443 860 d'hectares sur lesquels 32 942 086 sont des terrains de pacages et de parcours ; ce qui fait tomber la superficie agricole utile (SAU) à 8 445 490 hectares. Cette modeste aire se partage entre cultures labourables (7 501 395 ha) et cultures permanentes (944 095 ha). Les cultures labourables, pour leur part se partagent entre terres cultivées (céréales, maraîchages…) et terres au repos (c'est-à-dire qui ne sont pas mises en culture l'année considérée). En effet, les sols sont peu productifs et l'utilisation des engrais encore faible et mal maîtrisée, de sorte qu'on est obligé de recourir à la technique traditionnelle de la jachère qui consiste à mettre au repos une partie des terres pour leur permettre de se régénérer naturellement[2]. Pour la campagne 2010/11 (à laquelle nous empruntons tous les chiffres de ce paragraphe) les superficies laissées au repos forment un total de 3 246 508 hectares, soit 43,27 % des terres labourables et 38,4 % de toute la SAU qui de ce fait se trouve réduite à seulement 5 198 982 hectares soit à peu près autant que la SAU de la Tunisie qui est de 5,271 millions d'hectares en 2004/05.

Les données statistiques varient d'une année à l'autre et selon les sources, mais les ordres de grandeur à eux seuls suffisent pour se faire une idée sur l'importance réelle des variables stratégiques. Ainsi les

---

[1] Les Hauts-Plateaux sont la région de prédilection pour les céréales mais la pluviométrie y est insuffisante et irrégulière, d'où une faible productivité et des rendements irréguliers d'une année sur l'autre.

[2] La jachère est loin d'être un gaspillage de ressources. Les paysans l'utilisent à bon escient ; les années sèches, ils laissent beaucoup de jachère (il serait aberrant d'ensemencer des sols qui ne donneront rien) mais les années de bonne pluviométrie, ils ensemencent une partie des terrains laissés en jachère.

superficies consacrées aux céréales sont à peine supérieures aux superficies laissées en jachère[1et2]. Les cultures permanentes jaugent moins d'un million d'hectares et elles sont presque entièrement dévolues à l'arboriculture (olivier, figuier, agrumes...). Une SAU de 8,5 millions d'hectares semble constituer, dans l'état actuel de la technologie, une sorte de frontière des possibilités de production d'une agriculture prise en étau entre une main-d'œuvre sous-qualifiée et vieillissante, la rareté de l'eau et la dégradation du milieu physique (érosion, incendies, avancée du désert...). Il n'est pas étonnant, dès lors que le secteur ne fournisse que 10 % de la valeur ajoutée brute de la nation.

Les caractéristiques naturelles et sans doute des déterminants historiques ont orienté l'agriculture de l'Algérie sur une poignée de cultures : céréales, pomme de terre, agrumes, vignoble, oliviers... Examinons-les brièvement.

21- Les céréales

La famille des céréales est représentée essentiellement par le blé, l'orge et l'avoine, mais c'est le blé (lui-même partagé en blé dur et blé tendre) qui en est l'ossature. Pour des raisons historiques qu'il serait intéressant de reconstituer, le peuple s'est donné un modèle de consommation à base de céréales. Le pays consacre 3 à 3,5 millions d'hectares à la culture des céréales, sur lesquels quelque 600 000 hectares seulement reçoivent une irrigation d'appoint. La région des Hauts-Plateaux est l'aire de prédilection des céréales, mais les rendements restent parmi les plus bas du monde avec une moyenne de 16 q/ha. Les rendements sont tributaires des conditions climatiques et peuvent varier du simple au double voire au triple en fonction de la pluviométrie. Les mauvaises années la production peut descendre jusqu'à 1,5 million de tonnes et les bonnes années, elle peut dépasser les 6 millions de tonnes. Au cours de ces dernières années, la production a évolué comme suit :

- 2007-2008 : 1,5357 million de tonnes

---

[1] Le recensement général agricole réalisé en 2001 et publié en 2003 donne des superficies de 3 997 429 ha aux céréales et de 3 350 290 ha à la jachère.

[2] Ajoutons-y un peu plus d'un million d'hectares de ce qu'il communément appelé *Terres improductives des exploitations* et qui sont des terres appartenant à des exploitations mais que celles-ci n'exploitent pas pour diverses raisons.

- 2008-2009 : 5,2532 millions de tonnes
- 2009-2010 : 4,0021 millions de tonnes
- 2010-2011 : 3,7280 millions de tonnes

Ces résultats soulignent combien l'Algérie est loin de l'autosuffisance alimentaire, sachant que ses besoins se situent autour de 8 millions de tonnes. Le pays est obligé de recourir aux importations pour combler son déficit, il est d'ailleurs l'un des piliers du marché mondial du blé (dominé par une poignée de producteurs). En tant que gros importateur, l'Algérie est en butte à une incertitude sur les quantités (on ne sait pas combien on va importer l'année prochaine) et une incertitude sur les prix (on ne sait pas combien va nous coûter le quintal de blé, l'année prochaine).

Tableau 2 : Production et rendements des céréales

	2000-01	2001-02	2002-03	2003-04	2004-05	2005-06
Répartition de la production (tonne)						
Blé dur	1238865	950967	1802293	2001700	1568709	1555889
Blé tendre	8 00348	5 508 36	1162559	7 290 00	8 460 18	9 151 30
Orge	5 746 54	4 161 12	12219 76	12116 00	10320 19	12358 80
Avoine	436 61	334 95	775 46	890 00	775 00	890 00
Rendements (q/ha) par rapport aux superficies récoltées						
Blé dur	11,1	11,7	14,2	15,3	15	15,2
Blé tendre	11,1	9,4	14,9	10,4	15,1	14,73
Orge	11,1	10,4	15,6	13,2	15,1	15,21
Avoine	8,8	7,5	10,9	12	12,6	11,9
Rendements (q/ha) par rapport aux superficies emblavées						
Blé dur	8,7	7	13,6	14,6	11,9	13,05
Blé tendre	9,6	6,8	14,3	9,	11,7	13,07
Orge	6,6	4,6	14,7	11,8	10,1	11,06
Avoine	7,4	4,7	10	11	8,4	9,79

Source : MADR, rapport sur la situation du secteur agricole 2006

Que les rendements soient aussi faibles et que la production enregistre de si fortes variations d'une année à l'autre est un indicateur de la faible maîtrise du sujet. D'énormes chantiers attendent l'Algérie qui doit se débrouiller pour essayer de :

- maintenir la production à son niveau des meilleures années,
- réussir la reconversion de certaines terres,
- introduire de nouvelles espèces,
- éliminer les gaspillages (tels que nous les verrons plus loin),

- en finir avec les superficies emblavées, mais non récoltées,
- réduire les superficies laissées en jachère[1]…

Un succès de ces opérations allégerait de manière substantielle le poids de la dépendance alimentaire.

Graphique 1 : Rendement des céréales en 2009 (kg/ha)

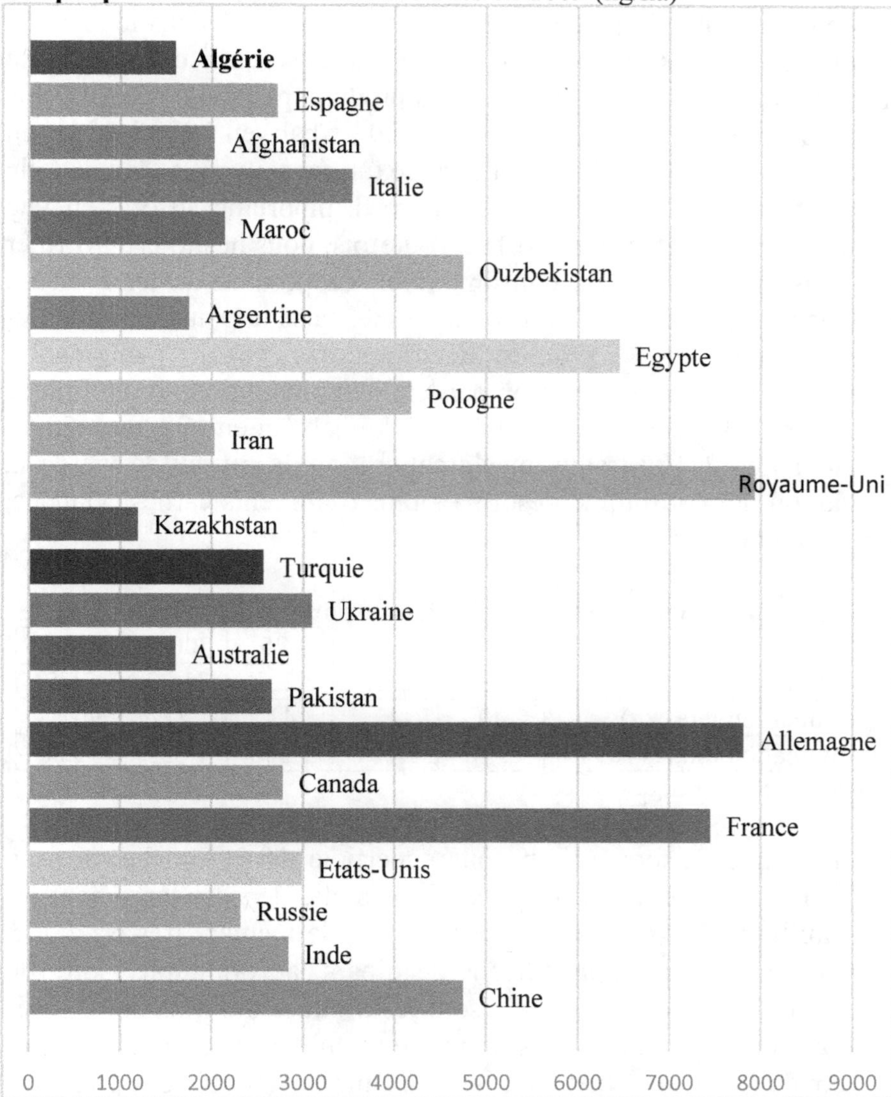

Source : FAOSTAT (mars 2011)

[1] La jachère est courante dans l'aire méditerranéenne. Sur la période 2005-2009 elle représente 29 % en Espagne, 25 % au Maroc, 3 % en Tunisie et 20 % en Turquie.

22- La pomme de terre

Dans le monde contemporain, la pomme de terre est un aliment incontournable sur une table prolétarienne. Il existe des centaines de variétés et leur culture se décline en pommes de terre de primeur, de saison et d'arrière-saison. Venue des Amériques, elle devint rapidement le plat du pauvre, d'abord en Europe puis dans le reste du monde. L'Algérien en a fait un aliment de base qu'il utilise comme une sorte de joker pour remplacer des produits plus nobles, mais plus chers. La consommation est passée de 20 kg/hab. en 1970 à 42 kg en 2002. La demande est si forte et elle s'exprime souvent avec une telle hargne que l'Etat a été obligé de faire d'importants efforts en vue d'améliorer et de stabiliser l'offre. Toutefois, nous hésitons à affirmer que l'augmentation de la consommation de pomme de terre est un indicateur d'amélioration du niveau de vie, car elle pourrait tout aussi bien être un indicateur de sa détérioration. Pour le comprendre, rappelons que la consommation par tête de pomme de terre en France a baissé de 95 kg/hab./an en 1960 à 62 kg/hab./an en 1980 et à 50/55 kg/hab./an en 2010 ; traduisant l'amélioration du niveau de vie de la population qui consomme désormais plus d'aliments carnés (viandes, volailles, poissons).

Tableau 3 : Production et consommation de pomme de terre en Algérie

	1970	1988	1995	2002	2010
Population (million)	13,3	23,7	27,7	31,33	35,5
Consommation/tête (kg)	20	42	41	42	90,14
Consommation totale (103 t)	274	1 001	1 200	1 333	3 200

Source : ONS, Statistiques agricoles

La pomme de terre occupe une superficie de 51 000 hectares en 2011[1]. La production est irrégulière, mais elle dépasse largement les deux millions de tonnes et son prix évolue de manière très erratique, pouvant passer du simple (disons 20 dinars) au quintuple (soit 100 dinars). Dans le premier cas, ce sont les producteurs qui sont écrasés (au point que les plus fragiles d'entre eux quittent le marché) et dans le second cas ce sont, bien sûr, les consommateurs qui sont pressurés

[1] Pour comparaison, l'Allemagne lui consacre 157 000 hectares, la France 113 000 ha et la Grande Bretagne 122 000 ha (données 2010).

(reportant sur la pomme de terre leur budget-viande, par exemple)[1]. Lorsque le prix atteint un pic, tous les producteurs qui ont quitté le marché précédemment y reviennent, la production remonte, poussant les prix à la baisse. Pour l'heure l'Etat a échoué dans ses tentatives de réguler le marché. Dans les derniers mois de 2014, la pomme de terre a atteint le pic historique de 100 DA/kg, alors que l'année d'avant elle était au plus bas.

> *Le prix de la pomme de terre n'a jamais été aussi bas depuis une vingtaine d'années en Algérie. La pomme de terre de saison a frôlé les dix dinars cette semaine sur les marchés de gros, alors que celle issue des stocks de l'hiver ne trouve plus preneur. Elle est jetée dans les décharges ou, au mieux, utilisée comme aliment de bétail, pour vider les chambres froides en vue de stocker la production de mai-juin. En fin de semaine, les prix ont à nouveau chuté, avant un léger rebond, samedi, ont indiqué des opérateurs à Maghreb Emergent. En fin de semaine dernière, les prix étaient en dessous de quinze dinars le kilo, avec une pointe vers le bas à douze dinars. « Si on soustrait les frais de transport, le prix réel est à dix dinars », selon un fellah.*
>
> Le Quotidien d'Oran du 4 juin 2013

Outre la désorganisation du marché, la pomme de terre est en butte à d'autres problèmes comme la non-disponibilité des semences ou le faible potentiel de transformation du produit. S'agissant des semences, un effort notable a été fait en vue de son règlement, le pays ayant produit, en 2012, 1,8 million de quintaux de semences sur une superficie de 18 000 hectares. S'agissant de la transformation, il faut savoir que la totalité de la production est vendue en « frais », l'excès de production est stocké en chambre froide. En réalité, les choses ne se déroulent pas aussi linéairement, car mille facteurs interfèrent pour perdre une bonne partie de la récolte : rigidités bureaucratiques, faible coordination entre différents organismes, faibles capacités d'ensachage et d'emballage, carence des moyens de transport[2]... Il n'existe, à notre connaissance, aucune entreprise de transformation de

---

[1] A en croire les enquêtes et reportages de la presse, le marché de la pomme de terre est une sorte de boite noire, le produit entre du côté du producteur à un prix très bas et il sort à un prix élevé du côté du consommateur. Nul ne sait ce qui se passe dans la boite noire.

[2] Il existe bien un Système de régulation des produits agricoles frais de large consommation (Syrpalac), mais il n'arrive pas à s'imposer.

la pomme de terre en poudre, en flocons, en frites ou en quoi que ce soit. Pour l'heure, même les chips sont importées d'Egypte. Non seulement la productivité à l'hectare est loin de la moyenne des grands producteurs mondiaux (Pays-Bas, 447 q/ha ; France, 432 q/ha ; Belgique, 425 q/ha ; Nouvelle-Zélande, 420 q/ha ; Allemagne, 420 q/ha), mais la faible maîtrise de la filière induit d'énormes gaspillages du produit qui pourrit sur les lieux de production.

Il faut croire, toutefois, que sous réserve que certains obstacles soient levés, une région comme El Oued, aux portes du désert pourraient devenir une véritable Californie pour les maraîchages et notamment la pomme de terre. En dépit de son inexpérience en la matière et des lourdeurs administratives, la région a pu exporter, début 2016, quelque 4800 tonnes vers plusieurs pays d'Europe (Espagne, France et Italie), du Moyen-Orient (Emirats, Qatar) et d'ailleurs (Russie, Tunisie).

Graphique 2 : Les rendements de la pomme de terre (q/ha)

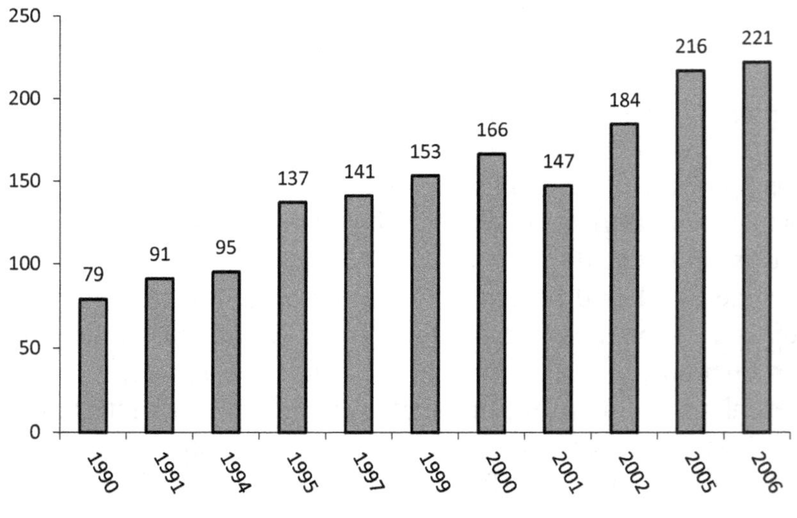

Source : MADR, Direction des statistiques, 2006

23- L'huile d'olive

La culture de l'olivier est très ancienne en Afrique du Nord, où elle se concentre principalement en Kabylie et à un degré moindre à l'ouest du pays, dans la région de Sig. Il existe de nombreuses variétés d'olivier, mais les plus répandues sont : *l'achemlal* (40 % du verger), *l'azeradj* (15 % du verger), la *sigoise* (20 % du verger) et le *limli* (8 % du verger). L'Algérie aurait pu prétendre à un rang honorable sur le marché mondial de l'huile d'olive, mais les problèmes auxquels a été en butte toute l'agriculture n'ont pas épargné le secteur oléicole : dommages de guerre, exode rural, vieillissement de la main-d'œuvre, vieillissement du verger, marginalisation du secteur en faveur de l'industrie et recours facile à l'importation de produits de substitution moins chers (huiles de colza, de tournesol, de soja, margarine…).

L'oléiculture occupe une superficie de quelques 263 352 ha (données de 2006), ce qui ne semble pas suffire pour faire du pays un gros producteur, si on le compare à ses voisins[1]. Encore une fois, le secteur souffre d'une faible productivité (à l'hectare, par olivier ou en litres/quintal d'olives) et donc d'une faible production qui se situe bien en-dessous des besoins nationaux. La production d'huile varie considérablement d'une année à l'autre ; par exemple, il a été produit 16 578 000 litres en 2003, 75 700 000 litres en 2004 et 37 917 000 en 2005). A tant varier, les prix finissent par déstabiliser le marché, un marché qu'aussi bien les producteurs que les consommateurs quittent non satisfaits. Toutefois, il est utile de préciser que parler de « prix » et de « marché » à propos de l'huile d'olive est un euphémisme parce que rien de tel n'existe, en réalité. Le prix du litre d'huile est fixé indépendamment des coûts de production qui restent d'ailleurs indéterminés, à ce jour.

Les oléiculteurs ne font pas de distinction entre les différentes espèces d'olives, mettant toute la récolte dans un seul sac lors de la collecte et de la pression. Il en sort une huile bâtarde dont la qualité est variable d'une région à l'autre et d'une année à l'autre. Aux normes européennes, l'huile d'olive algérienne est acide et médiocre, mais pour les populations locales, c'est la meilleure du monde. Il faut dire que pour les Kabyles, par exemple, l'huile d'olive est plus un bien culturel (qu'il faut prendre tel qu'il est) qu'un bien économique dont il est possible d'améliorer la qualité et les conditions et techniques de production.

---

[1] En réalité le verger occupe les terres les plus ingrates, sur des reliefs souvent difficiles qui s'opposent à la mécanisation du secteur.

Tableau 4 : Production et rendements de la pomme de terre
Source : MADR, rapport sur la situation du secteur agricole 2006

	2000-2001	2001-2002	2002-2003	2003-2004	2004-2005	2005-2006
Superficies (ha)						
De saison	38790	43360	52880	56193	60290	58632
De primeur	4630	4150	4670	4053	4828	4645
D'arrière-saison	23370	25050	31110	32898	34590	35548
Total	65790	72560	88660	93144	99717	98825
Production (q/ha)						
De saison	5 597 200	8 553 370	11 435 330	12 145 000	13 583 075	10 845 717
De primeur	575 120	761 800	750 110	801 600	766 733	902 840
D'arrière-saison	3 500 000	4 019 480	6 613 740	6 016 100	7 215 691	7 146 446
Total	9 672 320	13 334 650	18 799 180	18 962 700	21 565 499	21 809 610
Rendements (q/ha)						
De saison	144	197	216	261	225	235
De primeur	124	184	161	198	159	194
D'arrière-saison	156	160	213	183	209	201
Total	147	184	197	204	216	221

Depuis des décennies, sinon des siècles, aucun des segments de la chaîne de valeur n'a suscité un quelconque intérêt auprès de qui que ce soit. Dans bien des cas (en Kabylie, région représentative) le secteur de l'oléiculture a évolué en secteur quasi-rentier : à la saison des olives, les gens arrivent de la ville pour prendre ce que les oliviers veulent bien donner, puis s'en retournent sans réaliser un dinar d'investissement sur le verger. L'activité reste entièrement artisanale (les milliards de fruits sont ramassés un à un, à la main) et l'on considère comme une donnée naturelle la cyclicité des rendements (une très bonne année, une moyenne et une mauvaise).

Graphique 3 : La production d'huile d'olive dans le monde (mille tonnes)

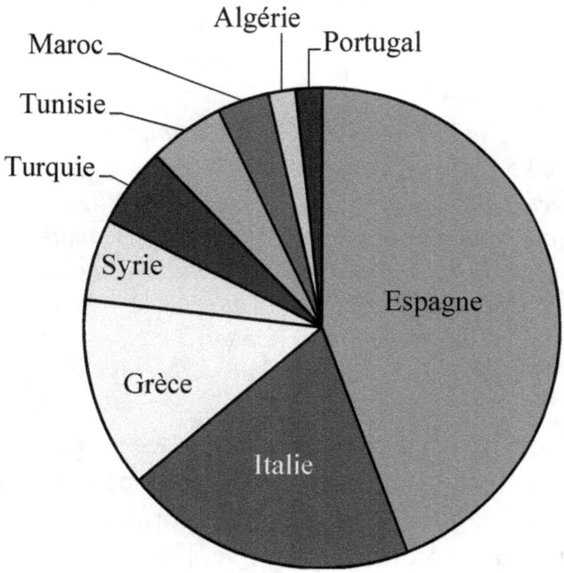

Source : http://www.olive-oleagineuse.fr/huile-dolive/11-production-huile-dolive.

Les pouvoirs publics semblent s'être éveillés à la nécessité de relancer le secteur. Le PNDA, initié et mis en œuvre à partir de 2000 par le Ministère de l'Agriculture a dégagé des moyens conséquents pour reconstituer le verger et moderniser le secteur. La parole d'un ministre parlant de son secteur, n'étant pas toujours crédible, les chiffres fournis (toujours à travers des interventions orales rapportées par la presse) semblent au moins exagérés. Des officiels optimistes et/ou zélés parlent de triplement des superficies complantées, de

500 000 hectares plantés, d'un million d'hectares à planter sur la période 2010-2014, de couverture totale des besoins domestiques et d'autres énormités encore. La revue *Filaha* (du ministère de l'Agriculture) donne les chiffres suivants :

- *Plantations totales : 302 000 ha dont 137 000 de plantations nouvelles.:*
- *Plantations en productions : 208 000 ha.*
- *Nombre d'arbres : 32 millions, dont 18 millions en rapport.*
- *Production de plants : de 1,3 million de plants, elle passe à 15 millions de plants en 2006/2007.*
- *17 serres pour bouturage : d' une capacité de 460 000 plants /an ;*
- *Production moyenne en huile 90/99 : 23 000 tonnes*
- *Production moyenne en huile 00/08 : 33 000 tonnes et un pic de 69 000 tonnes en 2004 et 55 000 tonnes en 2008/09 (bilan provisoire)*
- *Le rendement moyen est passé de 14 à 16 kg/arbre.*
- *Huileries en 1999 : 1650 dont 186 chaînes continues. 2008 : 1532 dont 276 chaînes continues*
- *Olives de table : moyenne 90/99 : 25 000 tonnes ; moyenne 00/08 : 46 000 tonnes et 95 000 tonnes en 08/09.*
- *Parc confiserie : 225 dont 75 dans le cadre du FNRDA.*
- *Les zones traditionnelles ont bénéficié d'un programme de réhabilitation qui a porté sur : la régénération des plantations âgées qui constituaient 60 % du peuplement, la confection de cuvette en zone de pente > 12 % et l'acquisition de filets de récolte, le soutien au débroussaillage et greffage d'oléastres.* (Revue *Filaha*, 2009 ; www.filane-dz.com)

Le secteur souffre d'un archaïsme à tous les niveaux. Une partie du patrimoine est constitué d'arbres isolés et dispersés souvent d'accès difficile[1]. L'autre partie se présente sous forme de « forêts » denses, mais plantées sans ordre, ce qui complique l'introduction du machinisme sur le secteur. Les activités en aval (pression, mise en bouteille), sont elles-mêmes archaïques, induisant inévitablement des pertes en quantités et en qualité. Le secteur se suffit d'exister et l'Université respecte cette discrétion car il n'y n'existe aucun organisme de recherche dédié à l'olive, l'olivier et l'oléiculture et en aval le marché ne bénéficie d'aucune promotion, en-dehors du bouche-à-oreille. C'est pourquoi, alors même que la production est insuffisante au regard des énormes besoins, nous retrouvons chez les producteurs des stocks de plusieurs années.

[1] Le terrain plat est si rare qu'on le réserve exclusivement aux céréales, aux légumineuses et aux maraichages.

Tableau 5 : L'olivier : superficies, production, rendements

	2000/01	2001/02	2002/03	2003/04	2004/05	2005/06
Superficie (ha)	.	190 550	209 730	226 337	239 352	263 352
Oliviers complantés	177 220 17 388 980	19 008 590	21 583 240	24 616 600	26 802 790	29 995 980
Oliviers en rapport (unité)	15 077 790	15 241 100	15 472 280	16 070 800	1 6934 410	17 533 390
Olives (q)	2 003 390	1 919 260	1 676 270	4 688 000	3 164 890	2 647 330
Rendements (kg/arbre)	13,3	13	10,8	29,2	18,7	15,1
Source : MADR, rapport sur la situation du secteur agricole 2006						

Tableau 6 : La production oléicole

	2000/01	2001/02	2002/03	2003/04	2004/05	2005/06
Olive à huile (q)	1 667 930	1 441 570	1 041 530	4 100 020	2 307 858	1 962 580
Olive de table (q)	335 460	477 690	634 740	587 980	857 035	684 750
Production totale (q)	2 003 390	1 919 260	1 676 270	4 688 000	3 164 890	2 647 330
Production d'huile (hl)	263 880	256 000	165 780	757 070	379 170	349 920
Rendement d'olive (kg/arbre)	13,3	12,6	10,8	29,2	18,7	15,1
Rendement d'huile (l/q. d'olives)	15,8	17,8	15,9	18,5	16,4	17,8
Source : MADR, rapport sur la situation du secteur agricole 2006						

24- La datte

Le palmier-dattier (*Phoenix dactylifera*) est un arbre[1] des zones arides de la région méditerranéenne, qui résiste bien au froid et à la chaleur et il se porte mieux quand il est irrigué. L'Egypte, l'Arabie saoudite, l'Iran, l'Irak, l'Algérie... en sont les terres de prédilection. Il existe des centaines de cultivars[2] et il en apparaît régulièrement de nouveaux. A peu près la moitié du patrimoine phoenicicole de l'Algérie est formée du cultivar *Deglet Nour* dont le fruit est incontestablement le meilleur aux points de vue gustatif, nutritionnel et esthétique. Le verger se localise entièrement dans les oasis dont il recouvre une superficie cumulée de quelque 160 000 hectares formant un patrimoine de quelque 12 millions d'arbres. Le palmier est l'élément identificateur de l'oasis, on en retrouve donc partout dans le sud du pays, avec une forte concentration dans les wilayas de Biskra et d'El Oued. En effet, la datte a besoin de beaucoup de lumière et de chaleur pour mûrir et acquérir toutes ses qualités gustatives.

Il y a des palmiers mâles et des palmiers femelles et le plus souvent l'homme est obligé d'intervenir pour aider à la pollinisation, comme il doit intervenir pour dégager le sable autour des troncs et qui menace d'étouffer les arbres. Comme le travail se fait à la main et à dos d'âne, la *phœniciculture* est un véritable travail de Sisyphe[3]. Pour compléter la peine, la cueillette elle-même, se fait délicatement à la main. Quelqu'un escalade le tronc nu de 15 à 30 mètres de hauteur, coupe un à un les régimes de plusieurs kilogrammes et les fait descendre au bout d'une corde et à la force des bras. Un palmier adulte donne 45 à 50 kilogrammes de dattes et la production nationale se situe entre quatre et cinq millions de quintaux. Pour ces dernières années, la production a évolué comme suit : 2001 : 4,4 millions de quintaux, 2002 (4,2) ; 2003 (4,9) ; 2004 (4,4) ; 2005 (5,2) ; 2006 (4,92) ;... ; 2009 (5,861) ; 2011 (7,8) ; 2013 (8,5) (Source : MADR). Sur ces

[1] C'est par abus de langage que nous disons « arbre » car le palmier comme le bananier n'en est pas un, dans la mesure où il ne donne pas de bois conventionnel.

[2] Un cultivar est une espèce qui se distingue souvent par de très légères caractéristiques.

[3] On est bien loin du mythe de l'oasien fainéant qui somnole à longueur de journée attendant que les dattes qu'il mange lui tombent sur la tête. En fait l'oasis est une véritable fourmilière.

volumes de production, seule une infime quantité, estimée à 15 000 tonnes est exportée, ce qui ne vaut au pays que la modeste 28ème place dans le classement des pays exportateurs, alors qu'elle se place dans le Top-5 des pays producteurs. La production est consommée localement.

La datte est un produit moins stratégique que le blé, la pomme de terre ou la viande, mais elle présente des atouts qui lui valent de figurer dans notre *short-list*. D'abord, c'est un produit délicieux et de grande qualité nutritive (aussi bien pour les hommes que pour le bétail) ; ensuite, accompagné de lait, il constitue un repas complet à la base de l'alimentation des populations du sud du pays et enfin l'Algérie en tire une partie de ses ressources en devises hors-hydrocarbures. Toutefois, le désir d'exporter pousse les producteurs à privilégier le cultivar *Deglet Nour*, abandonnant progressivement des centaines d'autres (de moindre qualité) qui sont alors voués à la disparition. C'est un dangereux processus d'appauvrissement de la biosphère et une menace latente sur les producteurs qui mettent ainsi tous leurs œufs dans un seul panier (palmier).

Graphique 4 : Top-10 des producteurs de dattes

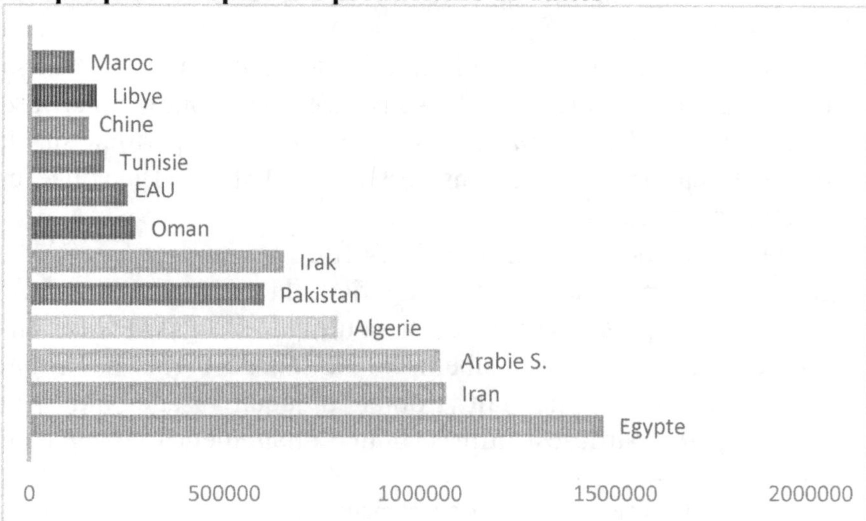

Source : FAO

25- L'élevage

On ne le croirait pas, mais l'Algérie est un grand pays pastoral où on élève depuis des temps immémoriaux l'ovin, le bovin et le caprin, mais aussi le camelin et l'équin (cheval, mulet, âne). Parallèlement, la production de viande blanche, d'œufs et de miel a existé, de toujours, comme activité complémentaire à la campagne, mais récemment elle a entrepris un processus de modernisation qui lui a donné une meilleure visibilité sur le marché. Examinons brièvement les espèces dominantes.

251- L'ovin

L'ovin est un véritable don de la nature, il offre tout à la fois laine, peau, viande et lait. C'est l'une des bêtes les plus anciennement domestiquées, en raison de ses qualités intrinsèques, de son caractère pacifique et du fait que son élevage ne soit pas très exigeant. Aujourd'hui, il y aurait plus d'un milliard de moutons dans le monde et les plus grands troupeaux se trouvent en Chine, Inde, Australie, Iran, Soudan, Royaume-Uni, etc. En 2014, le cheptel ovin de l'Algérie s'élève à 26,88 millions de têtes ; c'est un véritable patrimoine national, car il fait de l'Algérie un grand éleveur[1]. Il existe plusieurs dizaines de races et de sous-races de mouton : *berbère, arabe, hamri, rembi, barbarin...* On les retrouve partout sur le territoire national, mais les régions de Djelfa, Msila, El Bayadh... en ont fait leur spécialité.

Le mouton supporte l'essentiel de l'offre en viande rouge[2+3]. La qualité de la viande du mouton algérien, la race *Ouled Djellal* notamment, n'est plus à vanter, c'est pourquoi elle gagnerait à être valorisée en tant que telle et labellisée. Le lait de brebis ne suscite aucun engouement et ne fait l'objet d'aucun usage industriel remarquable ; une partie est utilisée pour l'allaitement (des agneaux

---

[1] Certains experts remettant en cause les techniques de comptage, pensent pouvoir affirmer que le troupeau se situerait, en réalité, autour de 35 millions de têtes.

[2] Outre la consommation régulière (pour laquelle nous n'avons pas de données fiables, ne serait-ce que parce que l'abattage se fait en grande partie clandestinement), il faut compter quelques 4 millions de bêtes sacrifiées le jour de l'Aïd el Adha.

[3] Il semble qu'à l'exception de la Kabylie où les gens sont plutôt « bœuf », partout ailleurs l'Algérien est plutôt « mouton ».

nouveau-nés), une autre est utilisée pour les besoins propres des éleveurs et le reste s'il en reste, n'a pas de destination précise. Par exemple les régions d'élevage ne mettent sur le marché ni lait, ni fromage ni aucun autre dérivé.

Graphique 5 : Evolution du cheptel ovin

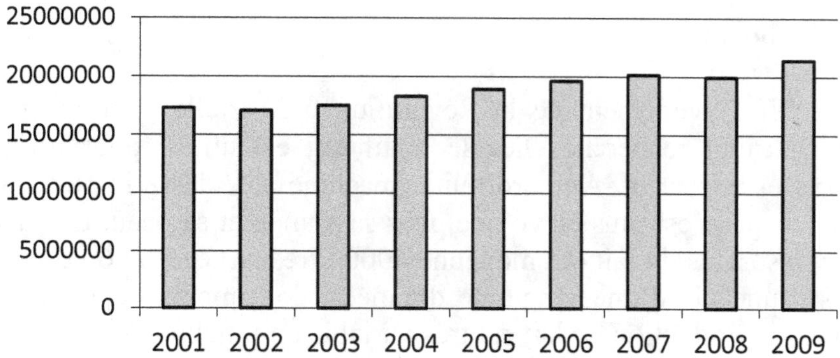

Source : ONS (MADR série E).

Graphique 6 : Production de lait de brebis (10^6 litres)

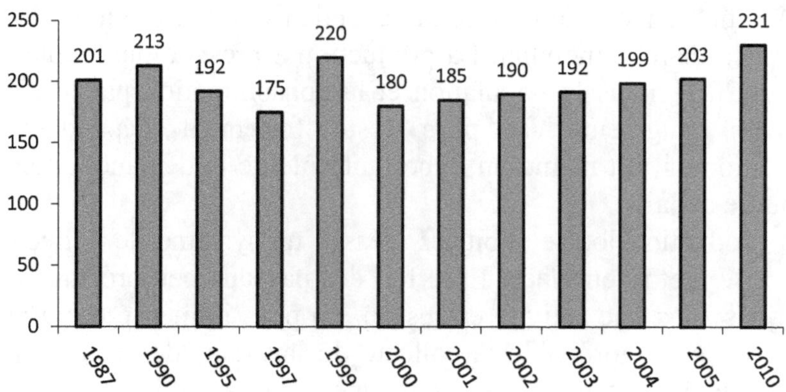

Source : ministère de l'Agriculture et FAOSTAT (2012)

Le poids du mouton dans l'élevage est d'une certaine manière contredit par le prix élevé de la viande ovine, soit 1500 dinars (ou plus de 13 euros au cours officiel du jour[1]) alors que le kilo de bœuf est à 1000 dinars, seulement. Il arrive même à l'Algérie d'importer de la viande ovine et parfois du cheptel vif à abattre localement. En outre, le mystère reste entier quant à ce qui est fait des dérivés du mouton, c'est-à-dire le lait, la laine et la peau qui n'apparaissent pas à leur juste poids sur le marché, quand ils apparaissent.

252- Le bovin

Jusqu'à l'avènement de la Révolution Industrielle la force brute était l'attribut recherché chez le bœuf qui est utilisé pour tirer la charrue et le chariot. Aujourd'hui la machine a déclassé la puissance du bœuf qui n'est plus élevé que pour sa viande et sa peau. La vache offre en surplus du lait (en moyenne 4000 litres/an) et 5 ou 6 veaux au cours d'une vie d'une vingtaine d'années, dont moins de 10 de vie active. La production de lait est très variable en fonction de la race, de la période, de l'alimentation, des techniques de traite, des conditions générales de vie… Le niveau de production acceptable semble être de 30 litres/jour, bien qu'en Algérie il ne dépasse pas les 15 l/j, un des plus faibles rendements dans le monde. Au cours du dernier quart de siècle, les pouvoirs publics ont consenti de gros efforts en faveur du bovin laitier, en vue de réduire la dépendance sur le produit « lait » à l'égard du marché mondial. La production a presque quadruplé entre 1987 et 2010, mais la population et la consommation par tête ayant également augmenté, le pays reste fortement dépendant des importations, il est même un important pôle de la demande mondiale de poudre de lait.

La production locale subit les aléas d'un système de collecte qui peine à se mettre en place. En effet, des paysans peu préparés à être impliqués dans une activité en réseau, un pays immense et un climat chaud rendent improbable la collecte du lait dans des conditions de coût et d'hygiène acceptables. Seule une infime quantité, située autour de 10 % est collectée par les transformateurs.

[1] 1 € = 113,576 DZD (13 août 2015).

Graphique 7 : Evolution de la production de lait (10^6 litres)

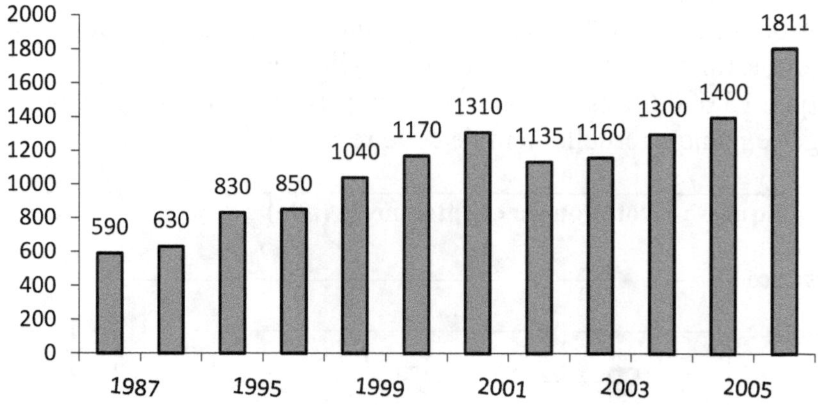

Source : ministère de l'Agriculture et FAOSTAT (2012)

Le cheptel bovin n'est pas très important et n'a pas beaucoup évolué au cours des 20 dernières années. Chez le bovin, les Algériens semblent rechercher davantage le lait que la viande, au vu du nombre de vaches laitières importées. Malheureusement sur cette question, tout se passe comme s'il manque toujours 19 pour faire 20, car l'acclimatation et l'adaptation des races importées posent problème et les rendements restent bien loin de ceux qui sont promis. Les pouvoirs publics ne désespèrent pas de trouver la perle rare d'une vache adaptée au climat, au relief et qui a des rendements élevés. La consommation dépasse les trois milliards de litres annuellement dont moins de la moitié est produite localement, expliquant que la facture de la poudre de lait approche le milliard de dollars[1]. Le problème de la viande est à peine moins crucial, il ne le devient qu'aux périodes de pic de consommation (comme le mois de Ramadhan), mais il n'en reste pas moins que le pays importe de grandes quantités de viande bovine. L'Algérie se fournit auprès d'une dizaine de pays[2], mais au cours des dernières années, l'Inde s'est imposée comme son fournisseur attitré en s'accaparant de plus de 80 % du marché. Les importations sont variables, mais restent importantes. Par exemple, en

[1] Considéré comme produit stratégique, le lait figure parmi les derniers produits que l'Etat soutient encore.

[2] L'Algérie importe de la viande congelée, de la viande fraiche et des animaux vivants qui seront abattus localement.

2010 elles s'élèvent à 56 564 tonnes, en 2011 à 48 395 tonnes et au cours des sept premiers mois de 2012 à 42 326 tonnes.

Le bovin se prête bien à l'élevage intensif, mais il est coûteux en eau. On estime que la production d'un kilogramme de bœuf nécessite quelque 15 000 litres d'eau, c'est un prix d'autant plus élevé que l'Algérie manque cruellement de cette ressource.

Graphique 8 : Evolution du cheptel bovin (tête)

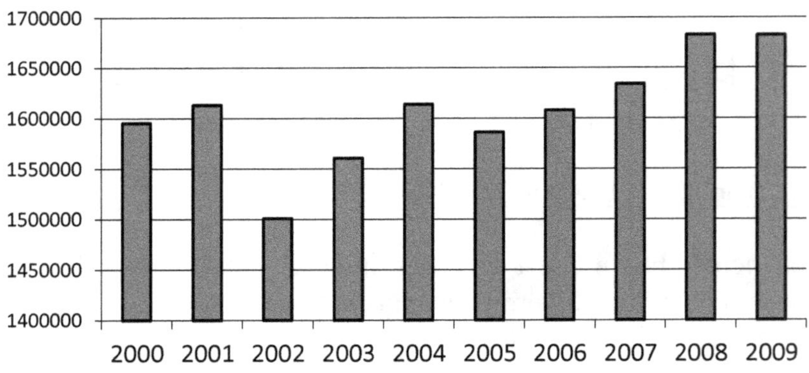

Source : ONS (MADR, série E)

253- Autres espèces

Si l'ovin et le bovin constituent la colonne vertébrale de l'élevage, d'autres espèces s'y retrouvent comme le camelin, l'équin ou le caprin. La population des camélidés n'a pas beaucoup progressé depuis le début du XX° siècle (où elle était estimée à 200 000 têtes). Les causes de cette stagnation sont à rechercher dans la politique de sédentarisation des nomades menée à la hussarde par l'Etat, l'arrivée du véhicule 4x4 et les indépendances qui ont créé l'obstacle des frontières et toute une paperasserie administrative. Aujourd'hui, le chameau se contente d'exister encore, bien que sa viande soit très appréciée par les populations du Sud.

C'est la race équine (qui comprend le cheval, le mulet et l'âne) qui a subi les outrages les plus dramatiques et elle est quasiment en voie d'extinction. Le pays qui comptait 820 000 têtes au début des années

50 (dont 364 000 ânes, 240 000 mulets et 220 000 chevaux)[1] en compte moins de 45 000 aujourd'hui. Avec le mauvais sort réservé à la campagne et à l'agriculture par les industries industrialisantes, les animaux de trait et de bât deviennent non seulement inutiles, mais ils sont vus comme les stigmates d'une arriération et d'un sous-développement dont il faut se débarrasser au plus vite pour être à jour et de son époque. C'est ainsi qu'un pays en voie de développement, au relief montagneux et difficile, a poussé l'âne et le mulet vers l'extinction…, appauvrissant les campagnes et réduisant la richesse faunistique du pays. La population caprine est autrement plus importante, bien qu'elle soit restée stable depuis les années 50. La chèvre est un animal rustique, frugal et résistant qui fait partie de l'environnement des gens pauvres. Elle se plaît dans les zones de montagnes et dans les régions steppiques où elle vit « à la dure » en broutant l'herbe et les feuilles de certains arbres et arbustes. Cette nourriture frugale et complètement *bio* n'est pas favorable à la production du lait. Les rendements varient entre 1 et 2 litres chèvre/jour, et le maigre produit est réservé à l'autoconsommation. Récemment des éleveurs se sont mis à la production du fromage de chèvre, avec parfois, un certain succès, à l'échelle locale.

Tableau 6 : Evolution des cheptels caprin, camelin et équin (tête)

	Caprins	**Camelins**	**Equins**
2000	3 026 731	234 170	43 828
2001	3 129 400	245 490	42 570
2002	3 290 540	249 690	46 430
2003	3 324 740	253 050	47 530
2004	3 450 580	273 140	44 590
2005	3 589 880	268 560	42 642
2006	3 754 590	286 670	43 570
2007	3 837 860	291 360	4 7040
2008	3 751 360	295 085	45 286
2009	3 962 120	301 118	44 803

Source : ONS (MADR, série E)

[1] Source : Les grands secteurs de l'Agriculture algérienne. Édité par le Gouvernement Général. Revu et augmenté par les soins de l'office algérien d'Action Économique et Touristique (OFALAC) 40 rue d'Isly- Alger, anc. Imp. V. Heintz. Document adressé par Jean Soler.

Graphique 9 : Production de lait de chèvre (10^6 litres)

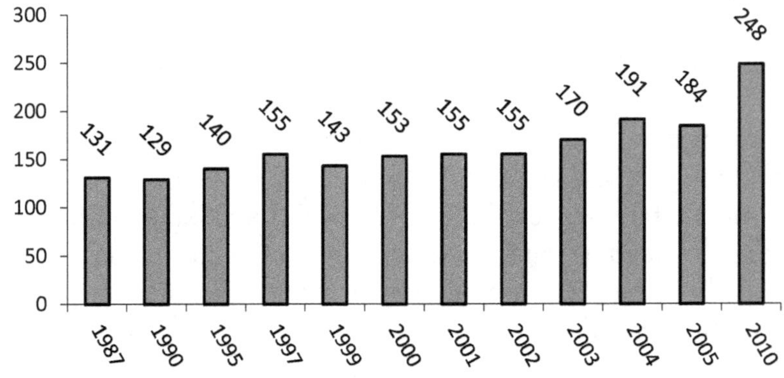

Source : MADR

26- Les agrumes

Nous nous intéressons aux agrumes parce qu'à la veille de l'indépendance l'Algérie figurait dans le Top-10 des plus gros producteurs d'agrumes du monde[1]. Un bon producteur se doublant d'un bon exportateur, les agrumes entraient pour 10 % dans les exportations de l'Algérie. La production, réalisée sur quelque 40 000 hectares, s'élevait à environ 4 000 000 de quintaux (Mutin, 1969).

Eau, chaleur et lumière ont prédisposé certaines régions à la culture des agrumes qui se déclinent localement en trois grandes familles : orange, mandarine/clémentine et citron (qui comptent chacune de nombreuses sous-espèces). Aujourd'hui, on peut retrouver des orangers à travers tout le territoire national, mais le corps principal du verger se concentre dans la région de la Mitidja (les trois cinquièmes des superficies) entre Alger et Blida. On trouve une autre concentration à l'ouest du pays sur l'axe Chleff-Relizane-Mohammedia, le reste est dispersé sur les plaines littorales et les piémonts avec un bon noyau sur l'axe Skikda-Annaba. La production reste soumise aux aléas climatiques et varie sur de grandes amplitudes, mais elle se situe bien au-dessus de 10 millions de quintaux (11,5 millions en 2011). Las !, la démographie galopante et

[1] Les pays du Maghreb ayant profité de la guerre civile en Espagne pour prendre ses parts de marché en Europe.

l'amélioration du niveau de vie de l'Algérien ont fait évoluer le pays d'une position d'exportateur vers celle d'importateur.

L'orange dans ses nombreuses variétés, représente environ les trois quarts de la production agrumicole nationale, le dernier quart est presque en totalité accaparé par la mandarine/clémentine, ne laissant que des poussières au citron et au pomelo/pamplemousse. Si l'oranger est présent partout sur le territoire national, les rendements sont hétérogènes dans l'espace, autant qu'ils le sont dans le temps. Au cours des dernières années, les rendements moyens approchent les 200 quintaux à l'hectare. C'est à la fois de bon augure (au vu des résultats réalisés antérieurement) et insuffisant si l'on compare par exemple avec les rendements réalisés dans un pays comme les Etats-Unis (250 à 400 quintaux à l'hectare).

Tableau 7 : Evolution des rendements des agrumes

	Superficie totale (ha)	Superficie en rapport (ha)	Production (q)	Rendements (qx/ha)
2001	48 640	41 680	4 700 000	113
2002	52 710	42 250	5 195 000	123
2003	56 640	42 942	5 599 300	130,4
2004	59 368	43 560	6 091 110	139,8
2005	62 126	44 095	6 274 060	142,3
2006	62 902	45 859	6 803 450	148,4

Source : ONS (MADR)

Démarré avec la campagne 2000/2001, le Programme National pour le Développement Agricole (PNDA) a donné un coup de fouet à l'agrumiculture, ce qui a permis de plus que doubler la production durant la décennie. Il y a peu de données sur le niveau de consommation national, mais deux indicateurs permettent d'affirmer que le pays est encore loin de pourvoir à tous ses besoins en la matière. Le premier indice est bien sûr la disponibilité de produits d'importation (oranges, mandarines et même citrons) sur les étals et le second est le fait que l'industrie du jus d'orange travaille avec du concentré d'importation (le Brésil étant le plus gros producteur et le plus exportateur dans le monde). Pour donner une idée sur le niveau probable des importations de l'Algérie, rappelons que les Etats-Unis consomment en frais moins du quart de leur production d'agrumes. Si l'on gardait les mêmes proportions, l'Algérie importerait l'équivalent de 30 millions de quintaux.

Tableau 8 : Evolution de la production d'agrumes (1000 q)

	2008	2009	2010	2011
Oranges	5 030	6 261	5 825	8 147
Clémentines et mandarines	1 498	1 572	1 518	2 180
TOTAL	6 974	8 445	7 881	11 068

Source : ONS (MADR)

L'objectif n'étant pas d'être exhaustif, nous arrêtons là cette présentation, parfaitement conscient d'avoir raté d'importants pans du secteur comme la pêche, l'aviculture, les maraîchages, la figue…

3- LES PROBLEMES DE L'AGRICULTURE

Le secteur agricole emploie 2,5 millions de travailleurs (20 % de la main-d'œuvre active), mais ne fournit que 8,6 % du PIB et ne couvre que la moitié des besoins de la population. C'est dire si les problèmes sont nombreux. Certaines difficultés du secteur sont connues et recensées, mais d'autres non moins cruciales, sont moins connues et méritent qu'on les sorte de l'ombre. Nous avons retenu les suivantes : la taille des exploitations, un foncier rare, une eau encore plus rare, une sous-mécanisation et une faible qualification de la main-d'œuvre.

31- La taille des exploitations

Quand nous disons que l'Algérie produit ou exporte telles ou telles quantités, nous nous payons de mots, car en réalité ce sont des entreprises et des exploitations qui s'en chargent et c'est à elles qu'il faut donc s'intéresser. En 2001, année pour laquelle nous avons les données d'un recensement général agricole (RGA), les 8,5 millions d'hectares de SAU sont structurés en 1 023 799 exploitations de différentes tailles et qui représentent tout le spectre des produits agricoles (céréaliculture, aviculture, oléiculture, arboriculture, sylviculture, phœniciculture, agrumiculture, élevage, maraîchages, etc.). Cela donne une taille moyenne d'exploitation de 8,26 hectares, mais en la matière tout est relatif ; un terrain de deux hectares est très grand pour élever des poules de ponte, mais minuscule pour les céréales ou le mouton. Une analyse approfondie devrait tenir compte de toutes ces données, des études en ce sens existent. Nous traiterons uniquement des aspects globaux.

Le rapport sur la situation agricole de 2006 indique une légère augmentation du nombre d'exploitations (qui passe à 1 110 788) et de la SAU (qui passe à 8 516 546 ha), ce qui donne une taille moyenne de 7,66 ha. Entre les deux dates, la SAU a augmenté de 57 866 hectares alors qu'il a été enregistré 86 989 nouvelles exploitations. Ce sont donc de très petites exploitations (de moins d'un hectare) qui ont été créées. En réalité, le gros des nouvelles exploitations a été créé par le simple démembrement des exploitations existantes. Le patrimoine foncier tend à s'effriter en une poussière de très petites exploitations incompatibles avec la mécanisation et la modernisation de l'activité. Le nombre d'exploitations dont la superficie est inférieure à 20 hectares est de 860 135 unités (soit 84 % du total des exploitations). En France cette catégorie d'exploitations ne représente que 45,7 % de l'ensemble (INSEE, 2010). Pendant ce temps, ailleurs dans le monde la règle est au remembrement, c'est-à-dire au regroupement des petites exploitations pour former de grandes. L'agriculture française était organisée en 1,6 million d'exploitations en 1970, elles ne sont plus que 490 000 en 2010 ; ce qui relève la taille moyenne de l'exploitation de 21 à 55 hectares entre les deux dates. Aux Etats-Unis la taille moyenne est de 155 ha en 2010.

Si des déterminants économiques ne peuvent justifier le démembrement et même le condamnent, d'où vient que l'Algérie divise à tour de bras jusqu'à obtention d'exploitations « non exploitables » ? Le fond du problème est dans les préceptes de la religion. Le *Coran* fixe de manière très précise (*sourate En nissa'*) les modalités de transmission de l'héritage et indique clairement les ayant-droits. Chacun s'y soumet sans discussion. C'est pourquoi, quelle que soit la superficie d'une exploitation, à l'issue de deux ou trois transmissions, elle se transforme en lambeaux dont des morceaux échoient à des citadins qui les traitent comme des souvenirs qui ne peuvent être ni vendus ni échangés. Les lopins sont simplement abandonnés aux herbes folles. Nous sommes en face d'un problème que les détenteurs du pouvoir dans les pays musulmans redoutent de rencontrer : arbitrer un conflit entre les intérêts économiques et les préceptes de la religion. C'est pourtant, un problème que l'Algérie doit prendre au sérieux et régler au plus vite.

Tableau 9 : Les exploitations selon la nature juridique

	Nombre	%	SAU (ha)	%
Exploitations individuelles privées	745 734	72,84	5556999	65,7
AFPA	41 103	4,01	298 327	3,53
Concession	5 209	0,51	32 909	0,39
Avec location de terre	14 577	1,42	151 336	1,79
Avec association de terre	4 194	0,41	38 515	0,46
Hors-sol	55935	5,45	0	0
EAI	105 172	10,27	1187724	14,04
Société civile	5 445	0,53	26 007	0,31
Société familiale	9 012	0,88	72 060	0,85
SARL	282	0,03	5 800	0,07
EURL	166	0,02	7 474	0,09
EAC	35 338	3,45	929 514	10,99
Coopérative	607	0,06	17 720	0,21
Groupement	111	0,01	2 811	0,03
Ferme pilote	171	0,02	117 217	1,39
Ferme ou station EPE	77	0,01	2 811	0,03
Ferme ou station EPA	129	0,01	5569	0,07
Ferme ou station EPIC	39	0	2 592	0,03
S/total	1 023 301	99,95	8455954	99,97
Indéterminé	498	0,05	2726	0,03
TOTAL	1 023 799	100	8458680	100

Source : MADR, RGA 2001 (2003)

Des décisions inopportunes des pouvoirs publics ont parfois contribué à déstructurer le patrimoine foncier. Il en est ainsi de la politique de libéralisation de 1987 (loi 87/19 du 8/12/1987) qui s'est soldée par le démembrement des grands domaines agricoles (domaine privé de l'Etat) en plusieurs dizaines de milliers d'entreprises agricoles collectives (EAC) et entreprises agricoles individuelles (EAI). L'opération a porté sur un patrimoine de 2,5 millions d'hectares répartis en 96 629 exploitations (dont 30 519 EAC et 66 110 EAI). Le patrimoine foncier s'émiette, condamnant de grandes superficies à l'abandon et la situation va s'aggravant.

Tableau 10 : Nombre et taille des exploitations

	Exploitations		Superficie		Taille
	Nombre	%	Ha	%	moyenne
0,1<0,5	88 914	8,7	20 109	0,2	0,2
0,5<1	78 266	7,6	50 407	0,6	0,6
1<2	128 864	12,6	162 314	1,9	1,3
2<5	239 844	23,4	722 275	8,5	3
5<10	181 267	17,7	1 200 598	14,2	6,6
10<20	142 980	14	1 896 466	22,4	13,3
20<50	88 130	8,6	2 484 971	29,4	28,2
50<100	14 294	1,4	930 765	11	65,1
100<200	4 063	0,4	523 146	6,3	131
200 et +	1 242	0,1	458 628	5,4	369,3
Total	967 864	94,5			
Hors sol	55 935	5,5			
Total	1 023 799	100	8 458 680	100	8,3

Source : MADR, RGA 2001 (2003)

32- La rareté du foncier

Contrairement à ce que peut suggérer l'expression « exploitation hors sol » du tableau 10, la production agricole fait grand usage du sol, c'est même sa matière première principale. Il faut beaucoup de terre pour produire des végétaux (les animaux étant plus ou moins des végétaux transformés). Toutefois, posséder un vaste territoire ne suffit pas pour produire, car encore faut-il que le sol s'y prête. En effet, il y a des sols fertiles (plaines bien arrosées et bien ensoleillées…) et des sols stériles (sols rocailleux, marécageux, trop chauds, trop froids, trop salés…) et toute la gamme intermédiaire. L'Algérie a un immense territoire, mais seule une toute petite fraction (correspondant à 3,5 % du territoire) se prête à la culture. La SAU restant globalement stable au fur et à mesure que la population augmente la part du sol dont dispose l'Algérien pour vivre s'amenuise. Cette part se réduit aujourd'hui à moins 0,2 ha alors qu'elle était de 0,5 ha au début des années 70. Cela expliquerait en partie l'écrasante dépendance alimentaire de l'Algérie.

Il est, bien sûr, possible d'accroître les superficies cultivables par défrichement de forêts, assèchement de marécages, mise en valeur de nouveaux territoires par amenée d'eau pour l'irrigation… mais tout cela exige de grands moyens et beaucoup de compétences et demande du temps. Par contre le processus de destruction de SAU est à la portée du premier venu et la population y contribue sans même s'en rendre compte. La tendance à la destruction de SAU est beaucoup plus dynamique que la tendance à la mise en valeur de nouveaux périmètres. L'industrialisation, l'urbanisation, de multiples pollutions se sont liguées pour porter des coups très durs à l'agriculture. La rareté du foncier suscite de violents conflits d'usage qui se terminent presque toujours aux dépens de l'agriculture.

Etant arrivée au bout de son potentiel au Nord, l'agriculture essaie d'opérer un glissement vers les Hauts-Plateaux et les régions steppiques et même le Grand Sud. Ces immenses étendues sont en butte à un climat très chaud et à la rareté de l'eau, contraintes suffisamment importantes pour inciter à envisager avec prudence la transformation du Sahara en Eden. La bonne nouvelle, c'est qu'une immense nappe d'eau douce se trouve sous le désert, mais nulle ne sait comment elle réagirait si elle était fortement sollicitée. Une erreur d'appréciation et les milliards de m^3 d'eau seraient perdus à jamais. Nous abordons le problème de l'eau ci-dessous.

33- La rareté de l'eau

Au-delà d'être un grand pays, l'Algérie est un grand désert avec des paysages lunaires qui se déroulent à l'infini. Le climat est semi-aride (au nord) et aride (dans le reste du pays). La pluviométrie va décroissant d'Est en Ouest et du Nord au Sud. Au nord c'est la partie Est qui reçoit le plus de pluie (jusqu'à 1200 mm/an), la partie ouest se contentant d'une moyenne autour de 350 mm/an. Les Hauts-Plateaux reçoivent entre 200 et 400 mm/an et au-delà vers le Sud 100 mm/an est une moyenne acceptable. L'Algérie est de ce fait un pays de sécheresse endémique. Il ne s'y trouve aucun fleuve et les rivières sont des oueds au régime irrégulier et instable, variant avec les variations des pluies qui sont elles-mêmes irrégulières et instables. Au nord, des cours d'eau qui n'arrivent pas à la cheville en été, créent la débâcle en hiver alors qu'au Sud l'évaporation est si forte que l'on devine les oueds à la traînée de végétation qu'elle trace en surface.

L'estimation des disponibilités/potentialités en eaux de surface et en eaux souterraines est une gageure. Les eaux de surface ont été estimées au milieu des années 80, entre 16 et 19 milliards de m^3, situé en presque totalité au nord du pays[1]. La situation est tout à l'opposé pour les potentialités souterraines. Les réserves situées au nord ne seraient que de 2 km^3 tandis qu'au Sud elles s'élèveraient à quelque 40 000 km^3. Une véritable mer souterraine gît sous les sables brûlants du Sahara, amassée sur une durée de plusieurs millions d'années, mais dont l'exploitation pose des problèmes. En premier lieu, c'est un patrimoine national (et sans doute même un patrimoine de toute l'humanité) qui n'appartient pas en propre à la génération présente pour qu'elle en dispose à son seul profit. En second lieu, comme pour tous les phénomènes qui se développent à des échelles géologiques, si on laisse les choses en l'état, l'eau peut être préservée des milliers d'années encore, mais si on l'excite, il peut advenir n'importe quoi, notamment sa pollution et sa perte. La nappe est constamment menacée par le phénomène dit « de remontée des sels ».

Revenons à l'agriculture et au problème de l'irrigation.

En dépit des efforts faits au cours des 20 dernières années, le pays ne mobilise que moins d'un tiers de son potentiel dans les 72 barrages en fonction. Les barrages s'envasent trop rapidement, en raison de la forte érosion, ce qui réduit progressivement leurs capacités de rétention. Les plans d'eau subissent, par ailleurs, d'importantes pertes par évaporation ; c'est pourquoi le taux de remplissage des barrages est une affaire d'Etat.

Il y a deux types d'irrigation ; les périmètres irrigués qui se déploient sur de grandes étendues et exigent des investissements lourds et la petite et moyenne hydraulique proche de l'artisanat, utilisant les eaux des oueds, des sources et des puits pour irriguer champs et vergers. Pour l'heure les quantités d'eau douce effectivement mobilisées sont de l'ordre de 6 km^3 que se partagent l'agriculture (2/3) et l'AEP (1/3), les besoins de l'industrie étant encore faibles. Dans la mesure où l'agriculture prélève quelque 4,5 km^3 d'eau pour irriguer un demi-million d'hectares qui produisent plus du tiers de la production agricole[2], il suffit maintenant d'imaginer les quantités d'eau nécessaires pour en irriguer le double ou le triple.

[1] En fonction des époques, des auteurs, des conjonctures… les données varient considérablement, rendant aléatoires les analyses.

[2] Toutes les quantités d'eau affectées à l'agriculture n'y arrivent pas. De grandes quantités se perdent par évaporation, dans les canalisations, par inadéquation des techniques d'irrigation,… De plus tous les périmètres donnés comme irrigués ne le sont pas, pour diverses raisons.

La situation deviendrait intenable si l'Algérie devait essayer d'atteindre le seuil de l'indépendance alimentaire, en produisant localement toutes les quantités de marchandises qu'elle importe. Il est heureux que les importations de produits agricoles et de produits agricoles transformés permettent de réaliser de substantielles économies d'eau. En important des produits agricoles (dont la production demande beaucoup d'eau), l'Algérie importe de l'eau *virtuelle* qui vient en substitution à l'eau *réelle* que le pays aurait été obligé d'importer s'il avait voulu produire localement les mêmes quantités. C'est, la raison pour laquelle, tout projet visant l'autosuffisance alimentaire doit garder en mémoire, les énormes quantités d'eau nécessaire pour l'atteindre[1]. La mauvaise presse faite à l'importation de produits agricoles (céréales, laits, viandes, huiles...) est injuste, car cette importation pourrait bien être la solution au problème du stress hydrique. Dans tous les cas, il faut dire qu'avec l'eau, l'Algérie tient un problème qui mettra fortement à l'épreuve, le génie, la solidarité et pugnacité du peuple algérien. Toute perte de temps et tout atermoiement pouvant s'avérer mortels, il faut dès aujourd'hui mettre à plat le problème et lui chercher des solutions de court-moyen et long, termes. C'est un défi très stimulant qui va être obligatoirement relevé et forcément gagné.

34- La faible qualification de la main-d'œuvre

L'agriculture algérienne a toujours souffert de ce qu'on pourrait qualifier de complexe du colonisé, le mot *paysan* étant couplé avec arriération, misère et analphabétisme. L'indépendance serait de peu de chose si elle n'opérait pas une rupture radicale avec ce statut humiliant et tous ceux qui peuvent y échapper le font par exode vers les villes et par émigration. Les campagnes sont abandonnées et l'agriculture échoit par élimination à ceux qui ne peuvent faire autrement : les vieux et les sans-qualifications. Au RGPH de 1966, sur les 7 960 400 Algériens âgés de 10 ans et plus 5 894 900 sont complètement illettrées (74,1 %), 1 274 800 ont fréquenté l'école primaire (16 %) et 378 100 ont fréquenté l'école coranique (4,7 %). Faut-il le préciser, le taux d'analphabétisme dans les campagnes est de 88,4 % (dont 80 % pour les hommes et 97 % pour les femmes). La

[1] Le ministère de l'agriculture estime à près de 18 km^3, les quantités d'eau dont le secteur aurait besoin pour réaliser l'autosuffisance alimentaire.

locomotive du développement étant confiée à l'industrie, l'agriculture entame une longue traversée du désert et devient par contraste une marque d'infamie, laissant miroiter un avenir qui ressemble beaucoup au passé et dont personne ne veut pour ses enfants. Les partisans de l'industrialisation à outrance, ne cachent même pas leur mépris pour l'agriculture. Les budgets consacrés au secteur sont si dérisoires que celui-ci enregistra un pernicieux processus de désinvestissement.

- Le nombre de puits est tombé de 5 784 en 1971 à 5 474 en 1977.
- La surface plantée d'arbres fruitiers est passée de 351 000 hectares en 1967-68 à 294 000 hectares en 1977.
- Le nombre de tracteurs n'a pas connu d'évolution notable, passant de 47172 en 1969 à 52000 en 1977.
- L'utilisation des engrais a été multipliée par 3 ou 4, sans que les rendements s'en ressentent.
- La force de travail est passée de 62 millions de journées de travail en 1967 à 53 millions en 1977…

Il y a pire que ce sacrifice de l'agriculture sur l'autel de l'industrie, les modestes budgets qui lui sont affectés ne sont jamais totalement consommés (la moitié au cours du premier Plan Quadriennal et seulement un tiers au cours du second PQ). Il est intéressant de comparer l'évolution de l'indice de la production agricole avec l'évolution des importations de produits agricoles à la même période.

La transition vers l'économie de marché a-t-elle changé quelque chose à la situation ?

Le recensement général agricole de 2001 donne les niveaux d'instruction des chefs d'exploitations par tranches d'âge. Les « sans instruction » représentent 64,6 %, si l'on y ajoute les catégories « alphabétisation » et « niveau primaire » qui sont des euphémismes pour dire que les personnes savent à peine décoder les mots et les chiffres (il n'est pas précisé dans quelle langue), c'est déjà 85,3 % des chefs d'exploitation qui n'ont pas un niveau d'instruction suffisant pour frayer avec la technologie. Moins de 1,5 % seulement d'entre eux ont fréquenté l'université (sans précision du diplôme et de la filière). L'agriculture, continue à vivoter entre les mains d'amateurs qui manquent des compétences nécessaires pour la hisser à un seuil qui la fasse passer de « boulet » à « locomotive » de l'économie nationale.

Ces problèmes (qui ne sont réalité qu'un échantillon) qui écrasent l'agriculture algérienne exigent d'être réglés « vite et bien », la première étape consistant à en prendre pleinement conscience puis à déployer une réelle et sincère volonté d'y mettre fin.

Graphique 10 : Part de l'agriculture dans l'investissement (10^6 DA)

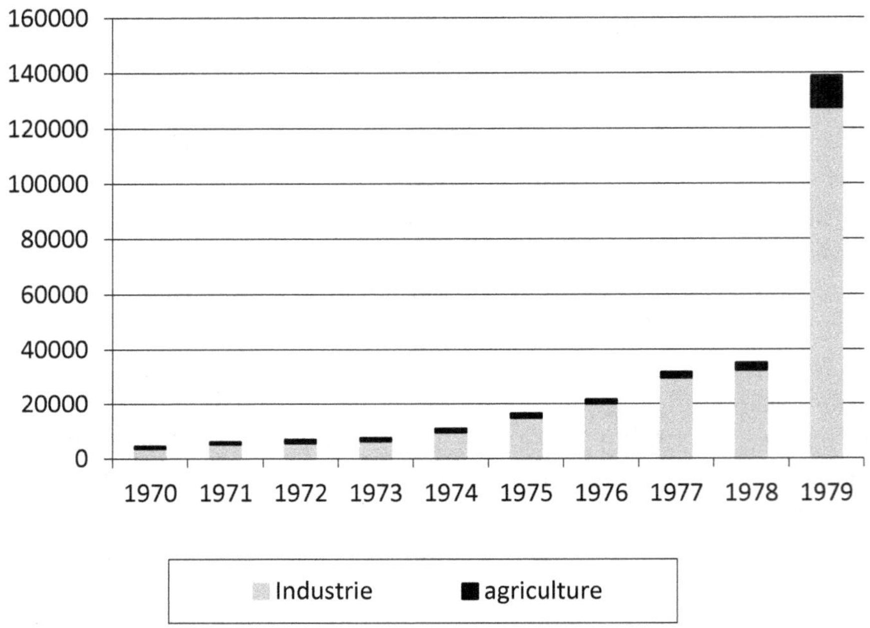

Graphique 11 : Indice de la production agricole (base 100 : 1968)

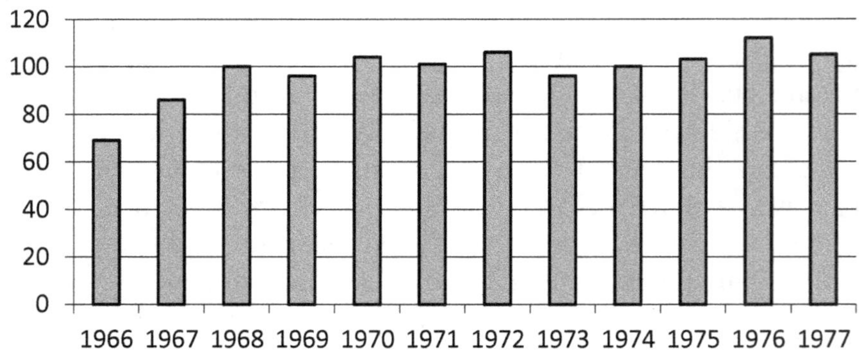

Source : MPAT

Tableau 11 : Importations de biens de première nécessité

	1967	1972	1977	1982
Lait et dérivés	94,7	188,5	110,1	889,1
Beurre	12,2	62,3	80,3	526,1
Œufs	-	-	63,7	355,1
Café non torréfié	124,3	268	360,5	477,5
Blé	385,2	297,9	801,4	1876,5
Orge	11,8	17,6	72,4	387,5
Huile végétale	48,4	95,3	387,7	602

Unité : million de dinars ; Source : MPAT

4- DES REFORMES SANS CONVICTION

Ayant, délibérément, tourné le dos à son agriculture, l'Algérie s'oriente, tout naturellement, vers l'importation de produits de large consommation, jadis produits localement et même exportés (céréales, viande, pomme de terre, oignons, œufs, lait et dérivés…). La terre, dévalorisée est offerte par pans entiers et au dinar symbolique, à l'urbanisation et à l'industrialisation quand elle n'est pas simplement abandonnée aux herbes folles. La Révolution agraire, lancée par l'ordonnance du 8 novembre 1971 a échoué parce que ce sont les fonctionnaires qui y ont joué les rôles de meneurs en lieu et place des paysans. Ces derniers ont été déchus et dégradés pour dégénérer en entités mi-paysans, mi-fonctionnaires, ayant les tares des deux et les qualités d'aucun. Nous n'avons pas connaissance d'un soubassement théorique sur lequel prend appui l'idée des 1000 villages de la révolution agraire (dits villages socialistes), mais quel que soit le désir de bien faire de leur initiateur (en l'occurrence Houari Boumediene, Président du Conseil de la Révolution), il est difficile de comprendre leur utilité. L'idée était de tirer les fellahs vers le futur, en leur offrant un cadre de vie moderne qui va les remodeler. Ainsi 100 à 150 familles ramassées dans les environs sont regroupées dans un village construit en dur et jouissant des commodités (eau, électricité, route, école…), mais auquel il manque l'*âme*, c'est-à-dire le réseau de relations familiales, sociales et culturelles laborieusement affiné durant des siècles. Dans ces villages, le voisin n'est pas le frère, l'ami, le parent… mais « l'autre » avec lequel les relations sont minimes et empreintes de méfiance. Un tiers, seulement des villages, a pu être réalisé avant que le processus n'avorte, de sorte qu'on ne pourrait pas dire qu'ils ont exercé un impact quelconque sur le devenir de l'agriculture.

La réforme de 1987 a porté sur la restructuration du domaine privé de l'Etat. L'opération est une privatisation bâtarde au cours de laquelle on a découpé les 3385 domaines agricoles socialistes (DAS) en près de 100 000 petites exploitations qui ont été données en jouissance à des exploitants individuels ou à des groupes d'exploitants. Ces exploitations sont supposées être plus faciles à gérer, mais la mise en œuvre de la réforme a mal tourné, se heurtant à d'inextricables problèmes dont nous ne pouvons donner qu'un échantillon :

- Pour créer une EAC (exploitation agricole collective), il faut trouver des affinités entre les 3 ou 4 travailleurs qui y sont partie prenante.
- Le patrimoine des DAS, qu'il y a à répartir est très hétéroclite : terres, bâtiments, vergers, bétail, poulaillers, constructions habitables, hangars, matériels roulants, puits... Ce qui pose le problème de son évaluation objective et de sa juste répartition.
- Il est exigé que le partage des domaines ne doive pas donner lieu à un morcellement des terres.
- Il faut dans, la mesure du possible, dégager de nouvelles exploitations pour fournir de l'emploi aux chômeurs.
- Il faut étudier le statut des indus-occupants qui étaient tolérés, pour différentes raisons, tant que l'Etat était propriétaire des domaines, mais qui doivent maintenant être expulsés.
- Il faut prendre en compte la situation des travailleurs saisonniers. Les individus auxquels le domaine ne pouvait fournir un travail à temps plein, mais qui y trouvent régulièrement à s'employer à la pleine saison, ont-ils moins de droits que les "permanents" lors du partage ?...

Les contraintes sont énormes et les instructions, circulaires et notes appelant les comités techniques à agir rationnellement, foisonnent, mais en vain. De fait, l'opération fut traitée davantage comme un partage de butin ou même une curée que comme une réforme. En effet, le texte de loi a considéré le ministre de l'Agriculture, les hauts fonctionnaires du ministère, les Directeurs de wilaya, les directeurs des domaines, les vétérinaires... comme des travailleurs de l'agriculture et qu'à ce titre, ils ont droit à une part du butin. Le partage vira à une mascarade au cours de laquelle les authentiques paysans, analphabètes, respectueux de l'autorité et peu au courant des arcanes juridiques, furent proprement escroqués. Ils eurent droit aux morceaux les plus rebutants (hangars, poulaillers, matériel désaffecté, terres non irriguées...) tandis que les cadres de l'administration s'accaparent des meilleurs morceaux (villas coloniales, serres, vergers...). Les fellahs, abandonnés à eux-mêmes, s'empêtrèrent dans des démêlés interminables avec la banque puis entre eux, ce qui paralysa les exploitations. Certaines fermes sont carrément abandonnées et d'autres furent loties et vendues pour la construction. L'agriculture resta dans une tragique expectative, jusqu'au PNDA.

Le Plan National pour le Développement Agricole (PNDA) lancé avec de grands moyens en 2000, a reçu pour missions de :

- Réduire la dépendance alimentaire
- Dégager un surplus à exporter
- Participer à la lutte contre le chômage
- Assurer une agriculture biologique et un développement durable
- Mettre en valeur de nouvelles terres...

Ces objectifs, en soi, ne sont pas loin d'être utopiques, pourtant ils ne sont que la partie visible de l'iceberg, la première phase d'un vaste plan de développement du monde rural et de valorisation de ses ressources. Ce qui est en ligne de mire c'est la revivification et la revitalisation des campagnes en donnant aux ruraux la possibilité de vivre dignement à la campagne, sans qu'il soit dit qu'ils doivent vivre forcément et uniquement de l'agriculture. Pour en arriver là, il a fallu prendre conscience de certaines vérités primaires, mais fondamentales telles que :

- Tous les habitants de la campagne ne sont pas des agriculteurs et ne vivent pas que du travail de la terre. Il y a des artisans, des paysans sans terres, des enseignants, des éleveurs, des épiciers, des chômeurs... qui sont des soutiens à l'agriculture et non des agriculteurs. Par conséquent l'aide prévue pour la valorisation et la mise en valeur des campagnes doit s'étendre jusqu'à eux.
- La société algérienne a, toujours, été une société à transmission orale où la parole donnée remplace l'acte ; il serait insensé de continuer à subordonner l'aide aux agriculteurs à la présentation d'actes de propriété et de documents administratifs précis.
- L'aide dont peut avoir besoin un paysan n'est pas toujours liée au travail de la terre. De nombreux paysans quittent les campagnes, non pas faute de terre à mettre en valeur, mais faute de maison,

d'école, d'eau potable, de route (ou piste agricole), de téléphone, d'électricité, de travail pour les enfants diplômes… C'est à ce genre de problèmes veut, désormais, s'attaquer.

L'Etat se propose d'apporter une aide désintéressée et presque non conditionnée à tout habitant de la campagne qui voudrait y vivre, mais auquel il manque un *petit quelque chose* pour pouvoir le faire (habitation, puits, électricité, piste agricole, ordinateur, tracteur, machine quelconque…). Toutefois, comme toujours en pareil cas (flots d'argents déversés sur un secteur et faible capacité à le contrôler), l'opération donna lieu à des détournements homériques qui ont enlevé beaucoup de son efficacité au PNDA. Bien sûr, un certain nombre de résultats a été obtenu sur la pomme de terre, les maraîchages, le lait, la viande blanche, mais ils sont juste suffisants pour empêcher la crise de l'agriculture d'empirer. L'Algérie n'a pas réduit sa dépendance à l'égard des importations et on peut dire que la réforme du secteur reste encore à faire. Mais tant qu'à faire, qu'est-ce qu'il y a lieu de faire ?

Tableau 13 : Evolution de la SAU et la population

	SAU (1000 ha)	Population (million)
1939	6 541	-
1948	5 887	7,7
1954	6 910	8,7
1960	6 983	11,3
1966	6 779	12
1970	6 821	14,7
1975	7 167	16,8
1980	7 510	19,5
1985	7 509	22,8
1990	7 661	26,2
1995	-	29,3
2000	8 227	31,7
2005	8 390	34
2010	8 435	37
2014	8 500	40

Source : Slimane Bedrani Le secteur agricole et ses perspectives à l'horizon 2000. CCE, Bruxelles, 1993 et ONS : Algérie en quelques chiffres.

Tableau 12 : Niveau d'instruction des chefs d'exploitation

	ND	17-19	20-29	30-39	40-49	50-59	60-64	65-69	70 +
Sans instruction	13542	1022	11990	48973	119816	153437	89756	82711	140949
Alphabétisation	949	148	1857	8144	22875	27759	13279	11006	16007
Primaire	718	948	9645	29011	34557	20355	5545	3591	4710
FS 1er degré	143	167	2152	5693	7341	4581	1213	729	912
Moyen	354	1010	11236	21974	15844	6108	1242	660	949
FS 2ème degré	41	81	1137	1849	2022	940	194	124	144
Secondaire	209	522	7935	11764	8813	3384	607	306	442
Supérieur	142	90	2181	3849	4635	2576	640	442	590

Source : MADR, RGA 2001 (2003)

5- LE PROBLEME A-T-IL UNE SOLUTION ?

La situation de l'agriculture en Algérie, n'est pas loin d'évoquer le modèle de Malthus d'une population qui augmente selon une suite géométrique tandis ses moyens de subsistance (ici la SAU et l'eau) augmentent selon une suite arithmétique. Au cours du demi-siècle qui a suivi l'indépendance, la population a presque quadruplé, passant de moins de 12 millions en 1962 à plus de 40 millions en 2016, alors que la SAU n'a augmenté que de 30 % entre 1939 (6,5 millions d'hectares) et 2016 (8,5 millions d'hectares) ; entraînant une dramatique détérioration de la SAU/tête.

L'agriculture est écartelée entre les besoins d'une population qui augmente rapidement, une SAU stable et qu'il devient de plus en plus difficile d'étendre et des disponibilités en eaux très limitées. Le pays se trouve dans une position extrêmement fragile : le peuple mange ce qu'il ne produit pas d'une part et les exportations agricoles ne couvrent que 2 à 3 % des importations agricoles, d'autre part. C'est un problème difficile, mais qui doit forcément être résolu. Ce que l'on peut d'ores et déjà dire, c'est qu'il ne peut pas être réglé dans le cadre dans lequel l'agriculture et plus généralement toute l'économie évoluent actuellement. Il faut changer de cadre et prendre des décisions courageuses. Connaissant la complexité des problèmes (culturels, techniques, génétiques, juridiques, géographiques, chimiques, microbiologiques…) ce n'est pas à un profane qu'il convient de proposer des solutions. C'est pourquoi, il faut prendre ce qui suit comme de simples pistes de réflexion, quelques-unes vont s'avérer stériles, mais d'autres mériteraient peut-être d'être considérées.

51- Une action sur la consommation

Pour se reproduire, le corps a besoin d'un certain nombre de nutriments qu'il trouve dans certains végétaux et dans certains animaux. Chaque communauté essaie d'identifier dans son environnement immédiat toutes les espèces végétales et animales qui sont susceptibles de lui fournir ce dont elle a besoin. L'ensemble des produits, les techniques de préparation et le mode de consommation des produits identifient le modèle de consommation de la communauté. Chaque peuple a le sien propre que les conditions géographiques, historiques, technologiques… lui ont imposé[1]. Les modèles de consommation évoluent dans le temps, au fur et à mesure qu'évoluent les populations, les techniques, les savoirs, les mixages… de sorte que le modèle originel garde une valeur simplement folklorique, on y reste attaché plus par sentiment que par réelle nécessité.

Les besoins énergétiques de l'individu moyen sont estimés à 3000-3500 calories/jour qu'il doit se procurer en consommant un assortiment de produits agricoles bruts ou transformés. Tout Etat doit garantir l'accès à ces 3000 calories quotidiennes à chaque citoyen (nous parlons alors de sécurité alimentaire) faute de quoi, la population est exposée à des problèmes de malnutrition et dans le pire des cas, de famine. A l'échelle mondiale, la *Food and Agriculture Organization* (FAO) est chargée de prévenir l'avènement de tels fléaux et de les adoucir quand elle ne peut les éviter.

La FAO, justement, classe les aliments en dix grandes familles (céréales ; racines et tubercules ; fruits et légumes ; huiles végétales ; graisses animales ; viandes et œufs ; produits laitiers ; poissons et fruits de mer ; sucre et miel). Quelques-unes de ces familles de produits apportent au corps les glucides (sucre et miel ; céréales, racines et tubercules) ; d'autres les protides (légumes secs, viandes, œufs, produits laitiers, poissons et fruits de mer) ; d'autres les lipides (huiles végétales et graisses animales) et d'autres enfin y apportent les fibres, vitamines et minéraux (fruits et légumes). D'où l'intérêt d'une nourriture équilibrée et diversifiée.

On pourrait dire que jusqu'aux années 70, le peuple algérien avait un modèle de consommation d'origine locale, à base de produits indigènes, majoritairement[2]. Il produit ce qu'il mange et mange ce qu'il produit, s'assurant un mode de vie sain, mais dont la frugalité le maintient toujours à la lisière de la sous-alimentation. Le baby-boom d'après-guerre fait exploser la demande sans que l'offre (en butte aux contraintes discutées plus haut) ne suive ; poussant à un approvisionnement sur le marché mondial. Tout à coup le panier de la ménagère devient extraverti ; café, lait, sucre, riz, oléagineux, maïs,

---

[1] Aujourd'hui encore, bien que le développement des échanges internationaux ait fortement dilué les spécificités locales, il reste que des noms comme couscous, sushi paëlla, pizza,… renvoient à des régions et à des peuples précis.

[2] En fait le pays est si vaste et si diversifié qu'on y compte de nombreux modèles de consommation, spécifiques aux régions.

fruits exotiques... arrivent par bateaux entiers et sont mis à disposition de la population à des prix fortement soutenus, ce qui leur permet de s'imposer rapidement au détriment des produits indigènes. La datte, la figue sèche, l'huile d'olive, la viande caprine... quittent subrepticement la table de l'Algérien. Les mauvais traitements que l'agriculture a endurés ont poussé à la détérioration de la qualité des produits et à la réduction de leurs quantités[1]. Sans autre forme de procès, l'Algérien adopte un modèle de consommation basé sur des produits d'importation. La tendance à la dépendance à l'égard du marché mondial a été aggravée par l'étrange décision des pouvoirs publics de subventionner les produits importés qui deviennent ainsi plus attractifs pour le consommateur. Ce dernier, abusé, fonce dans le piège d'une addiction aux produits exotiques, surconsommant des biens à bas pris sur le marché local, mais onéreux sur le marché mondial[2]. L'objectif derrière ces subventions est de permettre aux entreprises industrielles de maintenir les salaires à un niveau-plancher pour devenir compétitives. Le stratagème n'a pas marché et le pays a perdu d'un coup son industrie et son agriculture.

Notre idée est que l'Algérie pourrait réduire substantiellement sa dépendance alimentaire par une action forte et soutenue sur la consommation avec pour objectifs de consommer moins, consommer autrement et consommer autre chose. Le citoyen doit faire évoluer son panier de consommation de façon à en évincer (ou tout au moins à réduire) les produits coûteux et à y introduire des produits pour lesquels l'agriculture locale a des prédispositions intéressantes (volaille, huile d'olive, figues, dates, fruits et légumes...).

52- Une action sur la transformation

Peut-on imaginer un pays sérieux dont l'agriculture ne soit pas encadrée par une puissante industrie lourde en amont (qui lui fournit des équipements adéquats et des intrants spécifiques et de qualité...) et une vaste industrie de transformation en aval ? Historiquement la

---

[1] Aujourd'hui le prix d'un kilo de dattes, un kilo de figues sèches et un litre d'huile d'olives, tourne autour de 750 DA, alors que le prix d'un kilo de bananes est de 150 DA et celui d'un litre d'huile de soja est de 110 DA...

[2] Cette surconsommation est illustrée par la quantité (énorme) de sucre que l'Algérien met dans sa boisson chaude (café, thé, lait). Dans tous les cafés, le sucre est mis à disposition gratuitement, alors même qu'il coûte plus cher que le café.

transformation apparut lorsqu'on réalisa que produire de grandes quantités ne garantit pas contre les famines, parce que les végétaux une fois coupés et les animaux une fois abattus se dégradent rapidement, ne laissant qu'un court répit avant de devenir impropres à la consommation. Si rien n'est fait pour empêcher le pourrissement les récoltes sont perdues. On réalisa par ailleurs qu'il est impossible d'empêcher les produits de se dégrader ; tout ce qu'il est possible de faire c'est d'essayer de ralentir la dégradation en recourant à certaines manipulations plus ou moins élaborées. Aujourd'hui les traitements auxquels sont soumis les produits de l'agriculture sont nombreux et sophistiqués, donnant naissance à une grande branche industrielle : l'*industrie agroalimentaire* (IAA). L'industrie agroalimentaire vise fondamentalement à limiter les pertes par pourrissement, mais elle remplit également d'autres fonctions de valorisation des produits en les rendant plus attractifs pour les yeux et/ou l'odorat, plus délicieux, plus faciles à stocker/transporter…

Les fruits et légumes arrivent à maturité sur de courtes périodes, rendant disponibles des quantités énormes de produits que le marché ne peut absorber. Une grande partie des récoltes risque d'être perdue, promettant la disette dans un futur proche si l'on ne trouve pas un moyen de contrer la tendance à la dégradation. Selon les peuples, les pays, le niveau de maîtrise des sciences et techniques, la nature du produit, le hasard… un certain nombre de procédés de conservation a été mis au point. Certaines techniques touchent le produit de façon superficielle tandis que d'autres lui font subir de profondes transformations. Les procédés les plus répandus sont ceux qui consistent à saler, sécher, fumer, lyophiliser, faire bouillir, emballer sous vide, congeler, surgeler, décomposer, combiner des produits, etc. Il s'agit, à l'évidence, de faire durer les produits tout en préservant leurs principales qualités nutritives et gustatives.

L'IAA est vaste domaine qui réalise l'interface entre l'agriculture et l'industrie, mais aussi l'art. On y explore de nouvelles possibilités, de nouveaux produits composites, de nouvelles recettes, de nouvelles idées. En effet, de nombreux fruits et légumes ne sont pas comestibles en l'état, il est nécessaire de leur faire subir parfois toute une série de transformations et d'y ajouter des additifs et/ou adjuvants pour en tirer des aliments sains. La canne à sucre, la fève de cacao, la graine de soja et même le blé… n'ont aucune valeur alimentaire en soi, il faut leur faire subir une série d'opérations pour en obtenir des produits qui entrent dans l'alimentation. Par sa forme, sa couleur, son goût… le produit final peut être très éloigné du produit d'origine. Sans ces opérations de valorisation, de nombreux végétaux n'interviendraient jamais dans la consommation humaine.

Le besoin de « travailler » des produits bruts naît, pour de nombreux cas d'espèce, du besoin de réaliser des stocks, utilisables en hiver, lors des grands travaux d'infrastructures, par temps de guerre... La constitution de stocks alimentaires est une avancée considérable pour l'humanité qui trouve à valoriser son surplus agricole, pour vivre toute l'année avec le travail de quelques mois. Il faut ajouter que le besoin de transporter des produits sur de longues distances exige certains apprêtements, de forme et d'emballage (pour faciliter la manutention). Dans le monde contemporain, les produits agricoles ne sont plus envoyés directement sur le marché, mais vers des usines qui les traitent, les transforment, les combinent et les mettent dans des emballages adéquats qui préservent leurs qualités organoleptiques et les rendent attrayants, attractifs et faciles à transporter, à ranger et à… manger.

De manière structurelle et durable l'Algérie produit bon an mal an, de quoi couvrir la moitié de ses besoins alimentaires, l'autre moitié étant assurée par les importations. C'est une situation extrême à laquelle il est attendu d'opposer des ripostes tout aussi extrêmes, de manière à ce que rien de ce qui est produit ne puisse être perdu. Cette évidence ne semble pas être la chose du monde la mieux partagée auprès des Algériens, car chacun se comporte comme s'il participait à un grand concours sur le thème « à qui gaspillera le plus ». Le produit frais (tomate, pomme de terre, salade, abricot…) va du champ d'où il a été cueilli jusqu'au panier de la ménagère en l'état ; la pomme de terre est souvent vendue avec des mottes de terre collées dessus, qui ont l'avantage de peser dans la balance.

Les nombreuses opérations de transport, de manutention, de transbordement, de manipulation, l'exposition aux éléments… se traduisent par d'importantes pertes de produits. Le contexte n'est pas le même, mais nous sommes en présence d'un phénomène qui illustre la thèse (de Paul Samuelson) des coûts de transport en forme d'iceberg. Pour faire arriver 100 au point B, il faut envoyer 130 depuis le point A. La perte (ou la fonte) de produit représente le coût de transport dans l'approche de Samuelson, mais dans notre cas c'est une perte sèche qui s'ajoute au coût de transport. L'immensité du pays et un climat particulièrement défavorable se liguent pour faire des ravages dans la production. Le problème a pourtant une solution viable dans l'industrie agroalimentaire. Des unités de transformation situées à proximité des lieux de production réduiraient de manière notable les pertes. Cela semble si évident, qu'il est difficile de comprendre pourquoi les énormes capitaux consacrés par l'Etat à favoriser la création d'entreprises, ne s'y soient pas orientés. Pourquoi les régions de prédilection de la pomme de terre n'arrivent pas à faire le saut qualitatif de produire au-delà de la pomme de terre : de la purée en poudre, des frites surgelées, des chips… Année après année, les fellahs pleurent les pertes dues à l'absence de capacités de stockage, à l'absence de sacs, à la défaillance des moyens de transport… sans que cela ne donne des idées aux investisseurs potentiels et n'interpelle les pouvoirs publics.

Considérons pour finir le problème de la viande ovine. La région de prédilection du mouton est la steppe tandis que la région de consommation est le nord du pays. Chaque année des millions de bêtes sont cheminées par camions sur des centaines de kilomètres, induisant stresse et perte de poids des bêtes. Il serait plus raisonnable de réaliser l'abattage sur-place, de telle sorte que seule la viande propre à la consommation (sous toutes ses formes) subira le transport. En termes de quantité, un seul container frigorifique peut prendre plus de viande que 20 camions n'en transporteront en moutons vifs. De plus, des millions de peaux donneront naissance à une industrie du cuir, tout comme il sera possible de trouver un usage aux os, aux cornes, etc.

Quel que soit l'angle lequel on approche le sujet, il est incontestable que le développement d'une authentique IAA est un des préalables à la sortie de la crise alimentaire.

53- Une action sur le gaspillage

Comme la division du travail, la science s'applique à tous les domaines d'activité et de plus en plus au secteur de l'agriculture. Dans les pays les plus avancés l'agriculture est aussi capitalistique que l'industrie et la recherche y est tout aussi développée. En Algérie, l'industrialisation et la *technologisation* de l'agriculture sont encore balbutiantes et les fondamentaux d'une agriculture moderne font encore défaut ; ce qui laisse d'importantes marges pour les manques à gagner et gaspillages en tous genres. Des gaspillages particulièrement indécents dans un pays qui peine à assurer la moitié de ses besoins et n'exporte presque rien. Donnons quelques cas illustratifs.

- Un blé moissonné 15 jours après arrivée à maturité (par ignorance, indisponibilité d'une moissonneuse-batteuse...), c'est jusqu'à 30 % de récolte de perdu.
- Des fruits (abricots, pêches, pommes, poires) qu'on cueille et qu'on laisse tomber dans un panier (au lieu de les y poser délicatement) sont abîmés et pourrissent rapidement en contaminant les produits sains.
- Des tonnes d'olives mûres qui font la chaîne plusieurs semaines devant une huilerie sous la pluie, la poussière, les fumées, donnent une huile de mauvaise qualité...

Ce n'est pas à cette catégorie de gaspillages que nous nous intéressons ici. Ce que nous voulons souligner c'est un gaspillage qui s'apparente à un crime prémédité commis de sang-froid, sur l'économie nationale.

Il y a encore un demi-siècle, lorsque l'Algérien ne pouvait consommer que ce qu'il pouvait produire, la nourriture était considérée comme un produit pur et sacré qu'il est moralement interdit de gaspiller en le jetant, en le salissant, en le laissant pourrir/moisir, et même en en mangeant au-delà de ce qui est nécessaire. Puis vinrent le boum pétrolier et l'époque de l'argent facile qui transforment les dirigeants en magiciens. Il devient tout à coup superflu de réfléchir aux délicats problèmes de production, de productivité, de compétitivité, d'innovation, de management..., on passe outre pour aller importer directement des biens prêts à être consommés. L'effet est immédiat et la stratégie ne demande ni compétences ni intelligence, permettant à des incompétents de durer à des postes d'où ils auraient été éjectés si des résultats étaient exigibles.

L'Algérien n'éprouve plus aucun remords à mal traiter la nourriture alors même qu'il devient de moins en moins productif. Partout dans les villes et villages, l'observateur est agressé par la présence ostentatoire de bonne nourriture (coûteusement produite ou importée) dans les décharges, engraissant la vermine. L'image unique au monde de dizaines de baguettes entières de pain jetées aux ordures est hallucinante, un peuple qui jette ce qu'il n'est pas capable de produire.

Le gaspillage peut prendre des formes nombreuses et dont certaines tendent au raffinement artistique qui donnera des leçons aux sociétés qui font reposer la stabilité du système économique sur un gaspillage organisé[1]. Nous avons essayé de recenser les formes qui sont à la fois les plus pernicieuses et qu'il serait facile d'éviter.

531- Le gaspillage au cours du transport

Le gaspillage au court du transport touche surtout aux céréales d'importation, notamment le blé, qui arrivent en vrac dans les soutes de bateaux appelés céréaliers. Dès qu'on ouvre les écoutilles, le gaspillage s'organise[2]. En premier lieu, les ports sont sous-équipés de telle sorte que le produit est sorti des soutes au moyen d'une grue dont le godet plonge au cœur du bateau pour en sortir avec plusieurs tonnes de blé entre ses deux mâchoires. Imparfaitement imbriquées, les deux mâchoires laissent couler un filet de blé qui se répand sur le quai et qui se transforme en une bouillie noire sous les roues des camions et chariots élévateurs[3].

Les camions-céréaliers n'étant pas encore inventés, le blé est transporté dans des bennes standard, non étanches qui laissent s'échapper un filet continu de graines, sur des dizaines ou des centaines de kilomètres, induisant des pertes sans nom. Il est proprement incroyable que durant plusieurs décennies personne ne se soit senti interpellé sur ce problème. Sur les 4 à 6 millions de tonnes de blé importées annuellement, combien sont perdues si stupidement, pour nourrir toute une faune de nuisibles, notamment les rats qui ont prospéré le long des routes empruntées par les camions de céréales. Il suffirait d'étaler une bâche ou même un film plastique au fond de la benne pour éviter ces gaspillages. Chacun des acteurs impliqués a ses arguments pour ne pas décider de cette modeste innovation, laissant le gaspillage durer et perdurer.

---

[1] Aux Etats-Unis, par exemple, les portions de nourriture (pizza, hamburger, coca cola, chips,... sont toujours *over-sized*, (c'est-à-dire de trop grande taille ; on vous vend 500 grammes tout sachant que vous n'en consommerez que 300 grammes) mais c'est pour faire vendre la production nationale.

[2] Ici nous nous appuyons sur ce qui se fait au port de Bejaia.

[3] En 2014, le port de Bejaia a reçu 1 015 395 tonnes de blé et 1 840 122 tonnes de diverses autres céréales, soit un total de 2 855 517 tonnes de céréales, sur les 12,3 millions de tonnes importées cette année-là, soit encore une part de 23,2 %.

532- Le gaspillage par incompétence des acteurs

Une des voies par lesquelles se pratique le gaspillage de produits alimentaires tient à la mauvaise qualité du produit final mis sur le marché (pain, gâteaux, pâtes alimentaires, chocolat, bonbons…). Des millions de pains, de croissants, de biscuits, de *zlabia*… qui n'ont que la forme de ce qu'ils représentent, sont produits annuellement dans des conditions d'hygiène déplorables, par une main-d'œuvre sans qualifications. Il est tout à fait normal qu'après un crochet sur la table du consommateur, ces produits aillent à la poubelle. Restaurants, boulangeries, gargotes, pizzerias, pâtisseries, sont à tous les coins de rue, nourrissant des millions d'Algériens avec pour matière de base une farine de blé importée en dollars, mais qui ne trouve pas à être valorisée par une main-d'œuvre qui n'a reçu aucune formation et en l'absence d'une autorité de contrôle de la qualité du produit[1].

L'incompétence et le laisser-aller qui altèrent la qualité du produit et induisent des gaspillages, ne se situent pas tous en bout de chaîne, d'autres problèmes nichent en amont, chez les importateurs.

L'Algérie est l'un des plus gros importateurs de blé du monde, si ce n'est le plus gros et le principal importateur est un organisme d'Etat : l'Office Algérien Interprofessionnel des Céréales (OAIC)[2]. Cette position de gros acteur sur le marché international a pris les proportions d'une malédiction. L'incompétence de certains responsables aidant, l'OAIC n'a jamais su user de sa position de monopsone pour obtenir ce qu'il y a de meilleur sur le marché, au meilleur prix[3]. La peur des ruptures de stock (préjudiciables à la stabilité sociale) conduit les démarcheurs de l'OAIC à privilégier la quantité souvent au détriment de la qualité. Ils ont donc tendance à ne pas être exigeant sur les nombreuses caractéristiques du blé et le plus

---

[1] Depuis quelques années, les boulangeries ferment en grand nombre pour verser dans l'informel. Aujourd'hui, il y a peu de boulangeries mais il y a beaucoup de pain. Il se vend sur les étals, dans les superettes, dans les épiceries… mais nul ne sait qui l'a produit, où il a été produit et dans quelles conditions d'hygiène ? Et personne n'est soucieux de savoir.

[2] Jusqu'au début des années 90, cet office créé en 1962 avait le monopole sur l'importation de céréales, puis le secteur s'est ouvert aux privés, mais il jouit encore d'une situation de quasi-monopole.

[3] Le blé n'est pas un produit banal soumis aux seules règles de l'offre et de la demande. C'est un produit stratégique que le client ne peut pas se permettre de ne pas acheter lorsque son prix augmente, ni même d'en différer l'achat…

souvent lorsque produit se révèle de mauvaise qualité, on ne le retourne pas à l'envoyeur afin de ne pas créer de tension[1]. Un mauvais blé donne une mauvaise farine qui se prête peu à la panification, d'où la baguette de mauvaise qualité qu'on achète et qui finit dans la poubelle.

Comment l'Algérie favorise l'importation du blé français, cher et de mauvaise qualité

Le blé français est de moins en moins compétitif. La France voit sa compétitivité s'effriter au profit des pays de la mer Noire, en raison d'un taux de protéines insuffisant pour les importateurs, rapporte le journal Libération. Malgré des teneurs en protéines moyennes de 11,6 % jugées "correctes", les blés français tendent à être moins sollicités par leurs clients réguliers qui ont remonté d'un cran leurs exigences qualitatives et se tournent plus volontiers vers les blés russes et ukrainiens dont la teneur en protéines est souvent supérieure et les prix plus compétitifs, ajoute la même source qui cite les analystes de l'Association générale des producteurs de blé (AGPB). Mais curieusement l'Algérie, grand importateur de blé, fait exception à la règle. La cause ? L'Office Algériens interprofessionnel des céréales (OAIC) confectionne des cahiers des charges sur mesure pour favoriser l'importation du blé français au détriment des blés originaires de la mer Noire, beaucoup moins chers et aux qualités nutritionnelles avérées. « Certaines clauses strictes de leur cahier des charges font que les origines mer Noire ont du mal à se positionner sur ce marché (Algériens) », a expliqué François Gatel, directeur de France Export céréales, selon des propos rapportés samedi soir par le quotidien français Libération sur son site internet. La France, qui détient 80 % de parts d'importations algériennes de blés, a conclu un accord avec l'OAIC pour la fourniture de 3,8 millions de tonnes sur les 5 millions de tonnes que l'Algérie importe pour la période 2012-2013, selon la même source. En Algérie, la concurrence avec les blés russes et ukrainiens, pourtant plus riches en protéines que le blé français, n'existe pas ! Cette situation de monopole du blé français sur le marché algérien s'explique par le fait que l'OAIC est l'unique importateur de céréales en Algérie.

Tout Sur l'Algérie (TSA), 21 juillet 2013

[1] Note : un responsable de l'OAIC s'en défend : Le blé importé est d'une excellente qualité, si vous trouvez du blé de mauvaise qualité c'est qu'il est issu de la production locale. On ne jetterait tout de même pas, le blé local, même de mauvaise qualité.

533- Les manques à gagner du morcellement

Dans tout le nord du pays, on est étonné de constater l'existence d'importantes disponibilités foncières, mais qui sont laissées en friche. L'observateur n'arrive pas à comprendre pourquoi l'Etat s'épuise à essayer de développer de nouvelles superficies dans le désert, plutôt que d'exploiter pleinement les potentialités existantes au nord. L'explication de ce paradoxe c'est le démembrement. Il faut savoir que pratiquement dans tous les pays, la tendance est au remembrement, c'est-à-dire à la fusion de petites exploitations en vue de former de plus grandes. Les grandes exploitations ouvrent les portes à l'industrialisation, à la spécialisation, aux économies d'échelle et à la compétitivité. Le problème est à la fois simple (il a été pris en charge avec succès dans de nombreux pays) et très complexe, s'agissant de l'Algérie. C'est pourquoi, on ne peut espérer pouvoir le résoudre sans un gros effort d'adaptation de la part de tous. C'est Dieu lui-même qui a imposé les règles de succession et il a fait en sorte qu'à titre ou à un autre, le conjoint, les enfants, les parents, les frères, les filles mariées… peuvent être partie prenante dans le partage de ce que laisse une personne à sa mort. Conséquemment, le patrimoine foncier subit des divisions à l'infini au fur et à mesure qu'il passe d'une génération à l'autre. C'est ce qui explique qu'un terrain de 8 hectares qui appartient à 30 ou 40 héritiers soit laissé à l'abandon, la part qui échoit à chacun étant trop petite pour qu'il soit rentable de l'exploiter. Avec les années qui passent, les problèmes deviennent plus complexes. Alors que les premiers ayants droit étaient de très proches parents, ceux de la troisième génération sont presque des étrangers les uns pour les autres. Personne ne sait vraiment combien il possède, il sait seulement qu'il possède… Chacun s'en va vaquer à ses affaires en espérant un miracle pour débrouiller l'écheveau, entre-temps, la terre reste inexploitée dans un pays qui importe une grande partie de sa nourriture.

Cette approche du partage de l'héritage n'est pas sujette à discussion dans l'esprit des gens et toute velléité de la remettre en cause serait vue comme une apostasie. Un effort d'*ijtihad* doit être mené en ce sens pour permettre de recoller les morceaux et reconstituer des exploitations d'une taille qui les rendent économiquement viables. Cela ne réglera pas tout le problème de l'agriculture algérienne, mais ce sera une contribution pour.

534- Autres formes de gaspillage

Il existe un grand nombre de pratiques et comportements qui exercent une forte action de déstructuration sur l'agriculture. Certaines ne sont pas visibles et d'autres ne pèsent sur le secteur qu'indirectement. Il est instructif d'en découvrir les plus importantes.

La sélection des semences

Tout au long des siècles et millénaires, les générations passées ont observé, noté, tâtonné, testé, croisé, etc., pour trouver les espèces animales et végétales qui sont les mieux adaptées aux conditions géomorphologiques du territoire. Ensuite pour chaque espèce retenue, ils ont encore longuement cherché à identifier les cultivars les plus intéressants en termes de rendements, de résistance aux spécificités du relief et du climat, de qualité du produit, etc. Aujourd'hui, la semence est un enjeu mondial, notamment avec le développement des organismes génétiquement modifiés (OGM) et la réglementation de l'OMC portant sur les droits de propriété intellectuelle. La création et la production de semences sont détenues par une poignée d'entreprises (dont la célèbre firme *Monsanto*) et laboratoires de recherche américains. La marginalisation de l'agriculture et le recours abusif à l'importation ont coûté à l'Algérie l'immense majorité des espèces indigènes, fruits d'une longue sélection. Aujourd'hui, elle importe auprès de quelques grandes firmes spécialisées, des semences qui trouvent des difficultés à s'adapter aux spécificités locales ; d'où des rendements très en-dessous de ceux de la fiche technique[1]. C'est le treizième travail d'Hercule, mais plutôt on s'y met mieux cela vaudra, parce qu'il faut le faire, il faut développer la recherche pour mettre au point pour chaque espèce, pour chaque région, le cultivar optimal.

Le développement de la recherche

Il y a un demi-siècle, l'Algérie a mis le paquet sur la formation pour le secteur des hydrocarbures, en réalisant à Boumerdes toute une ville universitaire qui a fourni les ingénieurs et techniciens supérieurs qui ont assuré une prise en charge correcte du secteur. L'idée que l'agriculture soit une affaire de vieux et d'analphabètes est certes dépassée, mais sans que le pays aille bien loin. Sur la

[1] Par exemple une vache qui donne 50 litres/jour aux Pays-Bas, n'en donne que 15 en Algérie et sur un nombre de jours de l'année, bien plus restreint.

cinquantaine de campus universitaires réalisés au cours des 20 dernières années, aucun ne sert l'agriculture, directement ou indirectement ; à croire que la dépendance alimentaire est un problème mineur qui peut attendre. Il est urgent de créer de grands instituts supérieurs pour :

- Etudier à l'échelle chromosomique les grands produits du panier de consommation moyen de l'Algérien : blé, pomme de terre, lait, huile d'olive, viande blanche, etc. afin d'en maîtriser les mécanismes de croissance, de développement, de dépérissement…
- Trouver des solutions techniques et mécaniques aux problèmes d'ensemencement, d'entretien, de cueillette, d'emballage, de stockage, d'irrigation, de conservation, etc. pour chaque type de produit…

La réorganisation des circuits de distribution

La distribution est l'un des points noirs de l'agriculture. C'est une espèce de mystérieuse boîte noire où le producteur dépose ses produits à bas prix d'un côté et où le consommateur les récupère de l'autre côté à un prix prohibitif. C'est un marché de dupes d'où les principaux acteurs (les producteurs et les consommateurs) repartent non satisfaits. Les ménages sont pressurés et les fellahs sont gagnés par le découragement, ils se retirent du marché ou bien y restent, mais sans conviction, ne faisant pas d'efforts en vue d'augmenter et/ou d'améliorer la production. Evidemment ce que le consommateur perd et que le producteur ne gagne pas, va dans la poche de quelqu'un d'autre qui n'a rien à voir l'agriculture : l'intermédiaire spéculateur. Par vocation, l'intermédiaire non contrôlé œuvre à rendre plus chers les produits locaux, ce qui est une prime à l'importation des mêmes[1]. Ce système doit être entièrement revu.

535- Le gaspillage de l'eau

Manquer d'eau comme c'est le cas en Algérie, c'est déjà très grave, mais en faire un mauvais usage revient à scier la branche sur

---

[1] En 2011, confrontés à une crise de la pomme de terre, le gouvernement se rabat en urgence sur l'importation et se surprend à subventionner les importateurs en dispensant les importations des taxes d'entrées.

laquelle on est assis[1]. L'eau est utilisée pour la consommation des ménages (AEP), pour l'irrigation et dans l'industrie. Lorsqu'elle est disponible, il importe peu l'ordre dans lequel ces trois fonctions sont données, mais dès qu'elle vient à manquer, il va se poser un problème d'arbitrage et comme l'on s'y attend la priorité va à l'AEP. C'est pourquoi l'irrigation est à la fois une nécessité dont on ne peut se passer et un luxe que l'on ne peut se permettre. On prend peu à peu conscience qu'en fait, l'eau est infiniment plus importante que le pétrole, mais qu'on continue à la mal traiter en laissant l'eau de pluie se déverser dans la Méditerranée, en polluant eaux superficielles et eaux souterraines, en développant un mode de vie grand consommateur d'eau, en s'attachant à des techniques d'irrigation gaspilleuses, en restant fidèle à des produits non essentiels gros consommateurs d'eau… Pour rendre un maximum d'eau disponible pour l'agriculture, l'Algérie doit déployer et défroisser toute la chaîne d'usage de l'eau et essayer de réaliser des économies sur chacun des segments. Il y a donc toute une série d'actions à mener avec une grande rigueur.

- Mobiliser le maximum d'eau de ruissellement. Le pays a certes fait des efforts appréciables dans la construction de barrages, mais cela reste insuffisant. Les sites de barrages étant rares, les coûts de construction élevés et les techniques complexes, c'est une mission difficile, mais qu'il faut prendre à bras-le-corps ; il faut faire pour l'eau ce qui a été fait pour le pétrole et bien davantage.
- Limiter la production de produits qui exigent beaucoup d'eau. Actuellement, moins d'un demi-million d'hectares bénéficient d'une irrigation totale ou d'appoint. Le gouvernement projette d'arriver à 2 millions d'hectares au cours des dix prochaines années (en faveur du blé, du lait, des arbres fruitiers…).
- Parmi les techniques d'irrigation, il faut privilégier celle qui économise l'eau comme le système du goutte-à-goutte, même si elle revient plus chère à l'investissement[2].

---

[1] Sur a problématique de l'eau, nous renvoyons à l'excellent mémoire de Magistère de Kherbache Nabil (2014).

[2] Nous n'avons pas compétence pour participer au débat sur le gaz de schiste, mais c'est un fait que son extraction exige beaucoup d'eau d'une part et constitue une menace sur la nappe albienne d'autre part. Est-il raisonnable de sacrifier une ressource très précieuse pour une autre à peine précieuse ?

Conclusion

En un demi-siècle, la population de l'Algérie a plus que triplé tandis que la SAU n'a augmenté que d'un tiers, alors qu'aucune révolution technologique n'est venue booster la productivité pour compenser. La survie du peuple algérien tient alors du miracle, car il y a un siècle, à peine, un tel déséquilibre entre population et ressources de son territoire eut été impossible. Il aurait été nécessaire soit de limiter la taille de la population soit de se débrouiller accroître les ressources. Deux facteurs ont rendu possible le « miracle » : le progrès technologique réalisé dans les transports (bateaux rapides, containers frigorifiques...,) et la disponibilité des ressources financières tirées des hydrocarbures. Alors que jusque dans les années 60, les produits agricoles représentent 40 % des exportations de l'Algérie, la politique d'industrialisation et le choc pétrolier de 1973 ont fait découvrir à l'Algérien l'art de (bien) vivre sans le précéder de l'art de (bien) produire. Son agriculture se recroqueville, mais il en est arrivé à ne plus s'inquiéter de la faible productivité des céréales, de la sécheresse, du massacre de terres fertiles, de l'exode rural... il ne les remarque même pas. En fait, il ne veut pas les voir.

Il faut une volonté politique sincèrement exprimée pour initier une réflexion profonde sur toutes les questions agricoles. Sans préjuger de ce qui en sortira, on peut d'ores et déjà annoncer qu'à un problème aussi complexe et aussi ramifié, la solution ne peut être qu'un ensemble de mesures étalées dans l'espace et dans le temps. Par ailleurs, il serait peut-être plus judicieux de ne pas viser la lune, c'est-à-dire l'autosuffisance alimentaire ; ce n'est ni possible ni souhaitable. L'angle d'attaque doit être celui d'optimiser les rendements sur chacun des segments de la chaîne de valeur.

Chapitre 2
INDUSTRIE
Un pas en avant deux pas en arrière

Si l'on prend pour point de départ la découverte du feu, l'homme a mis quelque 4 000 siècles pour réunir les ingrédients nécessaires au déclenchement de la révolution agricole. L'humanité agrarienne a mis près de 80 siècles pour accumuler le matelas de connaissances et de compétences nécessaires au déclenchement de la révolution industrielle. En deux siècles seulement, la révolution industrielle a formaté la société et la civilisation en des termes qui n'étaient même pas imaginables pour la société préindustrielle. La population mondiale qui se situe en dessous des 200 millions au début de l'ère chrétienne a été multipliée par 4 en l8 siècles, mais a été multipliée par 7 au cours des deux derniers siècles du deuxième millénaire. Preuve, s'il en faut de la capacité de l'industrie à produire (contrairement à ce que prédisait Malthus) plus rapidement que ne croît la population. Bien que les bienfaits de l'industrie ne profitent pas de manière équitable à tous, il est incontestable que l'ouvrier moyen d'aujourd'hui jouit d'un niveau de vie et de confort bien supérieur à celui de rois légendaires comme Ramsès II, Hammourabi ou Arthur. L'industrie reste la voie royale de la croissance.

En Algérie, les pouvoirs publics ont parfaitement compris l'enjeu que représente l'industrie pour sortir du sous-développement et le pays y a jeté toutes ses forces et tous ses moyens. Toutefois, à l'heure des bilans, un demi-siècle après l'indépendance, il se retrouve presque à la case de départ. L'industrie n'a pas pris sur un terreau qui semble ne pas être le sien ; de telle sorte qu'aujourd'hui le pays est quasiment sans industrie. Pourquoi ? Que s'est-il donc passé ?

Il est nécessaire d'examiner ces questions pour savoir de quoi sera fait demain pour l'industrie algérienne et par voie de conséquence le développement de la nation.

1- L'ETAT ET LA GRANDE ENTREPRISE

Il est paradoxal que lorsque l'Algérie était un tout petit pays (13 millions d'habitants et 3 milliards de dollars de PIB, en 1966 année du lancement du Plan triennal) elle se lançait dans un projet de grandes entreprises et lorsqu'elle devient plus grande (39 millions d'habitants et 217 milliards de dollars de PIB en 2014), elle décida de mettre son destin entre les mains des petites entreprises. Pour comprendre ce paradoxe, il est nécessaire de retracer les conditions dans lesquelles la grande entreprise a émergé et les facteurs qui ont conduit à son déclin.

11- Quelques éléments d'histoire

Traiter de l'histoire de l'Algérie précoloniale est une mission à se casser le cou pour un profane de notre trempe[1]. Deux problèmes objectifs en font une mission ardue, dans le cadre d'un chapitre traitant de la tentative d'industrialisation du pays. Le premier tient au fait que les limites géographiques de l'Algérie sous les Turcs ne sont pas celles qu'elle a aujourd'hui. Le second tient au fait que même dans la partie nord du pays sous influence turque, c'est la confusion totale ; le pays n'a ni nom ni contours précis. Les Turcs en sous-numéraire utilisent des tribus indigènes pour mater, encadrer et exploiter d'autres tribus indigènes commises entièrement à l'activité agricole et à l'artisanat utilitaire. Au cours des trois siècles de colonisation turque, tout le pays a été laissé en friche, tournant le dos aux progrès d'une science qu'il a pourtant contribué à transmettre à l'Europe au cours des siècles antérieurs. En réalité, si longtemps que dura la présence turque en Algérie, elle reste jusqu'à la fin une greffe qui n'arrivait pas à prendre, le seul vrai contact entre colons et colonisés réside dans les lourds impôts que les premiers lèvent à coups de gourdin sur les seconds.

---

[1] Il suffit de voir comment les concepts de colon, colonialisme, colonisation… sont collés à la seule colonisation française qui n'est en fait que la dernière de toute une série d'autres, dont le statut reste flou dans l'esprit du peuple.

Tout ceci pour dire qu'au moment où la révolution industrielle explose en Europe, l'Algérie tout entière, sous le joug Ottoman, s'enferme dans une bulle temporelle et refuse d'avancer. Il faut dire qu'à Constantinople-même le pouvoir en place voyait dans les bouleversements de la révolution industrielle une *bidƐa* et il s'est acharné à combattre le progrès par tous les moyens[1].

Lorsque la France débarque en Algérie en 1830, elle y trouva moins qu'un brouillon d'Etat, d'où émergent çà et là des entités politico-économiques qui correspondent à des tribus (ou ensembles de tribus) avec des liens lâches entre elles et avec le pouvoir central. L'Algérie était quelque chose comme le tiers-monde de l'Empire ottoman, macérant dans un jus de misère et d'injustice qui le fragilise au point que la France mise à genoux par les guerres napoléoniennes, menée par un inconnu comme Charles X, ose s'y attaquer, et avec quel succès ! Le « pouvoir » ottoman se sent si peu solidaire avec « son » peuple qu'au premier coup de feu, le Dey Hussein se dépêche de négocier son abdication et quitte le pays (sous la protection de la flotte française) pour aller se réfugier à Naples et l'on n'entendra plus parler de lui.

On peut donc tenir pour vrai qu'à la veille de la colonisation française, l'Algérie nageait encore en plein moyen-âge, alors que la France récupère d'une longue période de violence et d'instabilité dominée par les bouleversements de la Révolution de 1789 et les guerres napoléoniennes. Au plan économique, la France qui accuse une mesure de retard sur la Grande-Bretagne va essayer de se rattraper, de sorte qu'en prenant pied à Sidi Fredj, les Français mettaient en même temps le pied à l'étrier de la révolution industrielle. C'est une époque où l'industrialisation était à une phase expansive et où les entreprises recherchent prioritairement les gisements de matières premières à moindre coût. C'est pourquoi les nations en voie d'industrialisation (notamment la Grande-Bretagne et la France) se lancent dans le processus de colonisation de l'Afrique[2].

---

[1] De nombreux despotes opposèrent un refus farouche à l'industrialisation de leurs pays, alors même qu'elle se généralise en Europe. Le pourvoir Ottoman interdit l'entrée de l'imprimerie dans tout son empire. Acemuglu et Robinson (2013). Sur le sujet de savoir pourquoi la révolution industrielle n'a pas touché l'Empire ottoman ?, voir par exemple : Bozarslan H. : Réflexions sur l'économie de l'empire ottoman et le passage à la révolution industrielle. Cahiers d'études sur la Méditerranée orientale et le monde turco-iranien, n° 5, janvier-juin 1988.

[2] Ce processus va aboutir au partage de l'Afrique à la conférence de Berlin en 1885.

Ceci pour rappeler que la France ne venait pour industrialiser l'Algérie, mais pour y trouver les moyens de son industrialisation propre. Dans les années 30 du XIX° le général Bugeaud entreprit la conquête de l'Algérie sous le slogan *Par l'épée et par la charrue !* annonçant la vocation que le système colonial réserve à la nouvelle colonie. L'Algérie est cantonnée dans une vocation agricole presque totale à l'exception de quelques unités de transformation que l'on peut rencontrer çà et là dans la région nord. Ce sont les entreprises de la métropole qui pourvoient à ses modestes besoins en produits manufacturés.

C'est un schéma qui va durer jusqu'aux deux événements marquant le début de la seconde moitié du XX° siècle : le déclenchement de la guerre de libération et la découverte du pétrole. Guerre et pétrole introduisent des bouleversements qui forcèrent les autorités coloniales à assouplir la raideur de leur approche vis-à-vis de l'Algérie. En 1958, le général De Gaulle, rappelé d'urgence et doté de pouvoirs extraordinaires, proposa pour l'Algérie, un plan dit *de Constantine* qui vise à adoucir les conditions de vie des populations afin d'émousser leur esprit de fronde. En matière d'industrie, le Plan de Constantine prévoit : un complexe de sidérurgie à Annaba, une usine de pétrochimie à Arzew, une raffinerie à Alger... ainsi que quelques dizaines d'unités industrielles, concentrées surtout dans l'agroalimentaire. La guerre a, bien sûr, empêché la concrétisation de tous ces projets.

A l'indépendance, l'Algérie hérite d'un parc industriel dont les éléments les plus remarquables sont : Renault et Berliet (construction mécanique) ; Snaf (matériel ferroviaire) ; Altemel, Cablaf et Phillips (construction électrique) ; Sotubal et Altumec (tubes) ; J.-J. Carnaud (boîtes de fer blanc et les fûts) ; Allumaf (transformation d'aluminium) ; Acilor (aciers Martin et laminoirs à ronds à béton) ; ENCM (chaudronnerie) ; une unité de matériel agricole (charrues)… L'ensemble offrant moins de 50 000 emplois en 1966.

Ces investissements pionniers sont trop modestes et disparates pour faire bouger les lignes, de sorte que le pays reste profondément rural, agricole et conséquemment largement arriéré. Il faut rappeler qu'aux premières années de l'indépendance, l'analphabétisme sévit encore et l'espérance de vie à la naissance n'a dépassé le seuil des 50 ans qu'en 1970. Passée la folle liesse des premiers mois, le bon peuple réalise qu'il vit toujours dans une situation d'infra-humanité que rien ne distingue de ce qu'elle était avant l'indépendance. Même les moins lucides commencent à se demander « si c'est ça l'indépendance ? » et si « ça » valait les souffrances d'une longue et coûteuse guerre. Les détenteurs du pouvoir prirent clairement conscience qu'il faut faire quelque chose et vite, mais ils prirent également conscience que les moyens dont disposent le pays ne le prédisposent pas à faire quoi que ce soit. Misère, analphabétisme et traumatismes de guerre constituent le viatique avec lequel le pays va devoir s'engager sur la longue piste du développement.

Ce qui était visé n'était rien de moins que de rattraper le niveau de vie des pays développés. Comme ceux-ci avancent en même temps que nous, nous risquons de ne jamais les rattraper, sauf à faire des bouchées doubles ou triples et à réaliser en deux décennies ce qu'ils ont réalisé en plus d'un siècle. Qu'à cela ne tienne, nous le ferons, car nous sommes les meilleurs. Les gens le croyaient sincèrement. L'objectif étant fixé, la voie qui y mène est celle d'une industrialisation massive.

12- Le modèle des industries industrialisantes

La population de l'Algérie étant dans son immense majorité paysanne, c'est vers la campagne que l'effort doit être particulièrement dirigé. Aucune émancipation ne pourrait être envisagée en dehors d'une augmentation du pouvoir d'achat des populations rurales. Augmentation qui doit permettre de fouetter la demande sur les biens de consommation et par conséquent d'élargir le marché national. Une réforme, ou plutôt -pourquoi avoir peur des mots - une révolution agraire seule permettra d'atteindre cet objectif. Le succès de cette politique passe par la mise à disposition du secteur agricole des grands moyens d'intensification qu'il exige comme l'irrigation, les semences sélectionnées, les engrais, les produits phytosanitaires et des machines diverses (moissonneuses-batteuses, tracteurs, camions...). Pour réaliser ces grands objectifs, le pays démarrant pratiquement de zéro, il est nécessaire d'installer en amont, les industries qui fourniront à l'agriculture tous les équipements dont elle aurait besoin ; un vaste secteur d'industrie de biens d'équipement qui aura essentiellement l'agriculture pour marché. Voilà pour la première étape du raisonnement.

La deuxième étape part de l'idée que l'extension du marché des biens d'intensification agricole, ouvrira d'énormes perspectives en matière d'emploi dans le secteur industriel. Les salaires qui y seront distribués susciteront un accroissement de la demande en produits agricoles (ou biens de consommation). En retour l'accroissement de la production agricole appellera à la vie une industrie de transformation, dont l'implantation ne devrait en principe poser aucun problème, dès lors que l'économie nationale possède une industrie de base apte à fournir ce type d'équipement. Ainsi donc, d'étape en étape, il sera possible en quelques années de mettre en place un réseau touffu d'industries embrassant tous les secteurs d'activité, les unes servant de marché aux autres, les uns s'appuyant sur les autres, jusqu'à ce que le puzzle soit entièrement monté, pour devenir une entité autonome, cohérente, possédant la capacité de s'auto-entretenir. Nous dirons qu'il y a eu noircissement de la matrice interindustrielle, lorsque toutes les pièces du puzzle seront entièrement assemblées.

Tout le problème, désormais, va consister à trouver dans quels secteurs il faut placer l'investissement initial de façon à susciter le maximum d'effets d'entraînement sur les secteurs, en aval et en amont. Quels secteurs auront la capacité d'entraîner avec un maximum d'efficience tout le processus d'industrialisation ? Une fois identifiées, ces industries mériteraient bien d'être qualifiées d'industrialisantes. Quelles sont-elles, alors ? Le professeur De Bernis auquel on doit le noyau de la réflexion sur les industries industrialisantes, en donne une classification en trois parties[1] :

- Le bloc des quatre secteurs qui fournissent les biens de capital aux autres secteurs : l'équipement industriel, les machines-outils, les moteurs et turbines et l'outillage.
- Les grands secteurs de l'industrie chimique qui se déploient en chimie minérale (soufre et dérivés, électrochimie) et la fabrication d'engrais d'une part et en chimie organique, avec les grands produits de base, les grands intermédiaires, les matières plastiques et les caoutchoucs synthétiques, d'autre part.
- L'énergie qui est un input indispensable dans la production de tous les biens.

---

[1]De Bernis : Les industries industrialisantes et les options algériennes. In: Revue du Tiers-monde, n° 47 de 1971. L'auteur a, également, abordé le sujet dans un article paru dans L'annuaire de l'Afrique du Nord de 1967.

Le développement de ce type d'industrie repose sur trois facteurs : des capitaux importants, une technologie avancée et une bourgeoisie entreprenante. Or, il se trouve que le pays ne dispose en pleine propriété d'aucun de ces atouts, obligeant à se rabattre sur des ersatz dont le comportement peut s'avérer erratique. Faire la critique *a posteriori* du projet de développement des années 60/70 n'a rien de glorieux, car il est difficile d'échapper à la fascination de la facilité et de justifier l'échec après qu'il y eut lieu. Conscients de cette difficulté, nous choisissons de nous arrêter sur trois erreurs, dont les effets sont prévisibles et se font sentir jusqu'à aujourd'hui.

L'erreur sur le transfert de technologie

De Bernis a essayé de justifier le recours à une technologie de pointe, par la nécessité pour le pays d'intégrer le maximum d'effets stimulants dans son industrie. La haute technologie contribuera, par ailleurs, à élever le niveau technique des cadres et de la main-d'œuvre locaux, comme elle abaissera les prix des produits, facilitant leur diffusion massive et garantissant leur compétitivité sur le marché international. La technologie de pointe est l'instrument idéal pour faire rattraper à une économie sous-développée, son retard. La littérature des années 60 a longuement débattu du problème du transfert de technologie et la tendance est pour croire qu'un transfert massif de technologie est possible et que les peuples des pays en développement sont parfaitement capables de l'absorber et de l'assimiler. Cette croyance est empreinte de naïveté surtout pour un pays qui a inscrit son action dans le cadre de la lutte contre le libéralisme et contre l'impérialiste. Elle laisse, en effet, un préjugé favorable aux pays capitalistes développés, quant à leur volonté à partager spontanément et loyalement leur technologie, avec les pays pauvres. Elle laisse également, un préjugé favorable à la main-d'œuvre locale, élevée dans une ignorance crasse, d'être apte à recevoir cette technologie et à la maîtriser. Ces préjugés étant commis, l'Algérie s'en va faire sienne une autre croyance subliminale : il suffit de mettre des paysans algériens dans une usine moderne, pour qu'ils s'y adaptent spontanément et totalement. Toutefois, privilégiant la prudence, les décideurs ont opté la formule d'usines « clés en main » et « produits en main » où l'Algérien n'intervient qu'en bout du processus pour apprendre sur quel bouton il faut appuyer pour démarrer. Il en a résulté que les entreprises n'ont jamais pu fonctionner au régime de leurs capacités, des taux d'absentéisme élevés et des sabotages fréquents par des travailleurs peu familiers avec le travail à la chaîne.

L'erreur sur l'acteur principal

L'Algérien a été cantonné durant trop de siècles dans un statut qui fait la moyenne entre serf, *khemmas* et sujet, pour que devenu indépendant le pays puisse compter une classe bourgeoise, possédant des capitaux et désireuse de les faire fructifier. Croyait-on qu'il suffise de dire « Que l'investissement soit ! » pour que l'investisseur surgisse ? Le capital privé national n'existant pas, le capital international étant indésirable, nous en arrivons à une situation ubuesque où le pays trace une politique de développement à laquelle il manque ses acteurs. Pour se sortir de ce mauvais pas, l'Etat est obligé de payer de sa personne, se posant *de facto* comme l'acteur principal de son modèle de développement. Pour le meilleur et pour le pire, le penchant socialiste du pays s'en trouve confirmé et devient une option irréversible. Malheureusement L'Etat algérien n'a pas plus d'expérience que l'Algérien lui-même, en matière de gestion des entreprises et d'organisation de toute une économie.

L'erreur sur le pouvoir de mobiliser des capitaux

Faire des bouchées doubles pour réaliser l'objectif de rattrapage, impose un rythme de travail et d'investissement hors normes, c'est-à-dire de disposer de moyens financiers presque illimités. Et c'est là le problème, car les investissements lourds mettent plusieurs années avant d'arriver à leur vitesse de croisière et commencent à générer des bénéfices susceptibles d'être réinvestis. Les nouveaux investissements ne pouvant pas être financés par les anciens, il faut toujours des capitaux frais pour avancer. L'Algérie agricole et attardée a-t-elle de tels moyens ? Un regard rétrospectif montre que dans les années 1965/66 le pays disposait de trois principales sources de financement : le vin, le pétrole et l'émigration.

Le vin. A la suite de la crise du phylloxéra qui a décimé le verger français, dans les années 70-80 du XIX° siècle, la culture du vignoble fut répandue en Algérie où elle trouva un terreau idéal. A l'indépendance l'Algérie venait en tête des pays exportateurs de vins dans le monde et réservait une superficie de 350 000 hectares de sa SAU (dont 40 000 aux mains des Algériens) au vignoble. La consommation locale étant très faible (environ 800 000 hectolitres/an, sur une production qui dépasse les dix millions d'hectolitres), la quasi-totalité de la production est exportée, rapportant au pays un quart de ses ressources en devises. Il se trouve, toutefois, que la France en soit l'unique client et qu'elle décida de réduire sa demande. Dès juillet 1964, elle imposa un accord portant sur la diminution de ses importations sur la période 1964-68. Le volume en quantité passant de 8,75 à 6,7 millions d'hectolitres, soit une diminution annuelle d'un demi-million d'hectolitres. A titre de comparaison, notons que rien que pour la période allant de septembre 1962 à juillet 1963, elle en avait acheté 11 millions (Ammour, Leucate et Moulin, 1974 ; Inga Brandell, 1977). La situation s'aggrava pour l'Algérie lorsqu'en 1967, le gouvernement français rompit l'accord sous la pression des viticulteurs du Midi. Les stocks d'invendus s'accumulèrent rapidement et les rentrées en devises diminuèrent à la même vitesse. L'URSS, désireuse d'étendre son aire d'influence, en acheta une partie, mais semble-t-il à vil prix[1]. Dans ces conditions, le vin n'est plus rentable et les autorités se résolurent à arracher une grande partie du vignoble. Signalons pour terminer qu'en 1969, la France consentit à acheter les 5 millions d'hectolitres qui la liaient par le contrat de 1964, avant de suspendre, tout à fait, ses achats en 1970. Ce qu'il faut retenir de toutes ces aventures et mésaventures autour du vin, c'est qu'il était clair dès le début que ce produit ne pouvait être sérieusement considéré comme pouvant financer le projet d'industrialisation.

Les hydrocarbures. Dans les années 60, l'Algérie était un petit producteur et un petit exportateur de pétrole, ses recettes étant très modestes. Non seulement les quantités exportées étaient faibles, mais la France qui était son principal client, lui imposait des prix dérisoires et certaines sources rapportent que le pays tirait uniquement 0,26 dollar de son baril, au moment (en 1966) où la Libye et l'Arabie en tiraient près d'un dollar. Il faut attendre 1969, pour que l'Algérie demande, une hausse du prix fictif du baril sur la base duquel se calculent les impôts et redevances qui lui étaient versés. Les pourparlers traînèrent jusqu'au début de 1971, date à laquelle le gouvernement français suspendit les négociations, pour se donner encore un délai de réflexion. En désespoir de cause le

[1] La thèse d'une URSS achetant le vin à prix bradé est unanimement partagée dans le pays mais elle est contestée par Bélaïd Abdeslam, l'un des acteurs-clés de l'époque (In : Le hasard et l'histoire).

gouvernement algérien répliqua courageusement, le 24 février de la même année, en décrétant la nationalisation des hydrocarbures. Nous laissons le débat sur le pétrole pour un chapitre ultérieur, disons seulement que les promoteurs du modèle de développement n'ont pu compter sur les recettes des hydrocarbures pour financer le projet d'industrialisation.

Tableau 1 : Evolution des exportations de l'Algérie

1960		1970		2006	
Produit	Part	Produit	Part	Produit	Part
Vin	53 %	Pétrole	66 %	Hydrocarbures	98 %
Agrumes	8,3 %	Vin	14,2	Autres	2 %
Minerais de fer	7,3 %	Fonte	2,4 %	.	.
Légumes frais	6,9 %	Agrumes	1,8	.	.
		Minerais	1,7 %	.	.

Sources : 1960 : Denis Clerc (p. 35) ; 1970 : Secrétariat d'Etat à la planification (page 33) ; 2006 : ONS

Les envois de l'émigration. Les envois qu'effectuent les émigrés au profit de la famille restée au pays ont pu être d'un apport appréciable à un moment, notamment dans une région comme la Kabylie qui a envoyé ses premiers contingents à la faveur de la première guerre mondiale). Les Accords d'Evian garantissent la libre circulation entre les deux pays, dans les deux sens, mais dès 1967/68 La France commence à mettre des restrictions à l'entrée des Algériens sur son territoire. D'autres problèmes ne tardèrent pas à apparaître et la vague de violences racistes qui suivit la nationalisation des hydrocarbures en 1971 entraîna la suspension de l'émigration à destination de la France. Le volume des envois diminue avec la diminution des émigrés, prenant une courbe descendante que le déroulement des événements ne fera qu'appuyer. En effet, en 1967 l'Algérie quitte la Zone Franc et instaure le contrôle des changes, ce qui mit fin à la convertibilité du Dinar en Franc et élève brusquement ce dernier au statut de devise étrangère. Il fut dès lors porté au pinacle et fétichisé, donnant naissance à une pratique inédite : le change parallèle. Les émigrés préférant désormais échanger leurs économies directement avec des nationaux à des taux supérieurs au taux officiel. Les envois baissèrent jusqu'à pratiquement disparaître des circuits officiels. Les chiffres sur le sujet sont rares et moyennement fiables, à toutes fins utiles cependant, nous donnons ceux de Raffinot et Jacquemot (1977).

Tableau 2 : Evolution des transferts de l'émigration (106 DZD)

Année	1967	1968	1969	1970	1971	1972	1973
Montant	1197	1062	1096	1107	1246	1400	1630

Source : Raffinot et Jacquemot (1977), p. 161.

Ce rappel de ce qu'étaient les principales sources de financement de l'Algérie dans les années 60/70, autorise à croire qu'on n'y comptait pas sérieusement pour financer le projet de développement. Nous en retenons que l'Algérie s'est mise dans une situation qui rend pour elle inévitable le recours au marché financier international, qui devient rapidement une option. Smaïl Mahroug, ministre des Finances, énonce sans ambages, dans un discours reproduit dans la RASJP de mars 1971 :

> *Il est en effet impérieux d'obtenir des crédits, quelle que soit leur forme (...) la recherche systématique à l'extérieur de facilités financières pour tout projet impliquant des devises est donc instamment recommandée.*

13- Limites de la stratégie de développement

Partir en guerre contre le sous-développement avec un viatique aussi léger, aussi bien en termes de capitaux que de compétences humaines, est une aventure que seuls l'ignorance et un enthousiasme puéril permettent d'entreprendre. De nombreux rapports, ouvrages et travaux universitaires ont été consacrés à l'analyse du modèle algérien et à sa critique[1]. Quatre facteurs susceptibles d'expliquer l'échec du projet de l'Algérie méritent que l'on s'y arrête.

131- L'incompétence de l'instance de planification

Léon Walras recherchant l'équilibre général a élaboré un modèle mathématique comportant (2m+2n+mn-1) équations ; m et n, étant des variables ouvertes le nombre d'inconnues du système tend vers l'infini. Ce qui importe c'est de montrer que, mathématiquement, il

---

[1] Nous renvoyons, en particulier à l'ouvrage collectif du groupe DERSA, à l'ouvrage de Tahar Benhouria, aux travaux des professeurs M. H. Benissad, H. Temmar, A. Benachenhou, F. Yachir…

existe des valeurs pour chacune des variables, telles que s'établisse l'équilibre dans une économie. Virtuellement, l'équilibre sur l'ensemble des marchés des biens et des facteurs est réalisable[1]. Ce sont les actions et réactions du marché qui concourent à la réalisation de l'équilibre. Le système communiste se voulant un antidote aux errements du marché, il lui revient de substituer à celui-ci un autre système de régulation plus performant. L'inefficacité du marché lui vient du fait que l'équilibre qu'il instaure vient *ex post* c'est-à-dire "après" qu'on ait produit, ce n'est qu'à la fin du cycle qu'on pourrait se rendre compter qu'on a trop produit en tels et tels biens et pas assez en tels autres. On prend des mesures rectificatives pour l'année suivante, mais les pertes de l'année sont dues. Il faut, par conséquent mettre au point un système qui calcule les quantités d'équilibre *ex ante*, c'est-à-dire avant qu'on se mette à produire, évitant ainsi les gaspillages de ressources. Les fondateurs du premier pays communiste (URSS) pensent avoir trouvé en la planification l'instrument de régulation idéal. La planification est censée être en mesure de réaliser une affectation optimale des ressources (en vue d'objectifs donnés) "avant" le démarrage du processus de production[2].

En Algérie, la pratique de la « planification » a commencé, dans le cadre du Plan triennal 1967-1969, en tant que modeste « Direction » auprès du ministère de l'Intérieur. La Direction évolua en "Secrétariat d'Etat" qui va devenir le ministère de la Planification et de l'Aménagement du Territoire (MPAT). La planification est une expérience absolument nouvelle et qui va se révéler être une mission impossible. De fait, organiser et articuler entre un nombre de variables qui tend vers l'infini est un défi immense qu'il n'est pas possible de relever, car ni la composante humaine, ni l'appareil de collecte et de traitement des données, ni la population culturellement peu préparée à collaborer à des enquêtes… ne prédisposent à la planification. Quelles dimensions donner aux unités de production ? Quels types de produits souhaitent les consommateurs ? Quelle technologie utiliser ? Où installer les usines ? Qui va les gérer ? Par quels moyens exercer le

---

[1] Ce n'est qu'un siècle plus tard que le modèle d'équilibre est devenu « calculable » grâce aux avancées réalisées dans la modélisation mathématique.

[22] Les foudroyants progrès réalisés par l'Union soviétique entre la première guerre mondiale (où Lénine a dû négocier une paix des braves avec l'Allemagne) et la seconde guerre mondiale (où l'URSS prend la moitié de l'Europe aux Alliés) donnent quelque crédit à la Planification, mais c'est une simple illusion.

contrôle ? Comment structurer le processus d'investissements ?… Questions délicates auxquelles le rachitique système de planification mis en place dans la précipitation, est bien incapable de donner des réponses. Comme il faut bien avancer, les pouvoirs publics mettent en application le plan « B » qui consiste à simplifier, à agréger et à *tirer au jugé*. Cela ouvre grandes les portes à l'arbitrage et de là à l'arbitraire. La planification dégénère en paravent derrière lequel vont se développer des pratiques et des comportements insensés. D'une part, nous voyons chaque secteur essayer d'attirer à soi, la plus grosse part du budget d'investissement sans se soucier de ce qui peut arriver aux autres ; d'autre part, les plus hauts responsables de l'Etat jouent à orienter chacun le maximum de projets vers sa région d'origine. Dès lors, les investissements échappent à toute logique, les usines sont parachutées au gré des rapports de force, donnant un tissu industriel désarticulé qui tourne le dos au principe du « noircissement systématique de la matrice interindustrielle ».

Graphique 1 : Structure des investissements (période 1962-75)

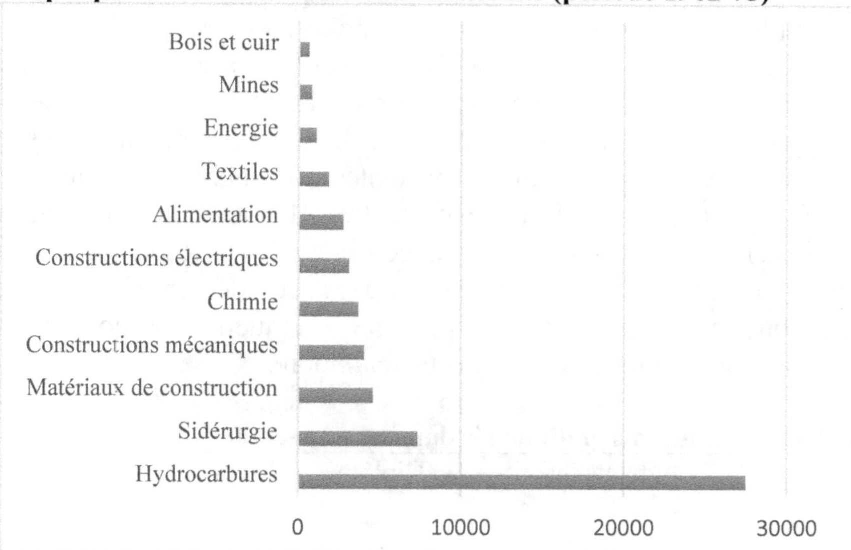

Source : Revue Industrie & Travaux d'Outre-mer, n° 262 de 1976

Note : Le secteur des hydrocarbures orienté vers l'exportation n'est pas à proprement parler une industrie *industrialisante*. Pourtant c'est là que l'Etat dirige massivement ses capitaux, posant les fondations d'une pénible dépendance à l'égard des hydrocarbures.

132- L'échec du transfert de la technologie

Le transfert de technologie est un mythe qui a nourri les espoirs des populations des pays du Tiers-monde qui étaient convaincus que le seul vrai problème lié à la technologie était celui de pouvoir la payer. Qui a l'argent peut acheter la technologie comme il achèterait un mouton. Un quart de siècle de tentatives de transfert de technologie, s'est soldé par un échec, notamment pour les pays d'Afrique. Il devient évident que le secret du succès d'un transfert de technologie réside moins dans la mauvaise volonté du pays émetteur à la donner que dans l'incapacité du pays récepteur à la recevoir.

Dans les années 60, Raymond Vernon esquissant une théorie du *cycle de vie du produit*, énonce que les nouvelles techniques de production (de nouveaux produits) se transmettent entre pays entre lesquels il y a de grandes similitudes (de mode de vie, de technologie, de goûts...). Même dans l'hypothèse invraisemblable où les pays avancés acceptent de mettre loyalement leurs technologies, à disposition des pays sous-développés, il est peu probable que ceux-ci puissent les assimiler et les maîtriser au point d'en tirer profit.

Il était naïf de croire que les Algériens presque totalement analphabètes et qui venaient de sortir de 2000 ans de colonisation pourraient assimiler sans difficulté les technologies contenues dans les usines achetées clés en main. Conscientes du problème, les autorités de l'époque ont entrepris un énorme travail d'éducation/formation, mais les effets éventuels ne commenceront à se manifester qu'avec un décalage d'une vingtaine d'années. Le pays seuil des 25 000 diplômés n'est touché qu'en 1990/91 ; période à laquelle le modèle des industries industrialisantes a déjà été abandonné.

Tableau 3 : Etudiants et diplômés dans les années 60

	Etudiants inscrits	Diplômes délivrés
1962-63	2725	93
1963-64	3565	87
1964-65	5425	179
1965-66	6883	195
1966-67	7478	378
1967-68	8735	654
1968-69	9794	724
1969-70	12243	759

Source : MESRS, Site Internet

133- Le travailleur algérien devient un enfant gâté

Le travailleur algérien était un modèle de sérieux, de sobriété et rigueur, mais au cours du processus d'industrialisation il est apparu des événements qui vont agir comme des facteurs de perversion, pour le déposséder de ses qualités et le transformer, carrément, en enfant gâté et capricieux. Les événements les plus marquants sont :

L'option socialiste

Dans la doctrine marxienne, l'implosion du mode de production capitaliste sous la pression de ses propres contradictions va laisser place à un mode de production supérieur dans le cadre duquel auront disparu les classes sociales et l'exploitation de l'homme par l'homme. Tous les hommes auront les mêmes droits et seront collectivement propriétaires des moyens de production. La transition du capitalisme au communisme durera un certain temps au cours duquel les principes du capitalisme ne sont pas encore tout à fait abolis et ceux du communisme pas encore mis en place, c'est ce moment qui figure la période du *socialisme*. Le socialisme n'est pas un mode de production en soi, mais le point de partage des eaux entre le capitalisme et le communisme. Marx lui-même s'attendait à ce que le communisme surgisse de la Grande-Bretagne, pays où le système capitaliste est le plus avancé à l'époque. Il n'existe aucune allusion à ce qu'un pays fortement arriéré fasse le saut de l'ère précapitaliste à l'ère du communisme. Dans la logique de Marx, l'apparition du communisme dans un pays féodal comme la Russie, est une anomalie. Que l'Algérie ait pris pour modèle la Russie est une tragique erreur. De cette erreur stratégique va découler un certain nombre d'autres dont celle qui consiste à rendre l'Etat propriétaire des moyens de production. L'Etat devenu unique propriétaire des moyens de production entreprit de structurer et d'organiser l'économie selon des canons souvent originaux et atypiques. Nous ne reviendrons pas sur l'autogestion, la nationalisation des terres, le Statut général du travail (SGT), pour ne dire un mot que de la Gestion socialiste des entreprises (GSE). La GSE a été lancée en novembre 1971, en même temps que la révolution agraire et comme la plupart des lois de l'époque, celle-ci développe un discours ronflant et insensé qui fait peu de cas des aspects économiques de la gestion. Le trait essentiel en est le caractère bicéphale de la direction de l'entreprise. Il y a d'une part les assemblées élues des travailleurs (ATU) et d'autre part la Direction désignée par le ministère de tutelle, représentant l'Etat. Chacune des parties est convaincue qu'elle détient la légitimité de telle manière que le directeur, par exemple, ne sait plus s'il doit commander aux travailleurs ou leur obéir. Dans l'incertitude, ce sont les rapports de force qui vont prévaloir et ils sont systématiquement en faveur des travailleurs auxquels leur nombre confère une quasi-immunité. Sous la baguette des ATU, les entreprises font tout (colonies de vacances, sport à l'entreprise, centre médicosocial, restauration, transport, logements, théâtre...) sauf leur métier, c'est-à-dire produire, innover, exporter... L'absentéisme devient une pratique sociale avec un taux de 10 à 12 %, tandis que la productivité chute dangereusement. L'Algérien travaille peu et mal.

Le relèvement du prix du baril de pétrole

Avec le choc pétrolier de 1973, le prix du baril passe de 3 à 30 dollars en l'espace de quelques années, transformant brutalement des peuplades pauvres en pays rentiers riches en milliards de dollars. En Algérie, ce changement va déclencher une réaction bizarre chez l'Algérien qui va rapidement développer une véritable allergie à l'effort productif. En effet, le modèle de développement industriel est à plus d'un titre un modèle de substitution aux importations qui arracherait le pays à la dépendance à l'égard du marché mondial. Le pays ne possédant pas de ressources financières exceptionnelles et n'ayant pas d'aide à attendre de l'extérieur, l'accumulation du capital doit se faire en « interne », le peuple devant travailler beaucoup et consommer peu pour dégager un surplus à investir. De fait, cela correspond exactement à la vocation historique de l'Algérien qui a toujours travaillé énormément pour des résultats qui le laissent dans l'antichambre de la famine. Le relèvement du prix du baril de pétrole va mettre fin à cette culture de l'effort/frugalité. L'agriculture ayant été malmenée par le projet d'industrialisation, l'industrie étant elle-même mal partie, les sociétés nationales remplissant une mission plus sociale qu'économique, les difficultés s'accumulent rapidement, les pouvoirs publics durent se tourner vers le marché mondial pour approvisionner le marché. Tout le monde trouva que c'était bien, mais c'est la première porte ouverte sur l'inconnu ! La seconde va apparaître lorsque, dans le souci de permettre aux sociétés nationales de bénéficier de bas salaires, les produits importés sont fortement subventionnés. Les produits de l'étranger sont offerts à des prix qui découragent toute concurrence par les produits locaux. Il s'enclenche alors un cercle vicieux : les importations découragent la production, la baisse de la production donne des ailes aux importations et ainsi de suite ; conduisant le pays à importer des biens qu'historiquement, il n'importait pas, des biens qu'historiquement, il exportait et des biens que l'industrie installée devrait permettre de ne plus importer et des biens que ces mêmes industries devraient lui permettre d'exporter. Le système productif vit dans un monde parallèle où les usines utilisaient leurs capacités de production à des taux insignifiants, un lycée est réalisé en 5 ans et 1000 logements en 10 ans, tandis que les entreprises déficitaires distribuaient des « bénéfices » aux travailleurs. Cette euphorie va durer jusqu'au choc pétrolier de 1986.

La marginalisation de l'agriculture

L'Algérie a opté pour un développement rapide par l'industrie, mais il ne lui a pas suffi de privilégier l'industrie, car elle a parallèlement réprimé l'agriculture. Elle a agi comme si l'agriculture était un obstacle qu'il est nécessaire de démanteler pour garantir le succès de l'industrie. Les investissements y sont très faibles et vont à la baisse parce que les modestes budgets qui lui sont octroyés ne sont jamais totalement consommés. Pour le premier plan quadriennal la moitié a pu être consommée et dans la second PQ, seulement un tiers. Le secteur agricole est laissé à l'abandon : le nombre de puits diminue, le verger part en lambeaux, la main-d'œuvre ne se renouvelle pas et le niveau de production ne décolle pas.

Toutes ces contraintes expliquent que le premier Plan Quadriennal (1970-1973) s'achève avec 50 % de restes à réaliser (RAR) qui seront versés dans le second PQ (1974-1977), lequel à son tour va encore accuser plus de 50 % de RAR. Les unités industrielles sont réalisées dans le désordre, créant des ruptures de stock ici (parce que l'usine qui doit me fournir tel ou tel composé ou produit intermédiaire n'est pas encore achevée ou a été carrément annulée) et des stocks morts là (parce que l'usine à laquelle on doit les fournir n'a pas encore été réalisée). Visiblement, le pays se dirige vers la catastrophe et il devient inévitable d'entreprendre quelques changements salvateurs. Dès la fin du deuxième PQ, on arrêta les nouveaux investissements afin d'essayer d'améliorer le fonctionnement de l'existant. Les réformes commencent.

14- Le temps des réformes

Le projet des industries industrialisantes est porté par la conviction que des investissements judicieusement choisis peuvent initier une dynamique en amont et en aval pour aboutir, à terme, au noircissement de la matrice interindustrielle. Le modèle consacre la priorité de l'investissement sur la consommation, la priorité de l'industrie sur l'agriculture, la priorité de l'industrie lourde sur l'industrie légère et la priorité du secteur public sur le secteur privé. Les initiateurs du modèle ont vraisemblablement présumé des forces de la nation qui va se révéler peu préparée pour relever tous les défis et surmonter toutes les difficultés. Lorsque le monde aborde les années 80, horizon mythique qu'on pensait lointain, mais qui arrive trop tôt, chacun put constater que l'économie nationale a fortement dévié de son chemin. Il a, donc, fallu observer une halte de deux ans (1978 et 1979) dans le processus d'investissement pour un bilan urgent. Le bilan réalisé par le ministère de la Planification et de l'Aménagement du territoire, confirme la dérive, mais ne parle pas, encore, d'échec. Il conclut à la nécessité de mesures correctives dans le processus de développement, qu'on préféra appeler *restructurations* plutôt que *réformes*. Les restructurations reposent sur deux grands postulats : la recherche de la taille optimale de l'entreprise et la décentralisation de la gestion.

La taille optimale de l'entreprise

A l'issue de moult cogitations, le gouvernement arrive à la conclusion que les mauvaises performances des *Sociétés Nationales* sont à imputer à leur gigantisme qui les rend ingérables. Le diagnostic est très discutable, mais le remède coule de source : il faut éclater les grandes sociétés nationales en unités plus petites, censées être plus souples et plus faciles à gérer. Une fois cette décision prise, il reste à trouver comment opérer la division ? C'est loin d'être une opération technique dans la mesure où i) peu d'entreprises nationales connaissent la totalité de leur patrimoine, dispersé sur l'ensemble du territoire national, ii) derrière les sociétés nationales, il y a des hommes et des luttes pour le pouvoir et iii) il y a la nécessité de prendre en compte les équilibres régionaux (chaque région doit avoir son quota de tout ce qui se distribue), etc. Le processus de sauvetage tourne au massacre à la tronçonneuse où les impératifs de performances économiques des futures entreprises ont été ceux qui ont le moins gêné les décideurs. La Sonatrach, la Sonacome, la SNMC, la Sonitex, la Sogedia, etc. furent partagées chacune en plusieurs lots qu'on dénomma avec un zèle incantatoire : *Entreprises Nationales*. Chaque entreprise chapeaute plusieurs unités de production dispersées aux points cardinaux.

La décentralisation de la gestion

Les sièges sociaux de toutes les Sociétés Nationales sont localisés à Alger alors que les unités de production sont dispersées sur l'ensemble du territoire national. Quelqu'un y a vu un motif des faibles performances de l'ensemble de l'appareil industriel et là encore le diagnostic dicte la solution : il faut rapprocher la fonction de direction de la fonction de production. Pratiquement, l'opération consiste à évincer les directions générales des entreprises d'Alger, pour les localiser dans les villes de l'intérieur, ce qui ne va pas sans problèmes, car :

- De nombreux hauts responsables qui ont construit leur « niche » à Alger ; refusent de rejoindre des postes en province. Pour suppléer à ces défaillances, il a fallu puiser dans le réservoir des jeunes inexpérimentés, mais avides de promotion. On a joué avec les nouvelles directions pour récompenser certains et malheureusement pour sanctionner d'autres.
- La majorité des villes de l'intérieur ne dispose pas d'immeubles de bureaux tout prêts à accueillir les nouvelles Directions. Celles-ci sont provisoirement installées dans des baraquements qui ne répondent pas aux besoins de gestion d'une entreprise moderne et dynamique. La période du *provisoire* dura des années, le temps de construire des bâtiments neufs. Entre-temps le mal a été fait.
- Les équipes dirigeantes nouvellement constituées sont composées de personnels arrivant des quatre coins du pays. Manquant de cohésion, d'homogénéité et souvent de compétences, elles gaspillèrent un temps fou à s'installer (courant derrière véhicules de service, téléphone, fax, climatiseur…). Dans le même temps, le directeur (qui est généralement un « bleu » au poste de PDG) essaie de recenser puis de récupérer ce qui revient à son entreprise, issue du partage de la société nationale mère[1]. Les staffs ayant mille faux problèmes à résoudre (avec le syndicat, le

[1] La division de la société-mère ayant des contours flous, les P-DG les plus malins revendiquent pour eux les meilleurs morceaux et essaient de fourguer aux autres les morceaux à problèmes. Les conflits peuvent durer des mois sinon des années.

wali, la tutelle, la banque…) réalisent que la gestion au jour le jour s'est substituée à la réflexion pour une relance du secteur.

- Pour les staffs des unités de production (les usines) distribuées sur tout le territoire national, la délocalisation d'Alger vers une ville de l'intérieur correspond à une détérioration des conditions de travail. En effet, les distances à parcourir sont toujours aussi longues avec en sus infiniment moins de confort, car de nombreuses petites villes de province ne comptent qu'un ou deux hôtels borgnes, aucun restaurant de qualité et des capacités de loisir nulles. Il est plus intéressant d'aller en mission à Alger qu'à Msila ou Jijel, par exemple.

Pendant tout le temps que dura le processus de restructuration et les luttes qui lui sont connexes, les unités de production sont mises en attente indéterminée. Le manque de visibilité et l'incertitude paralysent les initiatives et poussent inexorablement le tissu industriel vers la dégradation. L'appareil national de production est complètement en panne. Les restructurations, parties d'un diagnostic erroné, ont été un coup d'épée dans l'eau et à certains égards un coup d'épée dans le dos (de l'industrie). Personne n'eut le loisir de s'en inquiéter, car en parallèle, le gouvernement eût la bonne idée de lancer le Plan Anti-Pénurie (PAP) qui noie le marché national sous la masse de produits importés (électroménager, fruits exotiques, produits transformés de large consommation…). Il a fallu la brutale chute des revenus pétroliers en 1986 et les dramatiques événements d'octobre 1988, pour que des réformes plus sérieuses soient envisagées. Au début des années 90, un gouvernement dit des *Réformateurs* développe le projet de l'autonomie des entreprises, qu'il va essayer de faire aboutir sous le slogan officieux de : *ça passe ou ça casse*. Le pays est encore une fois tombé dans l'erreur de croire qu'il est possible de produire un module nouveau dans l'ancien moule, c'est-à-dire de réussir un changement profond dans la sphère économique sans un changement profond dans la sphère politique. De fait, ces réformes laissent à l'Etat une mainmise sur l'industrie, avec pour seule nouveauté que, désormais, il va exercer son pouvoir par procuration, par l'entremise d'organismes nouveaux appelés *Fonds de participation*. Ce qui devrait être une simplification se révèle être une complication, car les Fonds de participation introduisent un nouvel échelon dans la hiérarchie et allongent le trajet entre la base et le sommet. Les Fonds chapeautent des Conseils de Direction qui coiffent des Directions Générales qui ont chacune sous son autorité plusieurs unités de production. Il y a 8 fonds de participation :

- F1 : Fonds des industries agro-alimentaires et pêches.
- F2 : Fonds des mines, hydrocarbures et hydraulique.
- F3 : Fonds des biens d'équipements.
- F4 : Fonds de la construction.
- F5 : Fonds de la chimie, pétrochimie et pharmacie.
- F6 : Fonds électronique, télécommunications et informatique.
- F7 : Fonds des textiles, cuirs, chaussures et ameublement.
- F8 : Fonds des services.

Chaque entreprise est chaperonnée par 3 à 4 Fonds de participation, dont l'un doit être dominant, mais avec une très légère majorité. Ces réformes entreprises dans un contexte économique et politique difficile n'eurent pas plus de succès que les précédentes. Le secteur industriel continue sa lente descente aux enfers.

En 1992, l'appareil de production est pratiquement à l'arrêt, le pays complètement désargenté est au bord de la faillite. Après de longs et préjudiciables atermoiements, les autorités se résolurent à faire appel au Fonds monétaire international qui répondit « présent ! », mais subordonna son aide à un cahier de charges qui contient les fameuses conditionnalités, tant décriées (libéralisation, ouverture, réduction du déficit budgétaire, privatisation, dévaluation…). L'Etat est poussé à lâcher d'importantes prérogatives, alors même que personne dans la société n'était préparé à les reprendre. Les gouvernants qui ont passé le dernier quart de siècle à essayer construire pierre par pierre *un Etat qui survivra à la disparition des hommes* (dixit H. Boumediene) sont brutalement sommés de défaire ce qu'ils ont fait. Une fois de plus, l'Algérie s'engage dans un grand tournant sans savoir comment le négocier. Cela prête à sourire, mais c'est un fait que l'administration est poussée à l'apostasie, puisqu'il lui est demandé de faire, désormais, le contraire de ce qu'elle a toujours fait jusqu'ici. Elle est priée instamment d'encourager le privé, d'accueillir les firmes étrangères, de prendre des initiatives... Quelle horreur !

Le plan d'ajustement structurel (PAS) s'est fait dans la douleur. Chômage, misère et terrorisme se sont acharnés sur le peuple algérien. Des centaines d'entreprises locales sont mises en faillite et d'autres ont été brûlées, mettant à la rue des centaines de milliers de travailleurs, tandis que les privatisations butent sur des problèmes qui n'en finissent pas (identification et évaluation du patrimoine, absence de documents attestant de la propriété sur l'assiette foncière, endettement excessif, effectifs pléthoriques...). Bien peu ont trouvé preneur après plusieurs années d'exposition sur les étals. Ayant échoué à faire avancer les privatisations, le gouvernement décide que tout compte fait, ce sont des entreprises stratégiques dont il serait malvenu de se séparer, mettant fin aux privatisations. Toutes les entreprises qui n'ont pu être privatisées sont allées allonger la liste des intouchables (transport aérien, transport maritime, énergie, mines, banques, télécommunications...), donnant une nouvelle vie (mais pas un nouveau souffle) au secteur public. Le prix du baril aidant, l'Etat va même s'arroger un droit de préemption lorsque des entreprises privées sont mises en vente (exemples : Djezzy, Michelin, NCA).

En 2015 encore, un énième ministre zélé essaie de mettre en œuvre une énième réforme des entreprises du secteur public, en les réorganisant en grands groupes industriels. Il est trop tôt pour se prononcer sur cette réforme, mais tous les indices donnent à croire qu'il s'agit d'un autre tour de prestidigitateur qui va engloutir d'énormes capitaux sans résultats probants.

Pendant que les pouvoirs publics à court d'imagination s'amusent à jouer aux dames avec les mêmes entreprises, les mêmes problèmes et les mêmes hommes, sans qu'il en sorte rien d'intéressant, sur le terrain les lignes ont bougé. A la faveur de la loi sur la monnaie et le crédit (1990) et du code des investissements (1993), une poignée de capitaines d'industrie tente l'aventure de la création d'entreprises. De nouveaux noms, de nouveaux labels, de nouveaux logos, s'installent dans le paysage algérien. Quelques entreprises se portent très bien et commencent à prendre de l'envergure (Cévital, Soummam, Ifri, Condor, Amor Benamor, Tonic, Aigle, Biopharm,…). Le secteur privé se déploie, donnant à l'ensemble du secteur secondaire la coloration « privée ». Le secteur public ne progressant pas, il a fini par être dépassé. L'Etat ne semble pas satisfait de cette évolution, car tout en continuant à injecter des milliards de dollars pour maintenir en vie des entreprises moribondes, il joue au chat et à la souris avec les investisseurs privés. Sciemment ou non, il sème d'épines le parcours de l'opérateur privé qui doit obtenir une autorisation d'investir (accordée par le Conseil National à l'investissement au bout de quelques mois ou années), trouver une assiette foncière, affronter la bêtise et l'incompétence de l'administration, la concurrence des importateurs de produits similaires qui paient moins d'impôts[1]... Avec toutes ces carences, l'Algérie qui s'enorgueillissait de posséder les plus grands complexes industriels d'Afrique, chute lourdement, se laissant dépasser par des pays qu'on a cru perdus, comme l'Ethiopie.

Tableau 4 : Indice de la production industrielle du secteur public (base 100 en 1989)

	1994	1995	1996	1997	1998	1999	2000	2001
Indice général	88,4	87,6	81,5	78,5	84	84	85	85
Hors hydrocarbures	84,2	82,9	74,1	69,3	76	75	75	75
Industries manufacturières	80,1	79,9	68,7	63,4	69	68	67	66
ISMME	68,2	74,5	59,6	47,9	53	55	57	63
IAA, tabacs, allumettes	96,4	89,0	85,5	83,1	95	94	85	75
Textile, confection, bonneterie,	82,5	73,1	53,1	49,1	48	39	33	29
Cuirs et chaussures	53,5	42,6	29,3	23,7	22	17	16	15

Sources : Les données de l'ONS. Pour 1994-97 : CNES : Rapport préliminaire sur Les Effets Economiques et Sociaux du P.A.S. Pour 1998-2001 : S. Bedrani (2002)

Tableau 5 : Performances de l'industrie (base 100 : 1989)

	Indice de la production industrielle			Taux d'utilisation des capacités de production (%)		
	2010	**2011**	**2012**	**2010**	**2011**	**2012**
Energie	309,8	335,1	375,7	-	-	-
Hydrocarbures	136,3	131,4	122,7	88,2	84,5	77,6
Mines et carrières	132,8	120,2	113,5	90,3	55,2	52,1
ISMME	55,0	53,2	57,2	33,9	37,7	40,3
Matériaux de construc.	107,4	104,0	101,4	87,0	86,2	84,5
Chimie et plastique	63,0	59,5	60,5	43,2	40,6	41,9
Agroalimentaire, tabac	30,3	36,6	35,9	70,6	65,7	59,2
Textile...	16,4	13,9	12,1	38,8	35,7	32,1
Cuir, chaussures...	6,2	5,6	6,1	55,5	45,1	62,8
Bois, liège, papier	18,4	16,2	14,4	23,5	28,5	24,6

Source : ONS. Collection Statistiques N° 180/2013, Série E. *Statistiques Economiques* n° 74

[1] Les importateurs de concentré de tomate, par exemple, paient moins d'impôts que les producteurs locaux de concentré de tomate qui sont ainsi mis à mal par une concurrence déloyale mais organisée par les pouvoirs publics, en toute transparence.

2- LA *PME-ISATION* DE L'ECONOMIE

Il est impossible de ne pas s'en rendre compte, l'observateur le moins attentif ne peut ignorer ce phénomène de *PMEisation* à grande vitesse de l'Algérie. Les pouvoirs publics, la presse, l'université…, n'en ont que pour la PME et personne ne semble se préoccuper de la viabilité d'une telle option si tant est qu'elle en soit une. La petite entreprise devient la nouvelle religion et ses partisans la défendent en en appelant aux succès qu'elle a enregistrés en Italie, aux Etats-Unis ou en Allemagne. La valeur de l'argumentaire détaché du contexte spatio-temporel est discutable, car les bons résultats que la PME obtient aux Etats-Unis, par exemple, sont autant les siens que ceux d'autres acteurs comme, l'Etat, les grandes entreprises, le système bancaire, l'université, etc. Que cache, alors, l'amarrage de l'économie nationale à la PME ?

21- Les facteurs d'émergence de la PME

Les textes doctrinaires de l'Algérie ont ménagé une petite place à la PME pour peu qu'elle ne serve pas l'exploitation (de l'homme par l'homme). La PME a, donc, toujours existé, mais au prix de gros efforts pour rester discrète, ne rien demander à l'Etat, ne pas développer de conflits avec l'administration, la banque ou les travailleurs… Lorsqu'au début des années 90, le FMI appelé à l'aide, met à nu la mauvaise gestion des affaires économiques faite par l'Etat, celui-ci dut opérer un recul stratégique pour laisser le terrain à d'autres acteurs et à d'autres modes et méthodes d'organisation et de gestion.

Oui, mais pourquoi la PME ?

Il semble bien que ce soit à ce moment-là que se trouvent réunis en Algérie les ingrédients indispensables pour un développement de la petite entreprise. Les facteurs qui ont servi de catalyseurs à la PME sont multiples, nous examinons ici les plus représentatifs.

211- L'échec de l'Etat

L'Algérien, autant que n'importe qui, a un comportement d'*Homo Œconomicus* que l'Etat a brimé et réprimé tout au long du quart de siècle qu'a duré l'option socialiste. L'omniscience et l'omnipotence de l'Etat s'imposaient avec un tel zèle que lorsque l'échec devint évident, fin des années 80/début des années 90, il est impossible d'incriminer qui que ce soit d'autre que l'Etat, lui-même. La crise politique, la crise de l'endettement, la faillite des industries industrialisantes, l'échec des réformes, le chômage, la dépendance alimentaire… Pour tout, c'est l'Etat qui est tenu, directement, responsable. C'est sa mauvaise gestion qui a conduit à l'humiliation du rééchelonnement et des conditionnalités du FMI ; c'est pourquoi, son incompétence, étant officiellement déclarée, il est poussé à se retirer du champ de l'économie. Ce retrait s'impose d'autant plus qu'au niveau mondial la conjoncture est à la déréglementation, à la désintermédiation, à la dérégulation et à l'expulsion pure et simple de l'Etat de la sphère économique. L'Etat culpabilisé et affaibli se met en réserve. Le pays s'engage sans conviction et dans un contexte d'incertitudes dans la voie de l'économie de marché[1]. L'abandon par l'Etat du champ de l'économie laisse un vide qui crée un appel d'air qui attire des investisseurs potentiels. Ceux-ci viennent au métier sans viatique particulier, c'est pourquoi jouant de prudence, ils ne s'engageant que sur de très petits projets. Il faut rappeler que la grande majorité des futurs entrepreneurs sont des chômeurs que l'Etat (faute de pouvoir leur offrir des emplois) invite à créer leur propre emploi en créant leur propre entreprise. En guise d'encouragement, il a été créé un ministère de la PME (en 1992) et divers dispositifs d'aide.

212- Les carences du secteur public

On a dit de l'Algérie que c'est un pays qui a formé beaucoup de médecins et peu d'infirmiers. Elle a également construit beaucoup de grandes usines et bien peu de petites, dans la croyance qu'une grande économie doit être portée par de grandes entreprises. Outre, les difficultés auxquelles ont été en butte les grandes entreprises et qui les ont stérilisées, l'industrie lourde n'a pas pour vocation de fournir l'infinité de produits d'usage courant, dont la présence ne se remarque pas, mais dont l'absence est une torture (aiguilles, fil à coudre,

[1] Notons ici, que l'Algérie s'engage dans l'économie de marché avec la même naïveté et la même désinvolture qu'elle avait mises pour s'engager dans la voie socialiste, il y a un demi-siècle. Les Algériens vont toujours la fleur au fusil, convaincus qu'il suffit de décider d'aller quelque part pour y arriver.

chaussettes, stylos, petits jouets, tasses à café, réveils, mousse à raser, buvards...). Lorsque d'aventure, de tels biens sont produits par une entreprise publique, les coûts pour les faire arriver aux endroits les plus reculés du pays, sont exorbitants, l'Etat se faisant un point d'honneur à ce que tout produit soit vendu au même prix sur l'ensemble du territoire national[1]. Le pays est donc, objectivement, en manque de petites entreprises de proximité. C'est ce qui explique que dès que la contrainte de l'administration se relâcha, les PME jaillissent sous pression, pour répondre aux besoins latents longtemps refoulés de la population et des possesseurs de capitaux.

213- La rareté des capitaux

Historiquement, les Algériens ont toujours partagé une espèce d'égalité dans le dénuement. Après plusieurs siècles sous le joug colonial, l'indépendance les jette dans les griffes de l'Etatisme. Les deux périodes auront en commun de les maintenir structurellement pauvres. L'Etat devenu rapidement omnipotent, dans un souci d'égalitarisme, a empêché l'émergence d'une classe aisée susceptible de fournir les capitaines d'industrie qui ont des capitaux à investir, mais aussi la clairvoyance et le courage d'accepter les défis et les risques calculés. Cette carence va se faire terriblement ressentir lorsque les Algériens sont mis devant la responsabilité de prendre la relève de l'Etat en matière d'investissement. Seuls se risquent à devenir entrepreneurs ceux qui sont obligés de le devenir, c'est-à-dire les ouvriers dégraissés et les primo-demandeurs d'emploi qui après avoir vainement cherché du travail, sont obligés d'aller à la case « créer son entreprise » pour pouvoir travailler. Partant de peu, chacun est obligé de mettre à contribution les moyens financiers et matériels (camion, terrain, hangar...) de toute la fratrie pour démarrer un petit *business*. Ces apprentis entrepreneurs ont pu compter également sur

---

[1] La nouvelle économie géographique (NEG) pose la problématique de savoir s'il faut produire toutes les quantités désirées en une localisation pour maximiser les gains sur les économies d'échelle mais assumer un coût de transport inévitable pour faire arriver le produit sur tous les lieux de consommation ; ou s'il faut produire de petites quantités directement sur les lieux de consommation, gagnant sur les coûts de transport mais perdant les économies d'échelle. L'Algérie étant un très vaste pays, les coûts de transport tendent à être énormes et il est certain que pour de nombreux produits, il fallait envisager la production de petites quantités sur les principaux lieux de consommation.

l'aide de l'Etat dès que celui a commencé à recouvrer la plénitude de ses moyens, à partir de 2000, avec la remontée du prix du baril de pétrole[1].

214- La méfiance atavique vis-à-vis de l'Etat

La méfiance des Algériens vis-à-vis de l'Etat est une histoire qui remonte à très loin. La longue colonisation subie depuis l'Empire romain, fait qu'aussi loin que remonte la mémoire collective, l'Etat se présente sous les traits de l'ennemi qui multiplie les ruses pour dépouiller les populations de leurs terres, de leurs jeunes... L'indépendance aurait pu/dû corriger cette anomalie (d'une inimitié entre le peuple et l'Etat), mais elle n'a fait que la nourrir par le projet de construire un Etat fort, en faisant de l'Etat l'unique propriétaire des moyens de production et l'unique décideur en dernière instance, en institutionnalisant un Parti unique tout-puissant…

La rigidité et l'autoritarisme dont a fait montre le « Pouvoir » ont renforcé la méfiance, la crainte et l'hostilité de la population à l'égard de la puissance publique. C'est pourquoi lorsque l'Etat prône l'ouverture et la libéralisation, le peuple n'y a perçu qu'une énième ruse, dont les plus malins se tuent à déchiffrer les non-dits, meublant de passionnants débats dans les cafés maures. Quant aux possesseurs d'argent, ils sont déchirés entre la crainte d'un mauvais coup du gouvernement et le désir de saisir les opportunités de gain qu'offre la nouvelle étape dans la vie de la nation. Ils décidèrent de couper la poire en deux : prendre un minimum de risques en démarrant petit puis attendre de voir comment les choses vont évoluer. D'où la ruée vers la petite entreprise.

22- Evolution de la population de PME

L'absence de données fiables d'une part et d'une définition unique et précise de la PME d'autre part, ont empêché une analyse rigoureuse du phénomène dès son apparition. Depuis lors, l'Algérie a fait sienne la définition retenue par l'Union Européenne dans le cadre de la Charte de Bologne sur les PME (juin 2002). La PME est, alors, une

[1] Par exemple, en 2000, il a été créé dans le secteur de l'industrie 3671 entreprises dont 130 seulement emploient plus de 10 salariés et 12 plus de 50 salariés.

entreprise de production de biens et/ou de services qui emploie moins de 250 personnes, dont le chiffre d'affaires annuel n'excède pas 2 milliards de dinars ou dont le total du bilan annuel n'excède pas 500 millions de dinars et qui respecte les critères d'indépendance. Partant de là, les décompositions de la PME sont données comme suit :

- La moyenne entreprise est celle qui emploie 50 à 250 personnes avec un chiffre d'affaires compris entre 200 millions et 2 milliards de dinars ou un total de bilan annuel compris entre 100 et 500 millions de dinars.
- La petite entreprise emploie est celle qui emploie 10 à 49 personnes avec un chiffre d'affaires annuel qui n'excède pas 200 millions de dinars ou un total du bilan annuel qui n'excède pas 100 millions de dinars.
- La très petite entreprise (TPE) ou micro-entreprise est une entreprise employant de 1 à 9 personnes et réalisant un chiffre d'affaires inférieur à 20 millions de dinars ou dont le total du bilan annuel n'excède pas 10 millions de dinars.

Quelles que soient les objections qu'on pourrait leur opposer, ces définitions ont l'avantage de fournir des points de repère qui permettent d'avancer.

221- Les grandes étapes dans l'itinéraire de la PME

Sous le socialisme, les entrepreneurs privés vivaient constamment sous la menace de problèmes sans fin ; ce qui les incite à limiter leurs investissements au strict minimum et aux créneaux les plus porteurs, soit la production de biens et services de très large consommation. Même s'il est communément admis que la PME algérienne soit née dans sa majorité après 1994, on distingue globalement, trois étapes dans son évolution : 1963-1982, 1982-1988 et après 1988.

La période 1963-1982

Cette période est caractérisée par l'absence de dispositions particulières en faveur de l'initiative privée. Les petites entreprises qui avaient été abandonnées par les colons ont été confiées à des *Comités de gestion.* En 1963, a été promulgué un code des investissements, afin de stabiliser et de réguler l'environnement économique, en butte aux perturbations induites par le départ des colons ; il n'a eu qu'un faible impact sur le développement de la PME. En 1966, a été promulgué un autre code des investissements qui donne à l'Etat le monopole sur les secteurs stratégiques de l'économie. Les projets d'initiative privée sont soumis à un agrément octroyé par la Commission Nationale des Investissements (CNI) sur la base de critères sélectifs tels que le secteur d'activité et la valeur des investissements. Durant toute la période 1963-1982, *il n'y a donc pas eu de politique claire à l'égard du secteur privé, celui-ci n'a pu connaître qu'un certain développement en marge des plans nationaux, il était freiné par le discours politique d'une Algérie socialiste qui lui était de plus en plus hostile, le considérant comme exploiteur* (CNES, 2002). D'une manière générale, la tendance était plutôt favorable aux secteurs du commerce et des services qui ont continué à être investis par le privé. Dans l'industrie, le capital privé s'est focalisé sur les créneaux des biens de consommation finale tels que l'agroalimentaire, la transformation plastique, les matériaux de construction, le textile et la chimie simple (grésil, eau de Javel...).

La période 1982-1988

Cette période, qui intègre le contre-choc pétrolier, est caractérisée par la promulgation d'un nouveau cadre législatif et réglementaire relatif à l'investissement privé national (loi du 21/08/1982). Celui-ci offre certains avantages notamment le droit de transfert (de devises) pour l'acquisition des équipements et dans certains cas des matières premières et un accès (fut-il limité) aux autorisations globales d'importation (AGI) ainsi qu'au système des importations sans paiement (CNES 2002). Toutefois, des entraves subsistent à travers l'obligation faite aux banques de limiter le financement des investissements privés agréés à 30 % de leurs montants et l'interdiction d'être propriétaire de plusieurs affaires. En 1983, l'Etat a mis en place un Office pour l'Orientation, le Suivi et la Coordination de l'Investissement Privé (OSCIP), placé sous la tutelle du ministère de la planification et de l'aménagement du territoire. L'OSCIP a pour objectifs d'orienter l'investissement privé vers les créneaux et les régions où il optimise son apport au développement et son intégration dans le processus de planification. Ces dispositions n'ont pas eu les effets escomptés. L'investissement privé continue à s'orienter vers les branches d'activité de substitution aux importations des biens de consommation finale. Le plafonnement des investissements, dans le cadre de la loi de 1982, à 30 millions de dinars pour la création de sociétés à responsabilité limitée (SARL) ou par actions (SPA) et 10 millions de dinars pour la création des sociétés en nom collectif (SNC) a poussé une partie de l'épargne privée vers la spéculation. Un cloisonnement étanche public/privé durant la période 1963-1988, ne leur a pas permis de développer des relations de partenariat dans le domaine de la sous-traitance. Le CNES rappelle qu'en 1982 le pays compte 104 PME privées essentiellement dans les matériaux de construction, l'IAA et le textile ; elles sont 376 en 1983 et 624 en 1984.

Depuis de 1988

Confrontée à une crise multiforme (épuisement des réserves de change, pic record du service de la dette extérieure, effondrement des recettes des hydrocarbures…), l'Algérie a sollicité le FMI pour le rééchelonnement de sa dette extérieure. Ce dernier plaide en faveur de l'ouverture et de la libéralisation. Toutefois, bien avant l'arrivée du FMI, il a été mis en branle tout un train de réformes qui ont débouché en 1990 sur la loi sur la monnaie et le crédit qui consacre en son article 183 le principe de la liberté de l'investissement étranger. Cette loi ouvre la voie à toutes les formes de contribution du capital étranger et encourage toute forme de partenariat sans exclusive, y compris en la forme d'investissements directs. La loi prévoit, en outre, la liberté d'établissement des banques étrangères en Algérie ouvrant ainsi la voie au partenariat financier. Dans sa lancée l'Etat franchit une autre étape avec l'adoption en 1993 d'un code de l'investissement dont la philosophie s'articule autour des éléments suivants :

- La liberté d'investir ;
- L'égalité devant la loi des promoteurs nationaux et étrangers ;
- L'intervention des pouvoirs publics se limite à l'octroi d'incitations aux investissements, principalement au moyen d'allégements fiscaux prévus par la loi ;
- La création d'une Agence de Promotion de soutien et de Suivi des Investissements (APSI) pour assister les promoteurs.
- La suppression de l'agrément et son remplacement par une simple déclaration ;
- La réduction du délai d'étude des dossiers à 60 jours, maximum ;
- Le souci de ne pas imposer des formalités trop lourdes ou complexes pour la réalisation d'un acte d'investissement ;
- La clarification, l'affinement et la pérennité des garanties et des encouragements acquis au double plan fiscal et douanier ;

- L'accélération des transferts et du renforcement des garanties, associés au capital investi et aux revenus qui en découlent ;

En dépit de ces mesures de facilitation, les retombées du texte de 1993, sont très modestes ; les lourdeurs bureaucratiques, l'hostilité de l'environnement économique et les problèmes du foncier industriel, ont brimé le dispositif.

222- La population de PME

La population de PME est en-dessous de ce qu'elle devrait être, et en dessous des prévisions des pouvoirs publics qui tablaient sur un million d'unités à l'horizon 2010. Le poids des contraintes qui ont canalisé les Algériens vers la PME et l'intense effort de l'Etat pour catalyser le processus n'ont pas produit les résultats escomptés aussi bien pour la qualité que pour la quantité. Il faut croire que l'apprentissage est dur, car les investisseurs potentiels hésitent à plonger dans l'inconnu et avec raison puisque de nombreux projets disparaissent au bout de quelques mois ou années d'existence. Jusqu'en 2007, il a été créé en moyenne 20 000 PME chaque année. En soi, ce n'est ni peu ni beaucoup, il faut tenir compte d'un certain nombre de facteurs spécifiques. Les facteurs qui tendent à freiner la création de PME sont : le climat exécrable des affaires, l'absence de moyens financiers et l'inexpérience ; assez pour conseiller la prudence. Les facteurs incitatifs, par contre, résident dans les nombreuses opportunités qu'offre un grand marché, les aides de l'Etat et le niveau de chômage. Là encore c'est suffisant pour inciter à prendre des risques. Mais, quid de la réalité ?

La réalité s'appréhende par des données statistiques exhaustives et fiables. Le problème de la qualité de la statistique en Algérie a été mainte fois soulevé ici. Non seulement les données sont indisponibles et rarement mises à jour, mais elles sont également peu fiables en raison de la faiblesse des moyens engagés, mais surtout parce que c'est un organe de l'Etat qui préside à leur collecte et à leur tenue. L'Etat étant juge et partie, il veille à ce que ses statistiques aillent dans le sens de son discours, ce qui rend ardue l'intelligibilité de l'économie algérienne. Le secteur de la PME illustre bien la manipulation qui est faite des statistiques. Ayant dépensé beaucoup d'argent et fait beaucoup de promesses qu'ils n'ont pas pu tenir, les pouvoirs publics s'en remettent à une manipulation des statistiques pour déguiser des résultats médiocres en succès.

Les bilans annuels du ministère de la PME indiquent que sur la période 2002-2012, il a été créé une moyenne de 21 000 PME/an et qu'en 2013 encore le seuil du demi-million de petites entreprises n'a pas encore été franchi. Le taux de natalité est moyen et le taux de mortalité élevé. Toutes les PME ne sont pas industrielles, on pourrait même dire que l'industrie y est sous-représentée. Si nous mettons en apposition le faible nombre de PME industrielles, avec la petite taille de ces mêmes PME, nous nous retrouvons avec à la fois bien peu de PME industrielles et elles sont de petite taille. C'est nettement insuffisant pour valoir au pays une vocation industrielle.

23- Les principales caractéristiques des PME

Jusqu'ici, la nature et la répartition des investissements ont été imposées par le Plan, et le planificateur a été davantage sensible au social qu'à l'économique, car de nombreuses usines ont été jetées en des endroits où elles n'auraient jamais dû se retrouver. La concentration d'entreprises (disons d'usines) dans telle ou telle région n'est pas forcément un indicateur d'attractivité de cette région au sens où l'entend la NEG ou la théorie des clusters. Il est remarquable que les investissements privés qui ne subissent pas ce genre de contraintes ne se répartissent de façon homogène sur le territoire national d'une part et ils sont peu diversifiés d'autre part. Dans cette section nous examinerons deux caractéristiques importantes de la PME : la distribution géographique et la concentration sectorielle.

231- La géographie des PME

La localisation des PME en Algérie se fait autour des grandes agglomérations. La carte de leur répartition telle qu'élaborée par le ministère montre qu'elles ont une forte tendance à se concentrer au nord du pays. Ce qui est normal étant donné que cette portion de territoire accueille quelque 80 % de la population du pays. Ce qui est moins normal, c'est que même dans cet étroit ruban, leur répartition n'est pas homogène, elles se regroupent en grumeaux en des lieux privilégiés qui semblent avoir quelques prédispositions à les recevoir.

Un coup d'œil rapide sur les statistiques nous fait croire que les wilayas d'Alger, Oran, Tizi Ouzou, Bejaia et Sétif offrent les meilleures prédispositions pour accueillir les entreprises ; mais un examen plus serein montre qu'on est dans l'erreur. En effet si l'on considère par exemple le ratio du nombre de PME pour 1000 habitants, sur le Top-5 des wilayas identifiées ci-dessus, c'est Tizi Ouzou qui arrive en tête avec un taux de concentration de 21,96 ; elle est suivie de Bejaia (21,23), Alger (16,20), Oran (13,54) et Sétif (12,57) ; Sétif et Oran sont même à peine au-dessus de la moyenne nationale qui est de 12,33[1]. Ici, le Top-5 devient dans l'ordre décroissant : Tipaza (28,71), Tindouf (28,34), Illizi (26,10), Tizi Ouzou (21,96) et Bejaia (21,23).

Le mythe tombe, les régions dominées par les grandes villes sont plutôt amorphes et ce sont les villes de taille intermédiaire qui sont les plus dynamiques. Il est bien risqué de jouer sur les chiffres qui plus est ne sont pas toujours fiables, car c'est le meilleur moyen de tourner le dos à la réalité et de fausser l'analyse. Quoi qu'il en soit, nous enregistrons une forte concentration de petites et moyennes entreprises dans un rectangle dont la longueur va de Tipaza à Bejaia (250 km à vol d'oiseau) sur une largeur d'une quarantaine de kilomètres à peine. Dans ce quadrilatère nous retrouvons les espaces les plus fertiles pour la PME (Alger, Tipaza, Blida, Boumerdes, Tizi Ouzou, Bejaia).

Sachant que la petite entreprise n'est pas sensible aux facteurs d'attraction conventionnels (de ceux qui décident une firme américaine à localiser une nouvelle usine au Maroc plutôt qu'en Algérie) et que la quasi-totalité des PME se localisent dans la commune de résidence du propriétaire ; il faut croire que certaines régions offrent de meilleures prédisposition à la création de PME, que d'autres. Il faut se demander pourquoi les PME jaillissent plus facilement (semble-t-il) dans certaines régions que dans d'autres, qui ont les mêmes caractéristiques générales.

[1] Le nombre de PME est celui de 2012 et la population celle du RGPH 2008

Tableau 6 : Répartition des PME selon le secteur d'activité

	2002	2003	2004	2005	2006	2007	2008	2009	2010	2011	2012
Agriculture et pêche	2243	2477	2748	2947	3 186	3 401	3 599	3 592	3 806	4 006	4277
Eau et énergie	51	56	60	64	74	84	94	101	101	106	111
Hydrocarbures	435	467	505	522	531	544	551	561	580	599	626
Services et travaux pétroliers	112	130	148	164	188	215	231	240	272	293	313
Mines et carrières	475	510	549	600	657	722	784	826	917	958	1002
ISMME	6452	6754	7126	7516	7 906	8 353	8 794	9 010	9 556	9 900	10 350
Matériaux de construction	5559	5766	5949	6138	6 369	6 748	7 154	7368	7 854	8 225	8 802
Bâtiment et travaux publics	57255	65799	72869	80716	90 702	100 250	111 978	118268	129 762	135 752	142 222
Chimie, plastique	1493	1614	1727	1850	1 967	2 084	2 205	2 273	2 446	2 603	2 803
Industrie agroalimentaire	12354	13058	13673	14474	15 270	16 109	17 045	17 376	18 394	19 172	20 198
Textile	3515	1624	3734	3881	4 019	4 152	4 291	4 270	4 493	4 727	5 082
cuir	1330	1384	1459	1523	1 558	1 628	1 667	1 649	1 677	1 718	1 764
Bois et papier	7934	8401	9000	9612	10 300	11 059	11 848	12 274	13 063	13 701	14 510
Autres industries	2799	2912	3061	3191	3 297	3 446	3 564	3 600	3 745	3 844	4 008
Transport et communication	17388	18771	20294	22119	24 252	26 487	28 885	29 776	33 848	36 620	39 426
Commerce	31568	34681	37954	42183	46 461	50 764	55 551	58 165	64 962	69 837	76 050
Hôtellerie et restauration	12410	1320	14103	15099	16 230	17 178	18 265	18 819	20 401	21 251	22 590
Services aux entreprises	8729	9876	10843	12143	14 134	16 310	18 473	19 838	23 541	26 595	31 476
Services aux ménages	15132	15927	16933	18148	19 438	20 829	22 529	23 461	25 403	26 977	29 064
Etablissements financiers	616	669	718	779	853	934	1 009	1 060	1 209	1 329	1 512
Affaires immobilières	482	541	591	657	755	816	916	950	1 040	1 124	1 292
Services aux collectivités	1220	1302	1405	1516	1 659	1 833	1 954	2009	2 249	2 424	2 639
TOTAL	**189 552**	207 949	225 449	245 842	269 806	293 946	321 387	335 486	369 319	391 761	420 117

232- Répartition sectorielle de la PME

Les investisseurs ont fait preuve d'un comportement incroyablement moutonnier et routinier en s'orientant massivement vers une poignée de secteurs d'où émergent le BTP et quelques services de proximité (services à l'entreprise, services aux ménages, petit commerce, restauration…). Le secteur du BTP a fait des pas de géant qui le propulsèrent de 15 % de la totalité des PME, sur la période 1995-2004, à plus de 33 % en 2015. Cette espèce de spécialisation n'est ni dictée ni imposée par aucune autorité sinon de façon très détournée. Les investisseurs ont suivi leurs instincts et essayé de réaliser un compromis optimal entre plusieurs facteurs persuasifs et dissuasifs. En vérité, nous avons du mal à comprendre cette ruée vers le BTP quand le pays continue à importer cahiers et fournitures scolaires, produits d'hygiène et de beauté, jouets, vêtements pour enfants, et mille autres produits qui offre des marchés alléchants. Ce qui frappe le plus quand on considère la population de PME, c'est que trois secteurs seulement (BTP, commerce et transport & communications) s'accaparent de plus des trois cinquièmes des entreprises (61,33 %, en 2012). Tous les autres secteurs d'activité qui incluent toutes les branches de l'industrie, l'agriculture, la finance, le service haut de gamme… prennent les deux cinquièmes restants. Ce qui donne une représentativité négligeable ou nulle pour de nombreuses branches. L'observateur a la nette impression que les investisseurs tournent délibérément le dos à l'industrie pour se réfugier sous la double protection du petit service et de la « petitesse »[1]. Bien peu osent s'aventurer dans le domaine de l'industrie et ceux qui le font prennent bien soin de rester à la lisière de l'inconnu. Ils se placent dans une industrie agroalimentaire de simple transformation : transformation de poudre de lait importée en lait et yaourts, transformation de blé en farine, transformation de farine en pâte, mise en bouteilles d'eau et autres boissons, etc. Les enquêtes menées dans la wilaya de Bejaia montrent que l'ensemble des équipements et plus de 85 % des matières premières utilisées sont importés. Ce qui expliquerait que Bejaia doit sa spécialisation agroalimentaire non pas à un arrière-pays agricole riche et productif, mais à un port dynamique.

[1] En français, le mot « petitesse » véhicule une connotation péjorative, ici il est mis pour signifier « ce qui est petit » et correspond à l'anglais *smallness*.

233- La taille des PME

Certaines entreprises dans le monde sont plus riches et plus puissantes que de nombreux Etats et elles emploient des centaines de milliers de travailleurs dans des centaines d'usines réparties sur toute la planète. D'autres, par contre, se contentent de 2 ou 3 salariés et leur budget se confond avec le budget familial du propriétaire. Une entreprise de 3 salariés a peu à voir avec une entreprise qui en emploie 250. La qualité d'un système de PME dépend de l'harmonie des proportions qui s'établissent entre ces trois catégories d'entreprises. Nous n'avons pas connaissance d'un ratio de type : à une ME doivent correspondre 50 TPE, par exemple, mais il est certain que les succès de la PME dans le monde sont portés par les moyennes entreprises (50-250 emplois). C'est une taille suffisamment petite pour échapper aux contraintes et lourdeurs liées aux grandes entreprises, mais suffisamment grande pour échapper aux faiblesses de la petite entreprise. La taille moyenne n'étant pas un objectif en soi, la ME n'a pas pour ambition de rester petite, elle veut devenir grande, ce qui l'incite à prendre des risques en développant des fonctions hors de portée des PE (R&D, veille technologique, fusion avec d'autres entreprises, emprunt sur le second marché, collaboration avec l'université ou d'autres entreprises sur des projets ciblés…).

En Algérie comme partout ailleurs, la très petite entreprise domine, mais elle le fait dans un rapport qui déséquilibre l'ensemble de la structure. Sur les 16 018 PME (personnes morales) créées en 2012, seulement 41 sont des ME. Les statistiques du ministère de la PME ne vont pas assez dans le détail pour nous indiquer combien dépassent de peu les 50 emplois et combien s'approchent des 250. C'est l'industrie qui souffre le plus de la course à la « petitesse » puisque sur près de 2000 entreprises industrielles seules quatre sont des moyennes entreprises et 176 sont de petites entreprises, laissant la TPE régner avec 97,39 % des PME industrielles. Il va sans dire, qu'à de tels niveaux, continuer à parler d'entreprises industrielles est une hérésie et il serait plus juste de les verser dans la catégorie « Artisanat ». Les TPE ont de précieuses qualités (facilité à mettre sur pieds, génération de revenus, soutien aux grandes firmes qu'elles déchargent de fonctions mineures), mais une nation ne peut pas compter uniquement sur elles pour relancer la croissance, sortir du sous-développement, augmenter les exportations, innover… Par conséquent porter l'effort sur la création de TPE, au détriment des moyennes et des grandes entreprises, revient à mettre la charrue avant les bœufs. Il est compréhensible que les individus (chômeurs dégraissés et primo-demandeurs d'emploi) partant avec des moyens limités, s'orientent vers la TPE, mais il est difficile à admettre que l'Etat consacre des capitaux colossaux à encourager ce mauvais penchant de l'économie nationale, jusqu'à l'élever au rang de stratégie de relance de l'économie.

Tableau 7 : Répartition des PME (personnes morales) créées en 2012, selon les effectifs

		TPE 1-9 emplois	PE 10-49 emplois	ME 50-250 emplois	Nombre de PME
Services	Nombre	17475	354	63	17892
	%	97,67	1,98	0,35	
BTP	Nombre	5915	498	57	6470
	%	91,42	7,70	0,88	
Industrie	Nombre	3541	118	12	3671
	%	96,46	3,21	0,33	
Agriculture et pêche	Nombre	260	11	0	271
	%	95,94	4,06	0,00	
Services liés aux industries	Nombre	40	8	4	52
	%	76,92	15,38	7,69	
Total	Nombre	27231	989	136	28356
	%	96,03	3,49	0,48	

Source : Bulletin d'information statistique de la PME, n° 21

24- Contribution de la PME à la création de richesses

En tant qu'entreprise, la PME a pour mission d'augmenter la richesse de son propriétaire en produisant des biens et services pour le marché. L'entrepreneur ne peut donc augmenter ses richesses propres que s'il participait à accroître la richesse de la nation. Une erreur d'interprétation des signaux qu'émet le marché, une mauvaise anticipation sur les goûts, les revenus, une méconnaissance des produits concurrents et de substitution… peuvent tuer une entreprise. Toutefois, quand « ça marche » aussi bien l'investisseur que l'économie tout entière y gagnent. Des centaines de milliers d'entreprises fussent-elles petites, employant des millions de travailleurs contribuent à tirer la production nationale vers le haut, selon plusieurs canaux :

- Elles libèrent les grandes entreprises de certaines fonctions ingrates pour leur permettre de se concentrer leurs activités de base…
- Elles offrent des débouchés pour les grandes et moyennes entreprises lors de l'achat d'équipements et d'intrants.
- Elles distribuent des revenus qui *boostent* la demande pour toute sorte de produits.
- Elles produisent de grandes quantités de biens et services…

Qu'en est-il en Algérie ?

A première vue si l'on considère comment a évolué le PIB de l'Algérie au cours des 20 dernières années, nous pouvons y distinguer deux phases d'égales durées. Au cours de la première décennie (1993-2002), la courbe est quasiment plate ; nous sommes en plein ce qu'il est convenu d'appeler la *décennie noire.* Crise économique, assèchement des revenus en devises, terrorisme… ont isolé le pays, lui imposant un douloureux compter-sur-soi. Ce qui permet de dire que la valeur affichée du PIB correspond aux capacités intrinsèques du pays, ce qu'il est capable de produire en situation d'autarcie ou presque. La seconde décennie est aux antipodes de la première ; d'une part le nombre de PME approche du demi-million d'unités et d'autre part le prix du baril (qui est arrivé en 1999 à son plus bas niveau depuis le choc de 1973) commence à remonter pour atteindre le pic de 139 dollars en 2008. Le pays commence à être plus à l'aise et à reprendre des couleurs, le PIB remonte, attestant une nouvelle fois combien est grande la dépendance de l'Algérie à l'égard du prix du baril de pétrole. Le troupeau de PME a fortement augmenté, mais c'est un cheptel stérile qui crée de l'emploi sans créer de la richesse. A tant s'extasier devant le nombre de PME, on perd de vue toutes les richesses qu'elles ne créent pas.

25- Que faire alors ?

Partie pour être une solution élégante à un faisceau de problèmes, dont celui du chômage, la PME a souffert de l'interférence d'éléments perturbateurs qui l'ont vidée de sa sève. Cette situation étant donnée, qu'est-ce qu'il faut faire maintenant ?

Figure 4 : Evolution du prix du baril de pétrole

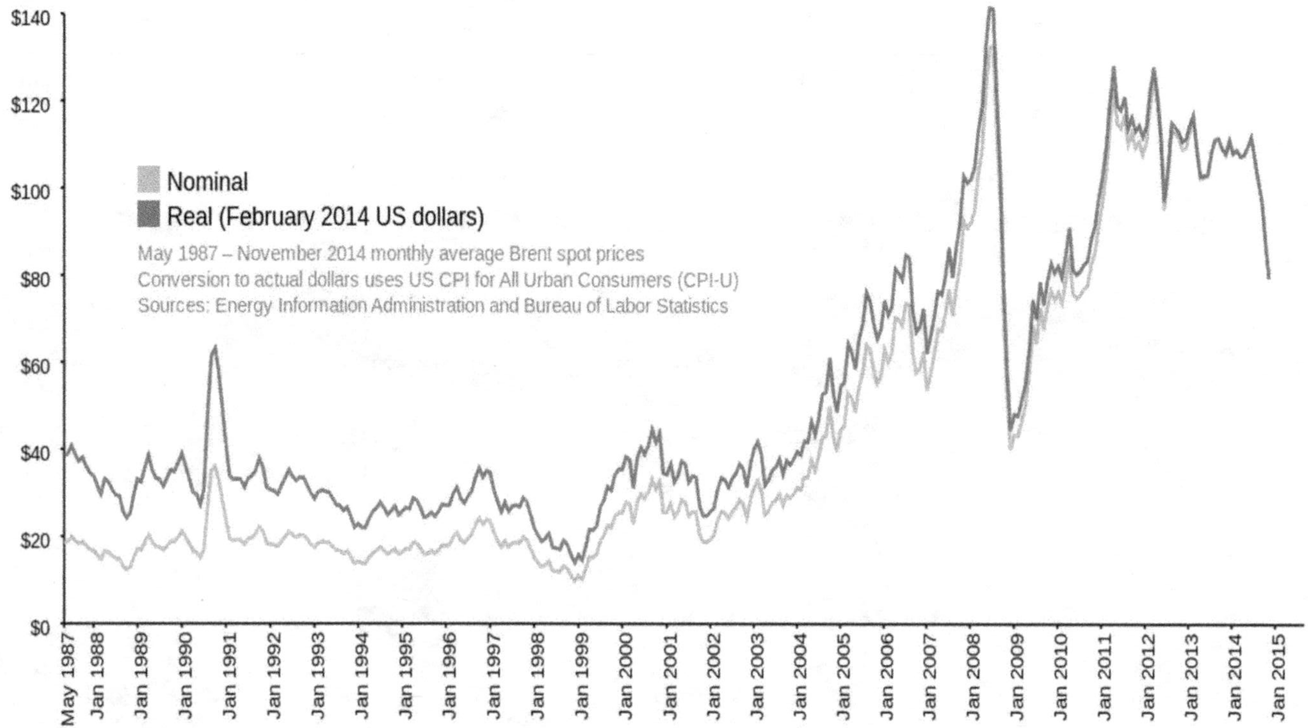

Source : http://commons.wikimedia.org. File : Brent_Spot_monthly.svg

Figure 5 : Evolution du PIB de l'Algérie sur deux décennies (109 USD)

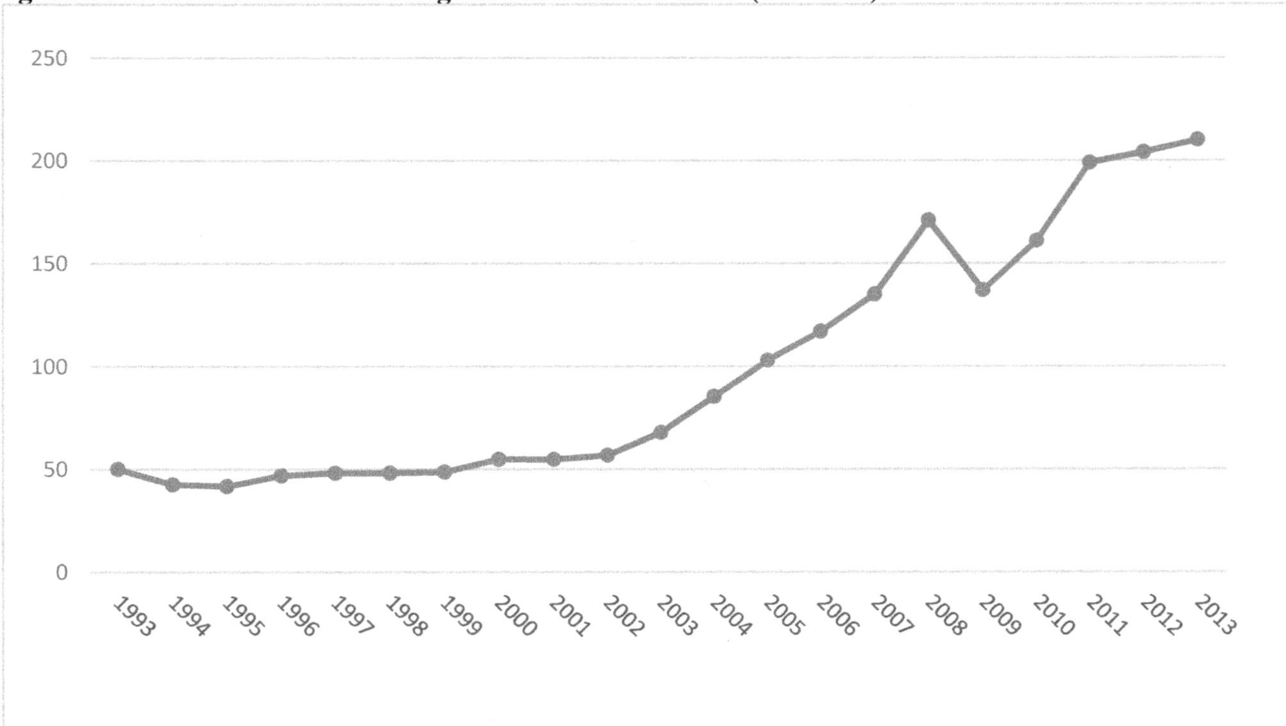

Source : http://perspective.usherbrooke.ca/bilan/tend/DZA/fr/NY.GDP.MKTP.CD.html

Pour être honnête, il faut dire que les pouvoirs publics ont bien essayé de réhabiliter la PME par l'opération de *mise à niveau,* mais sans succès. Nous la discutons avant de présenter quelques pistes de réflexion.

251- Mettre à niveau les PME

Lancé en 1995 à partir de la ville de Barcelone, le « Processus de Barcelone » vise à relancer et à consolider la coopération entre l'Union Européenne et chacun des pays du sud et de l'est de la Méditerranée, afin de poser les bases d'une zone de prospérité partagée. Ces pays se situant à différents niveaux de développement, il a été décidé d'un certain nombre de **me**sures **d'a**ccompagnement (MEDA) visant à favoriser les réformes nécessaires pour la réalisation d'une zone de libre-échange, vers 2017. L'UE a mobilisé pour la circonstance un volume de 3,4 milliards d'euros pour la période 1995-1999 et 5,4 milliards d'euros pour la période 2000-2006. Ces sommes sont à répartir entre les douze pays engagés dans le processus, selon des critères sophistiqués et les montants sont libérés pour chaque pays à des conditions draconiennes qui les rendent presque inaccessibles.

La bureaucratie propre à l'Algérie, additionnée à celle de la Commission Européenne, ont pesé pour empêcher le transfert des fonds, dont seule une portion minime a pu être libérée. Une partie de cet argent a été utilisé pour l'opération de mise à niveau des entreprises, à laquelle participent par ailleurs d'autres organismes et institutions, comme l'ONUDI (Organisation des Nations unies pour le développement industriel), le PNUD (programme des Nations unies pour le développement), l'AFD (agence française du développement). Le programme ne s'adresse pas qu'aux PME et parmi celles-ci, il ne s'adresse qu'à celles qui emploient plus de 20 salariés et qui présentent des bilans positifs sur les trois dernières années (entre autres conditions). C'est étonnant, mais il s'est trouvé bien peu d'entreprises à postuler pour profiter de cette mise à niveau. Certains *patrons* pensent que leur *business* marche bien sans « ça », d'autres trouvent le processus trop laborieux et beaucoup ne réunissent pas les conditions exigées. La vérité est que le processus qui se déroule en plusieurs phases, présente l'inconvénient d'exiger une transparence totale des comptes de l'entreprise, éveillant la méfiance des entrepreneurs de fraîche date dont une grande partie de l'activité se déroule dans l'informel. C'est cela qui expliquerait, par ailleurs, que parmi les entreprises qui adhèrent au processus, beaucoup le quittent en cours de route. C'est pourquoi, au cours de la dizaine d'années de MEDA I et MEDA II, seules quelque 400 entreprises aient pu être touchées.

En 2010, le gouvernement reprend le processus et annonce une enveloppe de 5 milliards de dollars pour mettre à niveau quelque 20 000 PME, sur la période 2010-2014, soit une moyenne de 4000 entreprises par an[1]. L'initiateur de cette politique pêche par excès, pour le moins, au vu des résultats obtenus sur la décade qui venait de s'achever. Le bilan de l'opération n'a pas été tiré, mais les données glanées dans la presse n'incitent pas à l'optimisme. Les plus optimistes évoquent la fourchette de 6 à 7000 entreprises touchées, jusqu'en 2014, et les plus réalistes s'en tiennent à quelques centaines à peine. Selon les auteurs et les moments, on trouve toutes les valeurs intermédiaires entre ces deux extrêmes.

Tableau 8 : Le programme MEDA en Algérie (million d'euros)

		Part dévolue à l'Algérie	Montant perçu effectivement	%
MEDA I	1995-99	164,0	30,2	18
MEDA II	2000	30,2	0,4	1,32
	2001	60	5,5	9,16
	2002	50,0	11,0	22
	2003	41,6	15,8	38
	2004	51,0	42,0	82,35

Source : Communauté européenne

252- Encourager la création de grandes entreprises

Dans tous les pays développés, la PME représente autour de 95 % de la population totale des entreprises[2]. Tout comme un billet de 100 dinars n'a pas la même valeur pour un pauvre que pour un riche, 5 % de grandes entreprises n'ont pas même la valeur selon que vous possédiez 250 000 ou 5 000 000 d'entreprises. Quoi que puissent en

[1] En fait le projet ayant été lancé officiellement le 1er janvier 2011, c'est donc 5000 PME/an, qu'il s'agira de rendre compétitive.

[2] Il y a lieu de tenir compte des différences de définition. Au Maroc une PME c'est moins de 200 travailleurs, au Japon, moins de 300 et aux Etats-Unis moins de 500.

dire les discours propagandistes, ce sont les grandes et très grandes entreprises qui portent et supportent les grandes puissances économiques. Cela est, également, valable pour les pays où la PME est créditée d'un succès indiscutable comme les Etats-Unis, l'Allemagne ou l'Italie. Par exemple, l'Italie doit beaucoup à ses petites et moyennes entreprises, mais les piliers de son économie sont les grandes firmes mondialement connues comme ENI, Fiat, Enel, GSE, Finmeccanica, Riva… C'est la grande firme qui tire l'économie, en servant de locomotive à un réseau de plusieurs centaines ou milliers de petites entreprises dont elle oriente et booste l'activité. La seule façon pour une petite entreprise d'être, c'est d'avoir un petit rôle dans un grand projet, à l'image de ces acteurs qui préfèrent avoir un petit rôle dans un grand film qu'un grand rôle dans un petit film.

En Algérie les choses se passent comme si le traumatisant échec des grandes sociétés nationales a définitivement immunisé la nation contre la maladie de la grande taille d'entreprise et même de tout ce qui est simplement grand. Les pouvoirs publics n'en ont que pour les petites entreprises et pour les plus petites d'entre elles, via le canal de l'ANSEJ (Agence Nationale de Soutien à l'Emploi des Jeunes), notamment. Mettre la PME sur un piédestal et réprimer les grandes entreprises, résulte d'un aveuglément qui hypothèque les chances de l'Algérie d'*émerger*. Sinon, comment expliquer que le nombre d'entreprises augmente, mais que les exportations ne décollent pas et que les importations explosent. L'Algérie a des entreprises par centaines de milliers, mais continue à importer crayons de couleurs, drapeaux pour supporters de football, chaussettes, assiettes, et mille autres colifichets qui pouvaient être produits localement[1].

Le pays doit se remettre sur ses pieds et prendre conscience que si les petites entreprises créent des emplois, ce sont les grandes qui créent de la richesse. C'est pourquoi, parallèlement à la PME, il faut œuvrer à l'émergence de grandes et très grandes entreprises.

253- Dans PME encourager les ME

Si l'on ne s'en tient qu'à la taille des entreprises exprimée par le nombre d'emplois qu'elles offrent, il existerait une infinité de tailles,

---

[1] Quand on considère le niveau des salaires, le prix de l'énergie, le niveau des taxes… pour de nombreux produits banals, les entreprises algériennes devraient être plus compétitives que les entreprises chinoises elles-mêmes.

allant de 1 à « x », « x » pouvant prendre une valeur avec cinq zéros. Il ne serait pas régulier de les regrouper toutes dans une seule définition aussi diluée soit-elle ; mais celui qui voudrait mettre de l'ordre dans l'ensemble serait bien embarrassé de constituer des sous-groupes cohérents. La difficulté commence dès que l'on essaie de distinguer entre la grande et la petite entreprise, les pays décidant arbitrairement des seuils critiques. La diversité de ces seuils ne rend que plus confuses les choses, car ce qui est une petite entreprise ici est considéré comme une grande là, faussant les comparaisons et les analyses. En nous en tenant qu'aux seules entreprises de moins de 250 emplois, les analystes ont distingué les micro-entreprises, les petites entreprises et les moyennes entreprises et nous avons déjà souligné que lorsqu'on vante le dynamisme des PME, ce sont les moyennes entreprises que l'on a en vue.

Soulignons que les PME elles-mêmes ne font pas de ce statut une vocation et n'ont cure des classements que font les analystes. Une petite entreprise n'est « petite » que provisoirement, son ambition est de devenir grande, n'en déplaise aux chercheurs. Une petite entreprise de 200 travailleurs reste un trop gros investissement pour que l'entrepreneur ne sue pas sang et eau pour le faire aboutir et le rendre viable et visible. Parmi les moyennes entreprises, certaines développent une dynamique exceptionnelle qui en fait de véritables champions. Ce sont elles qui tirent l'économie et portent à bout de bras les grandes firmes ; on les appelle *gazelles*. Dans un pays où la catégorie « moyennes entreprises » est sous-représentée ou n'existe pas du tout, il ne peut pas apparaître de gazelles.

Les encouragements et aides de l'Etat doivent s'adresser en priorité aux moyennes entreprises qui ont des aspirations et des ambitions de grandir, innover, exporter. Aujourd'hui cette catégorie d'entreprises est exceptionnelle. Les rares entreprises de taille moyenne, n'arrivent pas à constituer une « classe » pour elles-mêmes et elles souffrent d'être trop petites au point de ne pas avoir les avantages de la grande taille et trop grandes pour ne pas avoir les avantages de la petite taille.

254- Encourager la formation de *clusters*

La PME est une entité structurellement faible et fragile et la population est en butte à un taux de mortalité élevé. Sa petite taille la prive irrémédiablement de niches de gains que l'on trouve dans les économies d'échelle, l'innovation, l'exportation, etc. Toutefois, comme beaucoup d'espèces vivantes, chez les PME, la force n'est pas portée par l'individu, mais par le troupeau. Cent petites entreprises qui travaillent en équipe peuvent représenter (sous certaines conditions) une force de frappe qui en fait le fer de lance de l'économie d'un pays. Il suffit, pour s'en convaincre, de citer les exemples de la Troisième Italie (Becattini, 2004) et de la Silicon Valley (Annalee Saxenian, 1996). Toutefois, pour que le travail d'équipe soit vraiment payant, il est indiqué de s'organiser selon un certain nombre de règles. Donnons d'abord la parole à Michaël Porter qui a forgé le concept de cluster :

> *A cluster is a geographically proximate group of interconnected companies and associated institutions in a particular field, linked by commonalities and complementarities.* M. Porter (2000)

On en tire les trois conditions de succès suivantes : proximité, interconnexion et voisinage avec les institutions.

La proximité

Les entreprises doivent rechercher la proximité géographique les unes des autres, afin d'éliminer les coûts de transport, faciliter la circulation de l'information, accélérer la diffusion des technologies, attirer la main-d'œuvre qualifiée...

L'interconnexion

Il ne suffit pas que des entreprises soient localisées sur un même site pour donner de bons résultats, car encore faut-il qu'elles entretiennent entre elles d'intenses relations de travail. Il faut, donc, qu'elles se regroupent selon des affinités de branche, donnant une grande spécialisation à l'ensemble (IAA, nanotechnologie, textile, informatique, automobile...). Il se développe entre les entreprises un mélange de concurrence, de complémentarité et de solidarité qui fait sa force.

La présence des institutions

La petite entreprise doit concentrer toutes ses énergies à sa mission première, elle ne peut se permettre d'en gaspiller une partie à des problèmes marginaux. C'est pourquoi il faut la faire bénéficier d'un environnement sain dans lequel elle puisse évoluer sans frottements ni pertes d'énergie, comme un poisson dans l'eau. Cela signifie que l'administration est un partenaire-clé dans le cluster, prévenant les problèmes et conflits et les réglant dans l'œuf au fur et à mesure qu'ils surviennent. Le système bancaire est intégré dans ces institutions, et il est tenu de créer les instruments financiers compatibles avec l'activité de la petite entreprise, notamment ce que l'on appelle le capital-risque.

En Algérie, les entreprises de plus de 50 emplois sont si peu nombreuses et sont si dispersées dans l'espace et dans leurs activités, qu'il n'est pas possible d'espérer en tirer des clusters à moyen terme. Toutefois, 20 ans après la libéralisation, on peut constater que çà et là il s'est formé des grumeaux industriels qui font figure de clusters à l'état embryonnaire. C'est visible à l'œil nu pour les IAA dans la région de Bejaia, l'électronique à Bordj Bou Arreridj et à Sidi Belabbès[1], etc. Les entreprises (dont beaucoup ne sont pas des PME ou sont des PME qui ont grandi) consacrent beaucoup de leurs énergies à résoudre de faux problèmes (des problèmes qui ne devraient normalement pas se poser) pour dépasser les obstacles qu'une administration toute puissante, mais paresseuse et corrompue dresse sur leur chemin. Les problèmes financiers, les problèmes du foncier, les problèmes de la qualification de la main-d'œuvre, les problèmes de la bureaucratie… les épuisent et les empêchent d'être pleinement compétitives. Des entreprises qui arrivent à survivre dans un environnement aussi hostile, feraient des miracles si elles pouvaient bénéficier d'un climat moins stressant, au sein de clusters où il leur sera possible de bonifier leurs qualités et d'atténuer leurs faiblesses. Pour commencer, il s'agira d'accompagner les noyaux qui sont apparus spontanément puis de manœuvrer à orienter les investissements nationaux et étrangers de façon à obtenir sur tout le territoire national, des bases industrielles cohérentes et compétitives[2].

255- Améliorer l'environnement de l'entreprise

Le succès d'une entreprise dépend de deux types de facteurs. Des facteurs qui lui sont internes et sur lesquels elle a pouvoir d'action

---

[1] Ce même constat a été également fait par les auteurs d'une réflexion conduite sous l'autorité du ministère de l'industrie en 2007, dans une tentative de ré-industrialisation, mais le projet a été mystérieusement abandonné par le gouvernement sans aucune explication.

[2] Il est inutile de préciser que les clusters ne sont pas à vocation industrielle uniquement, ils peuvent apparaitre dans le service et dans l'agriculture. Ils peuvent être mixte ou multifonctions, impliquant simultanément agriculture, industrie et services. C'est notamment le cas pour les industries agroalimentaires.

(nouveaux investissements, R&D, formation, budget de publicité, approvisionnement, coopération…) et des facteurs qui lui sont extérieurs (ou exogènes) que lui impose son environnement et sur lesquels elle n'a pas pouvoir d'agir, ou si peu. Ce n'est pas toujours avéré, mais l'on est en droit de supposer que les déterminants internes sont parfaitement maîtrisés, de sorte que les seuls problèmes de l'entreprise sont ceux qui lui viennent de l'extérieur. Pour une entreprise, l'environnement extérieur est formé par : le comportement du pôle de la demande (les clients), le pouvoir de négociation des fournisseurs, les conditions des facteurs de production, le poids des entreprises concurrentes, l'existence de produits de substitution, le comportement de l'Etat[1]…

L'entreprise doit déployer des moyens de surveillance des acteurs de son environnement et essayer de s'adapter aux changements qui y interviennent pour essayer de les tourner à son avantage. Certains de ces changements sont des contraintes tandis que d'autres sont des avantages. C'est l'Etat qui doit veiller à ce que la concurrence ne soit pas biaisée par certains acteurs en faveur d'eux-mêmes ou d'agents tiers. C'est en ce sens qu'une administration lourde, incompétente et corrompue introduit des éléments de perturbation qui permettent aux mauvaises entreprises de malmener les bonnes et éventuellement de les évincer du marché.

Dans un pays où les entrepreneurs font leur apprentissage dans le métier, l'Etat reste un important facteur de stabilité. Il doit veiller à calmer le jeu des acteurs (amateurs sommes-nous tentés d'ajouter) affolés à l'idée d'une sanction par le marché. L'environnement de l'entreprise compte également deux institutions majeures qui, pour l'heure, sont loin de jouer leur rôle au service de la compétitivité des entreprises. Il s'agit de l'université et de la banque.

L'université

Nous mettons sous le titre « Université » l'ensemble du système d'éducation/formation et de recherche, public et privé. Ce système est un coûteux investissement qui vise d'une part à participer à l'avancée des sciences fondamentales et d'autre part à améliorer les performances de l'économie nationale en mettant à disposition des entreprises les personnels compétents dont elles ont besoin pour les approvisionner en flux réguliers d'innovations. En Algérie,

[1] C'est encore Michaël Porter (1990) qui a développé le noyau de cette analyse connue sous le nom de *diamant de Porter*.

l'université joue un rôle très ambigu, donnant l'impression qu'elle tourne sans objectif précis, dans le vide, même. Vivant comme dans une bulle, elle n'est portée par aucune philosophie, s'en allant glisser selon la ligne de moindre pente, sans vocation et sans destination. Ce qui explique que le chômage des diplômés de l'université soit 10 fois supérieur à celui de ceux qui n'ont aucun diplôme. Les mathématiques et l'anglais les deux piliers de la Science dans le monde contemporain, y sont des espèces en voie de disparition. Le niveau général de l'étudiant moyen est faible et l'esprit religieux tend à surclasser le discours scientifique sur les campus. L'ensemble du système doit dans les meilleurs délais subir une profonde réforme qui doit le soustraire aux pernicieuses influences du politique et du religieux.

La banque

Sous le label « Banque », il faut entendre l'ensemble du système monétaire et financier : ministère des Finances, Banque d'Algérie, Bourse d'Alger, banques commerciales, Trésor, caisses spécialisées, fonds de pension… La banque algérienne vit encore au moyen-âge, s'étant mise très en retrait des bouleversements technologiques et économiques des XX° et XXI° siècles. Le chèque qui est en voie de disparition dans le reste du monde y est encore un produit exotique ; les paiements se font en cash et de grosses sommes sont transportées dans des sacs en plastique. Les banques n'ont pas progressé d'un millimètre depuis la lointaine époque où elles finançaient les grandes sociétés nationales sous l'option socialiste[1]. Aujourd'hui encore elles appliquent les mêmes conditions de prêt aux petites entreprises privées qu'elles appliquaient aux grandes entreprises nationales. Une demande d'emprunt peut attendre jusqu'à deux années avant de recevoir une réponse (qui peut être favorable ou non). Si cela peut se comprendre s'agissant de financer une raffinerie ou un complexe sidérurgique dont la durée de maturation est longue, il n'en va pas de même pour une PME dont les marges de manœuvre sont de quelques jours ou quelques semaines. Quant aux notions d'émission d'actions et d'obligations, de marché primaire, marché secondaire, second marché… elles sont parfaitement étrangères. On ne peut envisager de sérieuse relance de l'industrie qui ne soit pas précédée d'une refonte profonde de la banque.

---

[1] L'Etat a du mal à imposer le chèque pour des opérations inférieurs à un million de dinars, soit quelques 10 000 dollars.

Améliorer l'environnement de l'entreprise (ou climat des affaires) est le vœu pieux de tous les gouvernements qui se sont succédé depuis un quart de siècle, mais c'est plus facile à dire qu'à faire, au regard de la médiocrité des résultats obtenus.

256- Revenir vers l'industrie et la grande entreprise

Les économistes divisent l'activité économique en trois grands secteurs qualifiés de primaire (agriculture et activités extractives), secondaire (industrie) et tertiaire (services), ainsi désignés selon leur ordre chronologique d'apparition. Il y a une grande interactivité entre les trois secteurs et c'est l'industrie qui joue le rôle de pivot, déterminant la place et le poids de chacun des deux autres. L'industrie est la source de la richesse des nations. Les Etats-Unis, le Japon, l'Allemagne, la Grande-Bretagne, la France, la Chine... font reposer le poids de leur puissance sur la puissance de leur industrie. C'est une industrie forte qui fait une agriculture forte et ce sont les besoins d'une industrie forte qui appellent à l'émergence d'un secteur des services puissant (recherche, formation, finance, marketing, commerce, transport, communication, publicité...)[1]. L'Algérie a bien entrevu cette vérité au lendemain de l'indépendance, mais son expérience a tourné court.

Si nous comptons pour « industrie » les réalisations des années 70/80, le processus de désindustrialisation s'est opéré dans le même temps que s'est construite la base industrielle. Le démantèlement s'est présenté sous la forme d'une sous-utilisation des capacités de production installées, de goulots d'étranglement (une usine tarde à venir perturbant la bonne marche des usines en amont et en aval), d'un taux d'absentéisme élevé, etc.[2]. A partir du début des années 90, le pays passe à une phase plus *hard* de désindustrialisation. Des usines sont totalement ou partiellement brûlées par les terroristes islamistes,

---

[1] La structure du PIB des pays les plus industrialisés indique que le « Service » s'y taille une part de plus de 80 % et l'industrie n'y représente qu'entre 10 et 15 %. Toutefois, c'est l'industrie qui permet l'explosion du service.

[2] Anecdote : Au port d'Alger, un jour on a trouvé une grande machine dans sa caisse d'emballage, après enquête il s'est avéré qu'elle faisait partie de l'équipement d'une usine qui a été inaugurée quatre ans plus tôt. Personne ne s'est aperçu qu'elle manquait.

des entreprises sont dissoutes, d'autres sont réduites à un fonctionnement minimaliste et il n'y a plus d'investissements nouveaux. Dans les entreprises nationales promises à la privatisation, les managers sont tétanisés, n'osant faire un geste, marinant dans l'anxiété de savoir qui va les reprendre et à quelles conditions et quel sort attend chacun ? L'attente dura plusieurs années au cours desquelles les machines sont exposées à toutes les agressions possibles (rouille, vol, obsolescence) et la plupart d'entre elles ne sont plus que des ruines. L'Algérie passe du pays le plus industrialisé d'Afrique à l'un des moins industrialisés ; la contribution de l'industrie publique dans le PIB stagne en dessous des 5 % alors qu'elle est de 13 % en Ethiopie, par exemple.

La faillite de l'industrie a entraîné celle de l'agriculture et celle du tourisme. Le discours officiel essaie de faire croire que le tourisme pourrait être une alternative sérieuse aux hydrocarbures et par-delà à l'industrie. Les décideurs semblent se tenir le discours suivant : *nous avons essayé l'industrie, cela n'a pas marché, c'est trop compliqué ; c'est pourquoi nous allons nous rabattre sur le tourisme*. Ce qui sous-entend que le tourisme est une activité de tout repos, à la portée de l'incompétence générale et qui de surcroît procure des devises. Le sous-entendu du sous-entendu, c'est qu'il est possible de développer le tourisme en l'absence d'une solide base industrielle. Aujourd'hui les hôtels, les tramways, les chemins de fer, les ascenseurs, les équipements et ustensiles de cuisine, la nourriture et les boissons... sont importés ou réalisés avec les matériaux importés, dans une fourchette de 80 % à 100 %. La même conclusion peut être tirée à propos de l'agriculture parce que là encore on semble faire peu de cas de l'industrie dont on semble ignorer ou minorer le rôle dans l'essor du secteur agricole. Non seulement l'industrie est mise sous le boisseau, mais on laisse croire que la PME (et même la micro-entreprise) est représentative de l'industrie de sorte qu'encourager la PME, c'est encourager l'industrie. Or, il n'y a rien de plus faux ni de plus dangereux pour l'économie nationale.

L'Algérie a dépensé des milliards de dollars pour forcer des centaines de milliers de jeunes chômeurs qui cherchaient seulement du travail, à créer de petites entreprises et à se noyer dans des problèmes qu'ils n'ont jamais souhaité avoir à régler, courant de l'ANSEJ, à la banque, à l'hôtel des finances, à la mairie, gérant des budgets de millions de dinars, calculant des taux d'intérêt, des annuités… L'enfer ! La majeure partie de cet argent est irrémédiablement perdu, constituant un mauvais investissement pour l'Etat et une perte sèche pour le pays. Les moyens de la nation doivent être orientés vers les secteurs, les régions, les agents qui en feront un investissement parfaitement sain et rentable et l'avenir n'est pas dans la petite et moyenne entreprise (PME), mais dans la moyenne et la grande entreprises (MGE).

Conclusion

L'industrialisation fait désormais partie des mythes fondateurs de l'Algérie, que les nostalgiques se rappellent avec un pincement au cœur. C'est une époque où l'Algérien voyait avec émerveillement des usines sortir des champs et cela ne l'inquiétait pas outre mesure que des usines sortent des champs ; du moment que les dirigeants disent que c'est bon. Sevré, humilié, dominé depuis si longtemps, son ego s'est déjà payé, rien que par l'existence de ces mastodontes industriels ; peu importent la productivité, la compétitivité, la rentabilité… et tous les autres problèmes qui fâchent.

De mauvais choix stratégiques, des erreurs de gestion, des problèmes objectifs, la malchance… ont poussé le pays droit dans le mur, mettant fin à cette fascinante expérience d'industrialisation et de développement. De la crise émerge un pays nouveau, où l'Etat cède devant le marché, l'entreprise publique devant l'entreprise privée, la grande entreprise devant la petite… Toutefois, mille facteurs ont freiné le processus de transition et allongé sa durée. L'ancien paradigme s'effiloche alors le nouveau n'arrive pas à se mettre en place. Le pays patauge depuis plus de 20 ans, dans un *no-man 's-land* glauque qui évoque les sables mouvants où celui qui y est pris déploie beaucoup d'énergie, mais sans avancer d'un iota.

Tout le pays flotte dans une atmosphère hallucinatoire où personne ne veut regarder de peur de voir la vérité, que le pays n'a pas d'industrie, ni d'économie, que la création de PME n'est pas création d'entreprises, que création d'entreprises n'est pas industrialisation… En 2015, le prix du pétrole plonge, rappelant aux Algériens combien leur pays peut être mauvais élève. Une fois de plus, le manque de clairvoyance, la corruption et l'injustice ont fait rater le virage à l'Algérie. Après la crise des années 90, le pays a eu sa seconde chance, faite d'une stabilité politique (les mêmes hommes sont au pouvoir depuis 17 ans), d'une paix revenue (mais si ce n'est qu'une paix des braves), des ressources en devises fabuleuses,… mais tout ce capital a été dilapidé. Et tout le monde revient à la case de départ.

Chapitre 3
ECOLE
Le futur imparfait

En entrant dans le XXI° siècle, l'humanité a abordé, également, l'ère des économies fondées sur la connaissance. Ce que cela apporte de nouveau, c'est que la fracture marxienne qui distingue entre riches et pauvres, exploiteurs et exploités… est en voie d'être dépassée pour une division plus technique entre *ceux qui savent* et *ceux qui ne savent pas*. Jamais fracture n'a été aussi large, profonde et infranchissable, annonçant clairement qu'une nation qui fait peu de cas de son école va au-devant de graves désillusions. En Algérie, l'éducation est le chapitre pour lequel les moyens n'ont pas été marchandés, offrant aux pouvoirs publics quelques motifs de satisfaction.

L'Etat attaque le problème de front ; progressant d'abord laborieusement puis de façon significative après le boom pétrolier de 1973, pour en arriver en 1976 à une réforme capitale, portée par les principes de *démocratisation*, *arabisation* et *algérianisation*. Vaste projet s'il en fut, qui implique des millions d'Algériens et des milliards de dollars. Toutefois, le projet n'a pas d'objectifs au-delà d'arabiser-algérianiser-démocratiser. Que deviendront, que feront les millions de gens à la sortie du *pipe* ? Le projet reste vague sur la question et il est incompréhensible que dans tout le texte, on ne trouve pas une seule ligne qui fasse la relation avec l'économie.

Le secteur économique, pour sa part, ne donne aucun signe pouvant indiquer qu'il puisse avoir besoin de l'école. Ecole et entreprise évoluent dans des univers parallèles, ratant chacune sa vocation. Nous avons déjà vu comment l'entreprise (qu'elle soit agricole ou industrielle), nous consacrons le présent chapitre à analyser les errements de l'école et leur impact sur l'économie. Au préalable, toutefois, il est indispensable de replacer le sujet dans son cadre théorique.

1- CH ET KBE

Capital humain (CH) est un concept relativement récent. La pensée orthodoxe enseigne, en effet, qu'il existe deux principaux facteurs de production par le moyen desquels on peut produire n'importe quel bien ou service : le capital et le travail. Le travail est représenté par l'élément humain et le capital agrège l'ensemble des moyens utilisés par le travailleur, au cours du processus de production d'un bien donné. Forger un néologisme qui combine *capital* et *travail* pourrait passer pour un non-sens, mais ce n'est pas vrai, car le *capital humain* n'est pas plus du capital que du travail, c'est une capacité, non pas de production, mais de création. Toute entreprise fait implicitement sienne la devise des Jeux Olympiques *citius, altius, fortius* (plus vite, plus haut, plus fort), mais pour que cette devise ne soit pas un slogan creux, l'entreprise doit posséder les personnels qui jouissent des capacités de *créer*, au sens divin. Créer de nouvelles idées, de nouveaux produits, de nouvelles techniques de production, de nouvelles techniques de gestion… En un mot, faire reposer sa prospérité sur les idées.

11- Le capital humain

Dans un marché de concurrence pure et parfaite, pour une entreprise donnée, il n'y a aucune condition de quelle nature que ce soit pour une entreprise à entrer dans le marché, mais il n'y en a pas, non plus pour en être évincée. Toute entreprise vit sous la menace de se faire éjecter à chaque instant du marché. Pour éviter une telle déconvenue, elle doit mener un combat sans répit contre les pressions exercées sur elle par les entreprises qui produisent le même bien et celles qui produisent des biens de substitution, les consommateurs, les fournisseurs d'équipements et intrants en amont, le système de recherche, l'Etat… Elle doit non seulement avoir les yeux partout à la fois, mais elle doit également se débrouiller pour avoir toujours une mesure d'avance sur son entourage. Dans cette perspective, elle explore deux pistes : la réduction des coûts et la différenciation de son produit (Michaël Porter, 1990).

La réduction des coûts

La pensée néoclassique pose comme un des postulats du marché de concurrence pure et parfaite que les prix sont donnés par le marché, de sorte qu'il n'est du pouvoir de qui que ce soit de les modifier (à son avantage). Au prix du marché, l'entreprise est seulement libre de vendre ou de ne pas vendre. Privée de l'action sur le prix, elle se rabat sur une action sur les coûts de production, qu'elle va essayer de comprimer de façon à les ramener en dessous du prix et aussi loin que possible. Plus l'écart coûts-prix est important, plus l'entreprise consolide sa position et s'assure de bons bénéfices. Pour en arriver là, elle doit bénéficier d'un flux régulier d'idées à même de rogner sur chacun des postes de coûts. Ces idées, l'entreprise peut attendre qu'elles lui soient fournies par son environnement, soit entreprendre de les produire elle-même en recrutant un personnel hautement qualifié.

La différenciation du produit

Différencier son produit consiste à lui conférer certaines caractéristiques qui le distinguent et le démarquent du produit standard offert sur le marché[1]. Ayant reçu en propre un certain nombre de qualités (ou des caractéristiques) le produit devient unique puisque l'entreprise est la seule à le produire dans sa nouvelle configuration. Chaque entreprise jouit d'un monopole de fait sur ce qu'elle produit. Les produits des différentes entreprises qui arrivent sur le marché n'étant plus standardisés ne peuvent plus avoir un prix unique. Toute entreprise va essayer de convaincre les consommateurs que son produit est meilleur que les autres et qu'il mériterait d'être payé à un prix supérieur. La différenciation pousse les prix à la hausse, alors que la concurrence les pousse à la baisse. Différencier un produit sans en altérer les qualités est une mission délicate qu'il faut confier à des personnes extrêmement compétentes.

La mise en œuvre de ces deux politiques requiert des compétences de haut niveau, car les actions portent à la fois sur les niveaux technologique et managérial et touchent un nombre non déterminé de variables. Les changements peuvent être majeurs ou porter sur des détails, mais il faut constamment trouver des idées de changement pour réduire les coûts et/ou pouvoir vendre plus cher. C'est une

[1] Si on part de l'hypothèse que toutes les entreprises distinguent leurs produits, c'est le produit standard qui disparait, évidemment.

question de vie ou de mort pour l'entreprise que d'avoir à sa disposition les « meilleurs », c'est-à-dire ceux qui ont reçu une formation poussée qui les rend aptes à « trouver des solutions »[1]. Toutes les entreprises étant dans des dispositions similaires, elles vont s'arracher littéralement les « meilleurs » qui sont une denrée bien rare sur le marché[2] et ce titre coûtent très cher.

Les *Trouveurs de solutions* reçoivent des rémunérations élevées parce qu'ils sont rares et ils sont rares parce que leurs compétences à concevoir des solutions originales aux problèmes de l'entreprise ne sont pas inscrites dans leurs gènes, elles sont acquises au cours d'un processus long, coûteux et extrêmement sélectif d'où n'émerge qu'une poignée de surdoués. Le temps, l'argent et l'énergie engagés dans l'opération sont un investissement qui doit être rentable. Les coûts d'investissement sont représentés d'une part par les dépenses directes de formation (hébergement, transport, documentation, équipement spécifique…) et par la somme des salaires auxquels l'individu renonce durant les années de sa formation, d'autre part. C'est ce qui explique l'exigence de gros salaires, pour amortir l'investissement. On pourrait rétorquer qu'une entreprise ne donne pas un gros salaire à quiconque en demande un ; le salaire étant pour elle un élément de coûts, elle n'a aucun intérêt à ce qu'il soit élevé. Ce qui l'incite à déroger à cette règle, c'est la pression de la concurrence, les entreprises se battent et doivent se battre pour s'accaparer des meilleurs puis pour les empêcher de leur être arrachés. Un gros salaire est un argument convaincant[3].

Cette approche est un tournant dans la vision que nous avons de la science et de la connaissance, car jusqu'à récemment, le savant était encore ce grand naïf qui cherche à percer les mystères de l'univers et qui se sentirait profondément offensé si on venait à établir une relation directe entre sa passion et l'appât du gain (Pasteur, Einstein, Fermat, Bohr, Heisenberg… en sont des archétypes). Aujourd'hui, le savoir a acquis un caractère vénal, on fait des études longues pour

---

[1] Robert Reich (1993) appelle cette catégorie d'employés les *Trouveurs de solutions* pour les distinguer des *Travailleurs routiniers* qui se contentent de répliquer et de dupliquer des produits mis au point par les premiers.

[2] Pour comprendre cette logique de comportement, il suffit de suivre comment les clubs de football s'arrachent les meilleurs joueurs en leur proposant des avantageux supérieurs à ceux des concurrents.

[3] Le salaire peut être monétaire mais aussi intégrer une partie en avantages de toute sorte : portefeuille d'actions, appartement, voiture, billets d'avions, voyages…

gagner plus d'argent. C'est une véritable révolution silencieuse qui met l'éducation au service de la compétitivité des entreprises. Les études sont un moyen de gagner plus, en faisant gagner plus aux entreprises. Dès que cette logique est admise et assimilée, une frontière commence à s'instaurer entre « ceux qui savent » et « ceux qui ne savent pas ». Les premiers ont toutes les chances d'être riches et les seconds d'être pauvres. « Savoir » commence à se conjuguer avec « Avoir » et parfois-même avec « Pouvoir ».

12- L'économie fondée sur la connaissance

Depuis trois ou quatre décennies, les facteurs d'attractivité traditionnels (main-d'œuvre à bon marché, matières premières,...) perdent de leur pertinence au profit d'autres facteurs tels que la grande qualification de la main-d'œuvre, une législation moins contraignante, un marché important, des sous-traitants de qualité,... La raison est que le poids de la matière première et de la main-d'œuvre non-qualifiée dans le coût d'un bien tend à devenir négligeable. Par exemple, la quantité de matière première dans un téléphone *Nokia*, dans le logiciel *Photoshop* ou dans un parfum Gucci est proche de zéro. Les nouveaux postes de coûts sont la R&D, le *design*, le *marketing*, la publicité, la finance... fonctions grosses consommatrices de compétences très pointues. La compétitivité de l'entreprise, l'élargissement de son marché, le niveau de ses profits... sont déterminés par sa capacité à produire de la connaissance (technologique, organisationnelle...). C'est un nouveau paradigme où la connaissance scientifique est à la base de la compétitivité et de la survie de l'entreprise. C'est pourquoi les économistes parlent d'économie fondée sur la connaissance ou *Knowledge Based Economy* (KBE).

La connaissance véhicule intrinsèquement deux vertus antagoniques. D'une part, c'est un bien *non-rival*, ce qui signifie que son usage par l'un ne l'épuise pas et n'empêche pas son utilisation simultanément par d'autres et de manière illimitée. D'autre part, c'est un bien *excluable*. Ici, il ne s'agit pas d'une caractéristique technique, mais d'un artifice juridique ; celui qui possède (qui a produit) une nouvelle connaissance peut contourner son caractère non-rival en manœuvrant de façon à ce qu'elle ne puisse pas être utilisée par d'autres : il brevette son invention pour en interdire l'usage par ses concurrents, durant une période donnée. Ces deux caractéristiques sont très importantes pour le développement de la théorie de la croissance endogène. Cette théorie a été énoncée en 1986, mais depuis lors, elle a reçu de nombreux perfectionnements[1], aussi bien de la part de Romer lui-même[2] que d'autres auteurs comme R. Lucas, R. Barro, Ph. Aghion, Sala-i-Martin. Rappelons-en les principaux éléments.

L'entreprise est le siège d'un dilemme que lui impose la double nature de la connaissance. D'une part c'est un bien productible qui a un coût de production et d'autre part son caractère non-rival en fait un bien public mis à la portée de tous. Ainsi, l'entreprise qui investit beaucoup dans la fonction de R&D aura des coûts supérieurs à ceux de celle qui ne fait pas de R&D mais profite gratuitement de ce que font les autres. Elle s'expose donc à la sanction par le marché, c'est-à-dire la faillite. Aucune entreprise n'a intérêt à faire une recherche dont elle subira seule les charges et dont elle partagera les retombées avec toutes les entreprises du secteur. Elle va donc s'abstenir d'en faire, ce qui serait la solution du pire aussi bien pour l'entreprise elle-même que pour l'ensemble de l'économie. Heureusement qu'il n'est nécessaire d'arriver à de tels extrêmes ; il suffit d'un dispositif juridique approprié destiné à protéger les entreprises qui font des trouvailles. La législation permet à celui qui fait une innovation d'en jouir en exclusivité durant un certain temps, à l'issu duquel va enfin s'appliquer la clause de non-rivalité (on dit que l'invention tombe dans le domaine public)[3]. Dès lors que l'entreprise est assurée de pouvoir amortir les fonds qu'elle investit dans la recherche, il devient clair pour tous que désormais le niveau des profits va être déterminé directement par le potentiel en R&D que l'entreprise développe en son sein. La prospérité et la compétitivité de l'entreprise sont déterminées par sa capacité à produire des nouveautés et au-delà par la constitution d'un personnel hautement qualifié, chargé de trouver de nouvelles idées.

En développant une fonction de R&D, l'entreprise acquiert une grande autonomie en matière d'innovation. Elle se départit du

---

[1] Romer (Paul): Increasing returns and Long-Run Growth. The Journal of Political Economy, Vol. 94 N° 5 (Oct. 1986), pp 1002-1037

[2] Romer (Paul): *Increasing returns and new developments in the theory of growth.* NBER Working Paper Series N° 3098, September 1989.

[3] Par exemple ; les médicaments génériques sont des copies de médicaments qui sont tombés dans le domaine public.

comportement passif qui consiste à attendre que son environnement (notamment l'université) fasse des découvertes qui soient susceptibles de l'intéresser. Elle s'engage elle-même dans la recherche sur les axes qui l'intéressent et ce faisant, elle assure elle-même les conditions de sa prospérité, d'où le qualificatif « endogène » dans l'expression « croissance endogène ».

2- LE SYSTEME EDUCATIF DE L'ALGERIE

L'école algérienne (tous paliers confondus) est une gigantesque structure de plus de 10 millions d'individus et qui bénéficie du premier budget après celui de la défense nationale. D'énormes sacrifices sont consentis par le peuple pour l'éducation de ses enfants et il est attendu à ce que ce coûteux investissement ait des retombées sur la compétitivité des entreprises et la prospérité de toute la nation. En chiffres, il est difficile de déterminer l'impact de l'investissement dans l'éducation sur l'évolution du PIB. Si l'économie nationale est le miroir de l'école, alors l'école est vraiment mal en point. Essayons de comprendre la nature du mal qui frappe l'école.

21- Les conditions de départ

Un conquérant évinçant l'autre, l'Algérie a traversé les siècles dans l'obscurité d'une colonisation constamment renouvelée. Passant de serf à sujet et de sujet à serf, l'Algérien, n'a à aucun moment, pu accéder au savoir universel de son temps. Il a bien fait une timide contribution aux bouleversements scientifiques qui ont fait le lit de la révolution industrielle, mais s'en détourna très vite laissant les effets induits se déployer en Europe[1]. La colonisation française a duré 132 ans, mais elle a eu tout son temps pour sculpter et creuser les cicatrices les plus profondes. La France est arrivée en Algérie alors qu'elle faisait ses premiers pas dans l'univers nouveau de la révolution industrielle qui a éclaté en Angleterre un demi-siècle plus tôt. Au-delà des raisons que les historiens fournissent pour justifier la conquête de l'Algérie, il est certain que ce qui intéressait la France

[1] Fibonacci (1175-1240) a étudié à Bejaia, les mathématiques qu'il a contribué à transmettre à l'Europe. Aujourd'hui une promenade porte son nom dans cette ville.

c'est moins les trois millions d'âmes que compte la population[1] que le vaste territoire qui est susceptible de receler d'importantes richesses du sol et du sous-sol qui vont propulser l'industrie française naissante. La population est mise en marge de la marche du monde et du progrès scientifique et technique et les tentatives d'alphabétisation entreprises dans l'urgence après les événements de mai 1945 n'ont pas modifié la configuration scientifique du pays. Ce qui autorise à dire que tout était à faire, à l'indépendance.

Pour la rentrée 1965-66, le nombre d'enseignants s'élève à 30 672, parmi lesquels 22 173 Algériens et 8 449 étrangers. Parmi les Algériens, 3 sur 5 n'ont qu'un certificat d'études (André Tiano, 1967). Même s'il n'est pas totalement fiable au regard des moyens de l'époque, le RGPH de 1966 indique une population de 13 122 912 habitants, sur lesquels trois personnes sur quatre n'ont jamais mis les pieds à l'école et sont totalement analphabètes. Ceux qui ont fait l'université ne dépassent pas les 25 000. Entre les extrêmes on trouve ceux qui ont fait l'école primaire ou l'école coranique. L'Algérie est vraiment partie de très loin, et elle doit tout construire pierre par pierre.

Voyons ce qui a été fait.

22- Des réformes qui déforment

Conséquence du baby-boom d'après-guerre, des flots d'élèves assaillent les établissements, laissant peu de marge à la réflexion sur le type d'école qu'il faut pour les Algériens. Il fallait prendre le train en marche et reconduire le système en place, palier à ses insuffisances avec les moyens de bord, rafistoler les infrastructures, prendre des initiatives dans l'urgence, etc. La pression est telle que cette manière de faire s'inscrit dans la durée. Le déficit en enseignants est comblé par l'enrôlement d'un personnel sans qualification et par l'appel à la coopération internationale, notamment arabe. La plupart des enseignants, algériens comme étrangers, n'ont pour tout bagage que leur enthousiasme. Quand le gouvernement a entrepris de réformer le secteur, l'ornière était creusée et profonde, le mal est devenu irréversible.

---

[1] De chauds débats se sont même engagés sur l'opportunité de faire de l'Algérie une colonie de peuplement (en remplaçant progressivement la population indigène par une autre ramenée de la métropole).

La première grande réforme a été mise en œuvre en 1971 et elle a touché l'université, avec pour objectif de fournir la main-d'œuvre hautement qualifiée dont avait besoin l'économie qui venait de démarrer le premier Plan Quadriennal. Cependant, comme pour respecter un mystérieux équilibre universel, il a été accroché à cette décision lumineuse, un côté noir, introduit par le projet d'arabisation.

Figure 1 : Effectifs élèves à la veille de la réforme de 1976 (million)

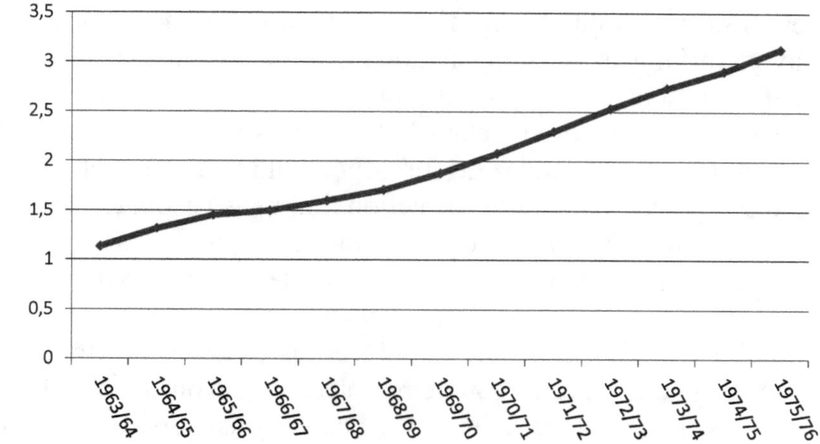

Source : ONS. Rétrospective Statistique 1962-2011, Education

Cette première réforme va être complétée par l'ordonnance de 1976 qui instaure l'école fondamentale. Il est fixé à cette réforme trois objectifs que l'on peut synthétiser par le triptyque : algérianisation-démocratisation-arabisation. Il est facile de voir que le projet ne véhicule aucune préoccupation de type économique, se donnant tout entier aux préoccupations politiques qui consistent à limer les aspérités jusqu'à faire de l'Algérien un module standard sans aspérités et sans spécificités : un homme nouveau. En réalité, sur cette page blanche, il est prévu d'implanter un nouveau matériau génétique véhiculant l'islamisation de la société. L'assaut est conduit par Taleb Ibrahimi, président de la commission nationale chargée de la refonte de l'enseignement (1970), qui déclare :

Nous avons souligné à ce propos que l'Islam était la valeur des valeurs dans la vie algérienne, et que les autres valeurs ne devaient leur importance, leur existence et la considération dont elles jouissent, qu'en

fonction de l'harmonisation ou du parallélisme de leurs liens avec l'Islam, ou bien parce qu'elles en tirent leur origine ou lui sont soumises.
Rapporté par Nouria Benghebrit (2001)

C'est sans ambiguïté, l'école est mise au service de la religion, tout le reste n'est que détail. Les grands principes d'algérianisation, démocratisation et arabisation ne sont que des faire-valoir, au mieux des complices. Examinons-les.

Algérianisation

L'algérianisation est un concept flou, mais qui vise à faire croire que nous avons affaire à un projet nationaliste par essence. L'idée est largement alimentée par un discours servi jusqu'à saturation présentant l'Algérien comme étant l'être le plus beau, le plus fort et le plus intelligent du monde. Le message subliminal que cette idée véhicule est qu'ayant atteint la perfection il n'a pas besoin d'évoluer, d'apprendre, de comprendre... C'est pourquoi, les aspects économiques du projet n'apparaissent pas, le contenu politique y supplée largement. Aujourd'hui encore nul ne sait si par « algérianisation » il est visé de remplacer les enseignants étrangers par des enseignants algériens ou de remplacer le savoir universel par un simili-savoir d'essence algérienne. Dans le discours, on met en avant la première possibilité, mais la pratique on fait avancer la seconde ; ce qui donne un système éducatif où l'espace vital des mathématiques et les langues étrangères est accaparé par l'enseignement religieux[1]. Un enseignant capable de dispenser un cours de mathématiques ou de chimie a forcément un diplôme, mais pour distiller quelques vagues principes religieux, n'importe qui peut convenir.

Démocratisation

La démocratisation apparaît comme un si noble principe d'organisation de la société qu'aucun des pays devenus indépendants dans la seconde moitié du XX° siècle, n'a osé ne pas l'inclure dans son « panier ». L'Algérie qui s'annonce comme démocratique et populaire, qui se donne pour seul héros le peuple et qui embrasse le socialisme à bras le corps, ne peut faire moins qu'ajouter « démocratisation » dans tout ce qu'elle fera, quitte à se demander plus tard : qu'est-ce qu'on va bien mettre dedans ? L'idée

[1] Il va de soi que lorsqu'on dit « religion », on n'entend rien d'autre que l'Islam. Les autres religions sont poussées dans la clandestinité.

d'offrir une éducation gratuite et obligatoire jusqu'à 16 ans, à tous est généreuse et courageuse si elle ne cachait pas un piège qu'on ne commencera à entrevoir qu'au bout de quelques années lorsque les masques tomberont. L'école est devenue un moule égalisant et débilitant dans lequel les connaissances scientifiques ont du mal à se garantir une place parmi une masse d'idées charlatanesques. En quelques années, elle devient une formidable machine à produire et à diffuser l'ignorance et l'obscurantisme, applicables à tous.

Arabisation

L'arabisation repose sur le désir du « Pouvoir » de donner à la langue arabe le monopole sur tout ce qui se dit et s'écrit sur l'ensemble du territoire national et en toutes circonstances. La Charte nationale (1976) l'introduit en ces termes :

> *La langue arabe est un élément essentiel de l'identité culturelle du peuple algérien. On ne saurait séparer notre personnalité de la langue nationale qui l'exprime. Aussi l'usage généralisé de la langue arabe et sa maîtrise en tant qu'instrument fonctionnel créateur, est une des tâches primordiales de la société algérienne au plan de toutes les manifestations de la culture et à celui de l'idéologie socialiste.*
>
> Charte nationale, Titre troisième, chapitre 1.

Il s'agit d'arabiser ici et maintenant, à tout prix, pour le simple plaisir de le faire, peu importe si cela coûtera beaucoup et ne rapportera rien. A la tâche, néanmoins, il s'avéra que c'est plus facile à dire qu'à faire, ce qui suggéra aux partisans de l'arabisation de changer d'angle d'attaque : s'il est ardu de construire la langue arabe, il suffira de démolir tout ce qui n'est pas la langue arabe et par-delà tout ce qu'est n'est pas arabe ou prétendu tel. Une chasse à *l'autre* s'engage ; les langues algériennes sont tout simplement niées et les langues étrangères rejetées comme stigmates du colonialisme et facteur de déculturation et de dénaturation. Des cadres très compétents sont brimés, humiliés, dégradés, insultés parce qu'ils ne maîtrisent pas l'arabe, par des personnes qui ne maîtrisent que l'arabe. Dans un aveuglement, digne d'une meilleure cause, ils ont réussi à infliger à la nation des traumatismes dont elle n'a pas fini de payer le prix.

Placée délibérément au cœur d'un conflit politique, l'école perd de vue ses missions originales et du même coup le nord. Elle s'en va errant sans boussole, répondant aux pressions d'évènements conjoncturels et aux sollicitations de puissances occultes. Elle patine et tout le pays avec elle. Pour ne pas entrer en conflit ouvert avec la politique d'arabisation, l'économie tout entière est libérée de ses devoirs d'être productive et compétitive, pour être suspendue aux évolutions du prix du baril de pétrole. La médiocrité qui, au début pouvait passer pour le prix de l'apprentissage, s'installe dans la durée et devient la norme avec laquelle tout le monde a appris à composer. Malika Boudalia-Greffou (1989) a montré toute l'inanité de l'école algérienne (qui enseigne aux petits Algériens l'arabe exactement comme l'Amérique l'enseigne à ses soldats qui vont opérer dans des pays arabes). De fait, si l'école était une entreprise, il y aurait longtemps qu'elle aurait été mise en faillite, tant ses résultats sont décevants. Les rendements du système sont catastrophiques. Quelques exemples aideront à nous situer.

- En 2011, l'Algérie affiche un taux d'alphabétisation de 91,9 %, ce qui la situe à la 94ème place sur 183. Elle se trouve exactement au milieu du tableau derrière des pays comme la Palestine, les îles Fidji, l'Ouzbékistan, la Guinée équatoriale, le Koweït. Le classement du PNUD repose sur une approche minimaliste de l'analphabétisme, à savoir qu'est considéré comme analphabète tout individu qui ne sait ni lire ni écrire dans aucune langue. En réalité, avoir quelques rudiments de lecture et d'écriture dans une langue participe à l'amélioration du bien-être général de la population, mais laisse celle-ci sans ressources dans l'univers de la *Longue Queue*[1]. Dut la population être totalement alphabétisée, au sens de la définition ci-dessus, jamais elle ne pourra donner naissance à une économie fondée sur la connaissance. Savoir lire et écrire est une grande avancée, mais c'est aussi un attribut du passé. Marshall Macluhan (1968) explique comment dans le monde contemporain ; avec la complicité de l'écriture, les yeux évincent les quatre autres organes de sens[2]. Toutefois, avec l'extraordinaire développement des TIC, ce paradigme s'étiole, rendant à son statut d'analphabète celui qui sait lire et écrire. Que peut signifier un taux d'alphabétisation de 92 %, quand le taux d'activité des femmes est

[1] La longue queue (ou longue traine, dans la traduction en français) est un concept forgé par Chris Anderson pour expliquer comment Internet bouleverse le « business » à l'échelle mondiale. L'ouvrage s'intitule *The long tail*, mais son sous-titre est bien plus explicite: *why the future of Business is selling less of more.*

[2] Par exemple pour savoir si quelque chose est chaud ou froid, il n'est plus nécessaire de le **toucher**, mais seulement de **lire** la température sur un cadran.

l'un des plus faibles du monde, quand les charlatans ont meilleure presse que les universitaires, quand le taux de pénétration d'Internet est parmi les plus bas du monde, quand un licencié ne sait pas écrire une lettre… ?

- Le baccalauréat est un tournant dans la vie de l'individu ; l'avoir lui vaut un statut, mais le rater le jette dans la masse des anonymes qui vont retourner à un statut d'analphabètes et au lot des métiers non-nobles et faiblement rémunérés. Toutes les familles font d'énormes sacrifices et exercent d'énormes pressions pour le succès de leurs enfants. Les résultats du bac s'avérant très décevants, les pouvoirs publics ont introduit un certain nombre de manipulations pour les améliorer à peu de frais (rachat, deuxième session, seuil des cours[1], grande tolérance au copiage…). Aujourd'hui, alors que la situation empire avec des classes surchargées, des grèves longues et régulières, un niveau des enseignants qui laisse à désirer, une violence latente et de plus en plus apparente… le taux de réussite au bac plane à des hauteurs qui le rendent suspect.
- Les élèves qui ont raté le bac sont considérés et se considèrent comme des « ratés » qui n'ont pas fait d'études. Ils en parlent exactement comme si les 12 années qu'ils ont passées à l'école fondamentale ne procurent aucun savoir, aucun savoir-faire ou compétence à valoriser pour en vivre. De fait, un grand nombreux d'entre eux verse dans des métiers manuels.

La réforme de 1976 sera suivie par de nombreuses autres qui promettent monts et merveilles, mais aucune ne touche aux fondamentaux qui dressent leur masse entre l'Algérien et la science : arabisation et islamisation. La timide introduction de *tamazight* ces dernières est un simple cheval de Troie destiné à faire taire les critiques afin de poursuivre en toute liberté la consolidation de l'arabisation. En 2000, il a été mis sur pied une commission présidée par le professeur Benzaghou (Recteur de l'université de Bab Ezzouar) afin de réfléchir à une refonte de l'école (en l'occurrence qualifiée de sinistrée). Après, semble-t-il, un énorme travail en profondeur auquel ont participé plusieurs dizaines de contributeurs aux compétences

[1] Dès début mai, les élèves exigent que les examens du Bac portent sur la première moitié du programme officiel et ils obtiennent gain de cause.

avérées, la commission rendit son rapport. Puis on n'en parle plus. L'inamovible ministre de l'Education nationale lance une réforme de son propre cru, à partir de la rentrée 2003. Cette réforme met encore au cœur du système, les principes d'arabisation et d'islamisation, déguisant le projet rétrograde sous de vagues références aux valeurs universelles. En 2008, le même initie une nouvelle loi d'orientation sur l'éducation nationale (Loi 08/04 du 23 janvier 2008), mais elle ne réalise aucun dépassement significatif du système en place.

En 2012, un autre homme prend le portefeuille de l'éducation, fait une critique sévère de l'existant et met sur pieds une commission pour la refonte du système, sans faire référence au travail déjà effectué par la Commission Benzaghou. Le ministre ne dura pas et le projet avorta.

C'est une ministre qui hérita pour la première fois du secteur en 2014, chercheur universitaire spécialiste des problèmes de l'éducation, elle est créditée d'un préjugé favorable pour proposer des solutions raisonnables aux problèmes qui pourrissent l'école. Fin juillet 2015, se tinrent dans la précipitation les énièmes assises de l'éducation qui sortent avec quelques dizaines de recommandations dont quelques-unes sont porteuses d'espoirs pour l'école. A peine les recommandations commises par les participants que les forces conservatrices obscurantistes déclenchent un tir de barrage, s'opposant de bec et ongles à la mise à niveau de l'école. Ils ne cachent pas que ce n'est pas tant le sort de l'école ou celui des Algériens qui les préoccupe, mais celui de la langue arabe. Le projet est dénoncé comme une guerre à la langue arabe et à l'islam. Le gouvernement ayant pris la mauvaise habitude de reculer devant la menace, il faut attendre la rentrée 2015/16 pour connaître le sort des réformes. Toutefois, quoi qu'il en advienne, c'est une certitude qu'une école moderne et compétitive ne peut émerger du néant. La nation doit au préalable se doter d'un projet de société compatible avec les exigences du XXI° siècle.

En résumé, ce qui a été fait de l'école, c'est sa mise pleine et entière au service de l'ignorance et de l'obscurantisme, derrière la bannière de l'arabisation et de l'idéologisation. Seules des transformations mineures sont tolérées et les pouvoirs publics en abusèrent pour donner une impression de réformes. Le « pouvoir »[1] a testé un cycle secondaire en trois années, puis deux années, puis

[1] Il n'y a qu'en Algérie que le « gouvernement » est appelé *Pouvoir* ou *Régime*.

revient à trois ans. Il a testé un collège en quatre ans, puis en trois ans puis en quatre ans, comme il a testé un cycle primaire en six ans puis en cinq ans. L'échec d'une réforme ne coûte rien à son initiateur qui s'en va proposer une autre idée saugrenue, jouant à la roulette russe avec des millions d'enfants.

Les élèves sont malmenés et désorientés pour être amenés progressivement à énoncer que les études, *ça ne vaut rien et ça ne mène nulle part !* Cette thèse est fortement consolidée par le fait que les postes d'emploi les plus avantageux (salaire élevé, nombreuses primes, voyages à l'étranger...) servent de planques à une faune de bras cassés qui ont des appuis[1]. Les plus hauts postes de responsabilité de l'Etat échoient à des individus qui faute d'avoir des connaissances ont des connaissances... en haut lieu. Des postes-clés sont offerts en récompenses à toute une faune d'apparatchiks qui font preuve d'une allégeance absolue. Quant à ceux qui ont quelques compétences avérées, ils sont mis sur une pente savonneuse et poussés à quitter le pays par milliers chaque année. S'il y a un pays où le phénomène de la fuite des cerveaux prend une signification dramatique, c'est l'Algérie. Pour mettre la confusion à son comble, des ministres qui ne manquent pas de cynisme parce qu'ils sont arrivés à la fonction par des voies impénétrables du « Seigneur » organisent des colloques sur la nécessité d'impliquer la diaspora dans l'effort du développement.

Comme une divinité païenne qui n'impressionne plus personne, l'école a perdu sa magie, son aura et son pouvoir mobilisateur. Les enfants y restent faute d'autres perspectives, mais la foi n'y est plus. On n'hésite pas à la déserter[2], à la saccager et même à y mettre le feu comme cela s'est passé ces jours-ci dans la banlieue d'Alger (Baraki, mai 2015). La soif de savoir, la curiosité scientifique, l'esprit critique, la raison, la rationalité... ont perdu droit de cité dans l'école algérienne, évincés par des valeurs charlatanesques imbibées d'une religiosité hypocrite. La messe est dite et l'école est complètement neutralisée. Les Algériens, comme effrayés par ce que peut leur réserver le futur, s'en détournent et foncent au pas de course pour réfugier dans un passé idéalisé et pensent-ils sécurisant.

---

[1] Par exemple, en ce moment, les journaux électroniques donnent la liste nominative des enfants de la *nomenklatura* qui infestent les agences d'Air Algérie, à l'étranger.

[2] En cet avril 2016, la presse s'alarme qu'à un mois du baccalauréat, 80 % des élèves désertent les classes, en dépit de toutes les menaces du ministère pour conjurer le fléau et donner un vernis de respectabilité au secteur.

Graphique 2 : **Résultat d'admission au baccalauréat général** (en % du nombre de candidats)

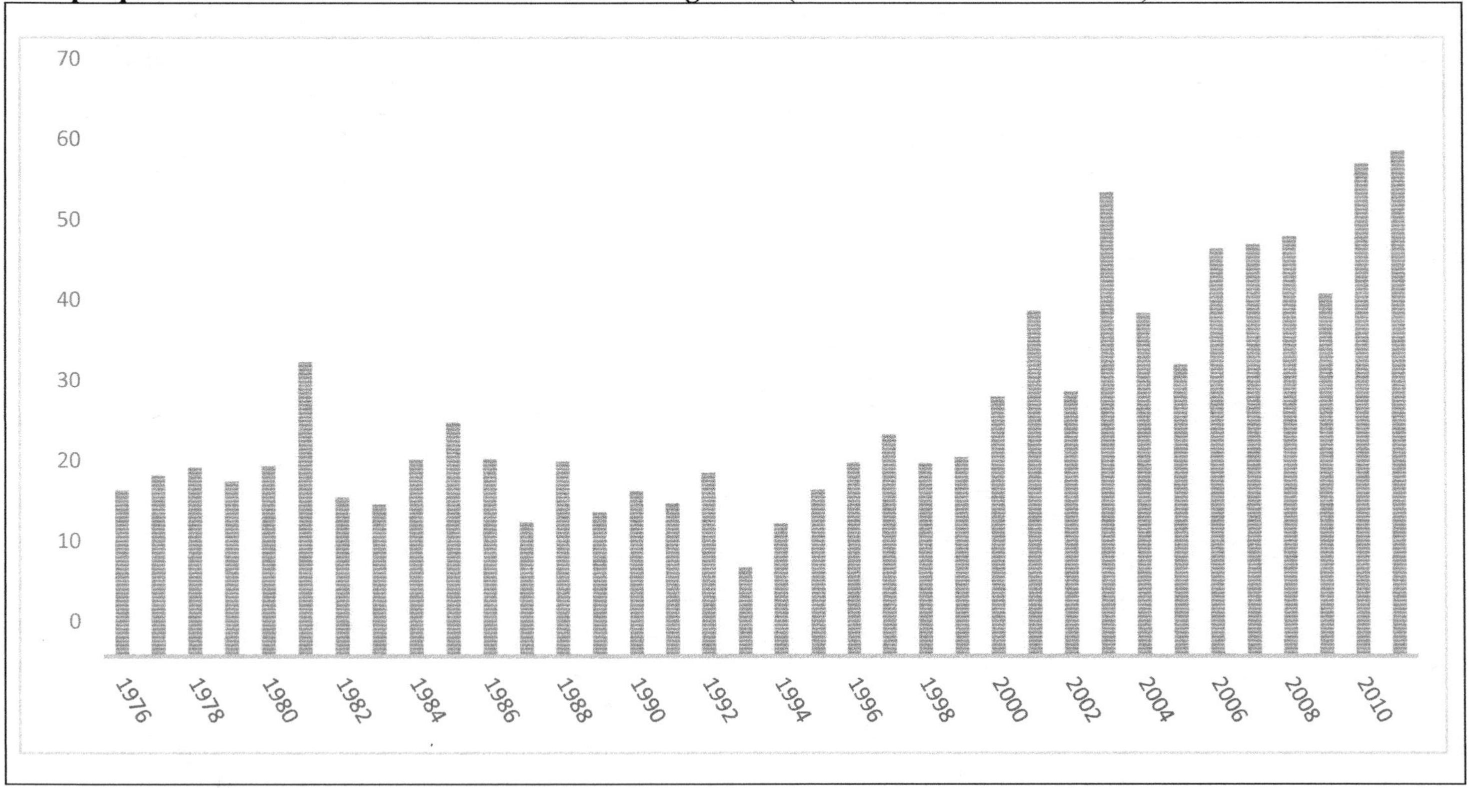

Graphique 3 : Poids du rachat dans les résultats du BAC en 1996

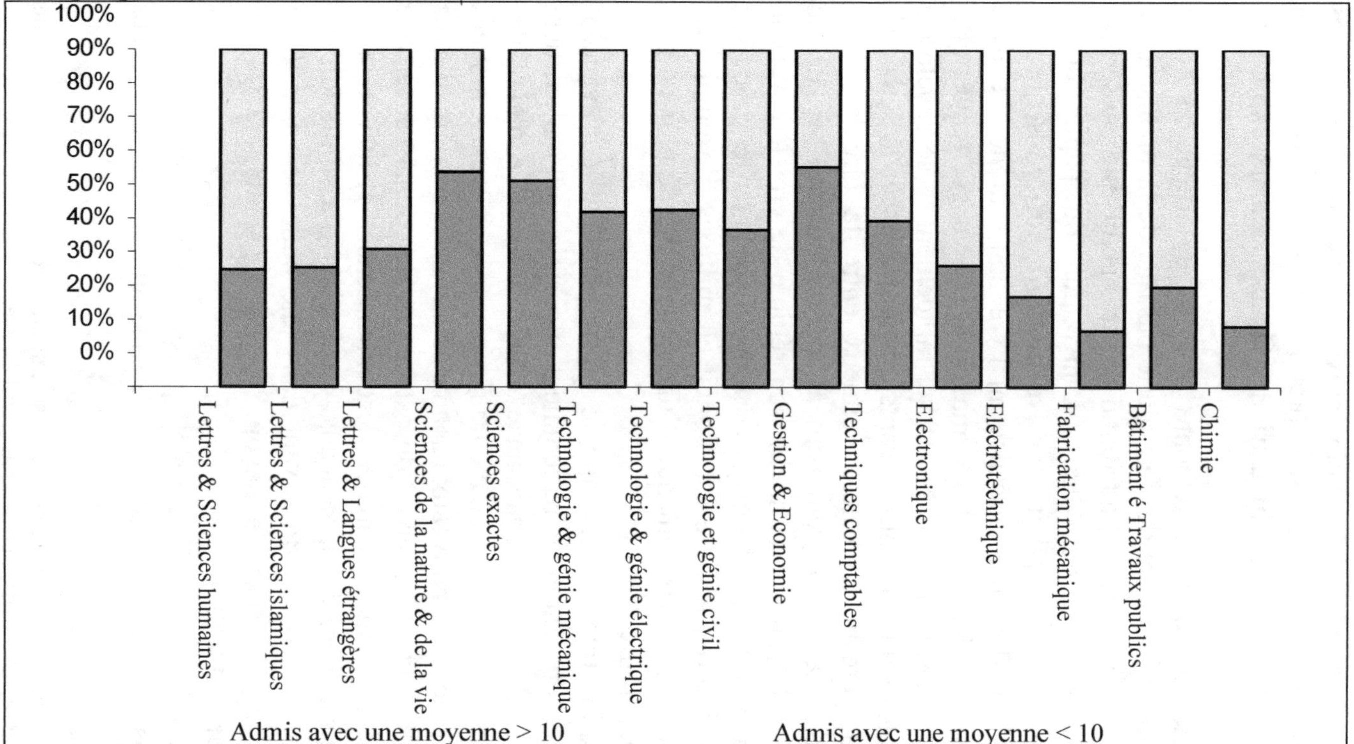

Source : ministère de l'Education Nationale. DDP/DOSI/Résultats du bac 1996

3- L'ECOLE ET LE POLITIQUE

Enseignement, Apprentissage, Formation… quel que soit le label sous lequel on la désigne, l'éducation a existé dans toutes les sociétés et à toutes les époques. Toutefois, sa pratique massive et organisée en fait la fille de la révolution industrielle. Quatre facteurs expliquent cette affiliation :

- L'invention de l'écriture remonte à 5 ou 6 millénaires (c'est l'apparition de l'écriture qui marque le passage de la préhistoire à l'histoire), mais elle reste l'attribut d'une très petite élite au service des puissants et/ou des dieux. L'invention du papier et de l'imprimerie ont introduit une révolution aux conséquences fabuleuses, en donnant naissance au livre bon marché. Le livre permet une circulation de l'information à une vitesse fantastique, laissant les idées nouvelles se diffuser rapidement. Il se développe des échanges soutenus entre savants qui font avancer la science à grands pas, créant un cercle vertueux entre la circulation de l'information et le développement de la science et de la technologie. Le processus atteint son régime de croisière vers le milieu du XIX° siècle, lorsque soumis à un intense processus d'industrialisation, le livre est produit en millions d'exemplaires, en réponse à une forte demande d'une population, de plus en plus grande qui sait lire et écrire.
- La Révolution Industrielle s'appuie sur un portefeuille d'avancées scientifiques et techniques patiemment et parfois douloureusement accumulées depuis la Renaissance[1]. Le volume et la nature des savoirs amassés imposent de mettre sur pieds de nouveaux moyens de sauvegarde et de nouveaux canaux de diffusion en rapport avec la masse et l'évolution rapide du patrimoine de connaissances que l'humanité engrange. La masse de connaissances et la vitesse de son accroissement, échappent aux possibilités d'assimilation par une petite minorité d'*élus* vivant dans une bulle de verre. Pour conserver et valoriser le savoir, il faut le partager, il faut populariser l'éducation.
- Si la Révolution Industrielle n'a été possible qu'après que la masse de connaissance ait dépassé un seuil supérieur donné, son succès

[1] En réalité, l'accumulation des connaissances remonte aux premiers balbutiements de l'humanité, mais la Renaissance a été le grand tournant.

fulgurant est porté par une homogénéisation, une standardisation et une diffusion poussée des savoirs. Le paysan non dégrossi ne peut passer du champ à la fabrique sans passer par une chambre d'acclimatation et d'adaptation, c'est-à-dire de formation. D'où le besoin, de démocratiser et souvent de rendre obligatoire un minimum d'éducation pour rendre l'individu capable de lire, écrire et calculer. On se rappelle que Adam Smith lui-même, chantre du laisser-faire, recommandait à l'Etat de ne pas négliger l'éducation du peuple, un individu formé étant un bon travailleur.

- De par sa nature la fabrique (où sont réunies des centaines de personnes sans liens entre elles) peut être assimilée à une caserne. Comme telle, pour ne pas sombrer dans l'anarchie (imaginons si chacun pouvait arriver et repartir quand il veut), elle doit adopter une hiérarchisation et une discipline de fer. Pour discipliner les paysans, il faut les faire passer par le moule égalisateur de l'école. Celle-ci apparaît ainsi comme une boîte noire où il entre d'un côté une populace mal dégrossie et il sort de l'autre des citoyens cultivés, disciplinés, ayant l'amour de la patrie et du travail bien fait.

L'école est liée de l'économie de marché qui l'a rendue possible et qu'elle a rendue possible et l'interactivité entre les deux va se renforçant jusqu'à devenir indissociable dans ce que nous appelons aujourd'hui, l'économie fondée sur la connaissance. En se liant à l'économie, l'école a dû inéluctablement composer avec la politique. En regardant les choses par l'autre bout, on ne pourrait imaginer que les politiciens puissent se permettre le luxe de ne pas essayer d'utiliser une machinerie aussi puissante que l'école, d'une manière favorable à leurs projets.

Comment ce sujet a été abordé en Algérie ?

31- La quantité évince la qualité

En 1962, l'Algérie arrive à l'indépendance après deux mille ans de guerres contre des agresseurs venus des principales régions du pourtour de la Méditerranée et de bien plus loin parfois. Privés de pouvoir et de savoir depuis si longtemps, les Algériens rêvaient du moment où ils accéderaient à un statut équivalent à celui de leurs maîtres. Dans les années 60/70, la seule chose qui n'était pas négociable auprès de toutes les couches de la population, est la scolarisation des enfants, ce qui oblige l'Etat à prendre en charge cette légitime revendication. La tâche est immense et nul ne sait par quel bout la prendre ; tout ce qui sûr c'est qu'il faut scolariser tous les enfants en âge d'être scolarisés. La démographie qui va très vite, va en vérité trop vite, elle met à rude épreuve les modestes moyens humains et matériels du pays. L'arbitrage ne laissant de choix qu'entre « ne rien faire » et « faire ce qu'on peut », c'est-à-dire « n'importe quoi ». Dans l'urgence, des initiatives ont été prises qui vont creuser le lit dans lequel va rouler le système éducatif pour les décennies à venir :

- L'architecture et l'équipement des écoles étaient basiques, offrant peu de dispositions pour l'épanouissement d'un enfant. De plus les infrastructures existantes sont surutilisées par une surcharge des classes, le regroupement d'enfants de niveaux et d'âges différents dans une même classe (dans les zones rurales), une sous-scolarisation des filles…
- La fonction d'éduquer a échu, faute de mieux, à des personnes pleines de bonne volonté, mais dont les connaissances pédagogiques et scientifiques sont rudimentaires. Il faut dire que durant longtemps, le secteur de l'enseignement a servi de voie de garage et de purgatoire à ceux qui ont tout raté ailleurs.
- Pour alléger la pression, il a été fait appel à la coopération de pays « frères » comme l'Egypte, la Syrie, le Liban, l'Irak, le Yémen et même la Palestine[1]. C'est un personnel sans qualification, mais qui n'est pas très exigeant non plus. Evidemment, ne sachant pas ce qu'il faut faire, ces « enseignants » dispensent ce qu'ils savent, c'est-à-dire quelques rudiments de grammaire et des tonnes de discours religieux.

L'école existe moins pour produire et diffuser les savoirs que pour servir de faire-valoir aux dirigeants qui brandissent des chiffres mirifiques pour accroître leur prestige. La qualité du système est mesurée en termes de quantités (nombre d'enfants inscrits, nombre de classes réalisées…). De fait, les techniques d'enseignement sont primaires, les cours consistant à écouter le maître « dire » et à reprendre fidèlement sur le cahier ce qui est écrit au tableau, afin de

---

[1] Il va sans dire que même un pays « frère » ne va pas expatrier ses meilleurs enseignants pour rendre service, il va plutôt essayer de recycler les « bras cassés » qu'il n'arrive pas à caser.

l'apprendre par cœur en vue de le restituer fidèlement le jour de l'examen.

Tableau 1 : Evolution des effectifs du système éducatif (millier)

	Elémentaire	Moyen	Secondaire	Supérieur	Total
1962/63	778	30,8	19,5	2,8	831,1
1963/64	1049	74,4	34,4	3,8	1161,6
1964/65	1215	89,5	40,7	4,7	1349,9
1965/66	1332	107,9	48,8	6,5	1495,2
1966/67	1370	115,2	54,5	8,4	1548,1
1967/68	1461	123,3	59,9	9,2	1653,4
1968/69	1551	138,1	64,3	10,8	1764,2
1969/70	1689	162,2	76,0	13,8	1941,0

Source : ONS, Rétrospective Statistique 1962-2011

En cherchant à satisfaire à tout prix l'exigence de la quantité, les dirigeants ont mis le ver dans le fruit. La « quantité » devient une fin en soi, le but vers lequel tendent les efforts de tous. Les bilans s'élaborent en nombre d'écoles, de classes, d'élèves, d'enseignants, de diplômés… Ce que produit ce lourd système de formation n'a jamais fait l'objet de questionnements et de débats, dès que le diplômé quitte l'université, il disparaît des radars et personne ne se soucie de ce qu'il devient. L'Etat s'est engagé à offrir une place pédagogique à chaque algérien, c'est fait, statistiques à l'appui ; tout le reste n'est que détail.

La dérive du système d'éducation/formation est longtemps passée inaperçue parce que le système économique (pour des raisons similaires) a été formaté de telle manière qu'il n'ait pas besoin d'une main-d'œuvre hautement qualifiée pour tourner. Les entreprises publiques se désintéressent complètement de la rentabilité financière en partie par incompétence et en partie par fidélité à l'esprit et à la lettre du socialisme. La course derrière les résultats économiques pouvant être vus comme un penchant vers le capitaliste. Portée par cette philosophie du pauvre, l'usine devient une *cour des miracles* dans laquelle médecine du travail, sport à l'entreprise, colonies de vacances, recrutements excessifs, transport, cantines… transforment le travailleur en *roi fainéant*, rentier auquel tout est dû, mais qui ne doit rien. Il suffit d'être membre du syndicat ou membre d'une des nombreuses équipes sportives pour être libéré des tâches de travail. Dans cette atmosphère de kermesse, qu'est-il besoin de chercher à faire ce que personne ne demande : recruter un personnel hautement qualifié, faire de la R&D, innover, améliorer la productivité. Ce sont tout au plus des occasions de faire des erreurs et de déplaire en haut lieu. L'entreprise n'a pas besoin de compétences et l'école n'en produit pas. A la place des connaissances, l'école produit des diplômes. Les enfants avancent dans le cursus sans coup férir, poussés dans le dos par l'administration préoccupée de libérer la place pour les nouveaux arrivants. Aujourd'hui encore le pays entier nage dans le paradoxe d'une coexistence durable entre des entreprises sous-encadrées et des diplômés au chômage.

32- Le politique évince l'économique

La dégénérescence de l'école algérienne doit beaucoup à une arabisation menée à la hussarde dans un contexte peu favorable qui rend l'échec inéluctable. Les deux arguments les plus couramment avancés pour la justifier sont : i) la langue arabe est sacrée, étant la langue du Coran (sous-entendu l'arabe est un préalable à l'islam) et ii) la langue arabe c'est notre identité et l'on ne saurait parler d'indépendance sans l'avoir au préalable récupérée. C'est un argumentaire fantaisiste qui ne tient compte ni de la vérité historique ni des exigences de l'économie. Le projet d'arabisation à n'importe quel prix ne vise pas à faire avancer quelque chose, mais à uniformiser en effaçant tout particularisme, toute spécificité, toute altérité, il s'agit de gommer tout ce qui ne se compromet pas avec la langue et la culture arabe[1]. Le prix est énorme et le pays continuera à payer de lourdes mensualités pour longtemps encore, risquant de ne jamais s'en relever[2]. Examinons quelques aspects de ces coûts exorbitants.

- Le « Pouvoir » a mis des œillères aux Algériens, rétrécissant le monde autour d'eux, en réduisant toute la richesse, toute la diversité, toutes les possibilités (linguistiques, scientifiques, culturelles, politiques, économiques, artistiques…) à ce qui se dit

---

[1] Mustapha Lacheraf, ministre de l'éducation aurait rappelé à Taleb Ibrahim (fer de lance de l'arabisation et précédent ministère de l'éducation) avoir dit dans un conseil des ministres à propos de l'arabisation : « *Cela ne marchera pas, mais il faut la faire !* ». Rapporté par Gilbert Grandguillaume (2004).

[2] Le comportement des décideurs de l'époque, frise la paranoïa, ils voulaient sérieusement tout *uniciser* : une seule langue, une seule religion, un seul parti, un seul héros (le peuple), un seul candidat aux élections présidentielles…

en arabe. Ce qui est bien peu, car à l'époque qui nous intéresse, les pays arabes ne sont pas logés à meilleure enseigne que l'Algérie. Aujourd'hui encore, le taux moyen d'analphabétisme est de 32 % pour l'ensemble des 22 pays arabes ; ce qui donne une idée de ce qu'il pouvait être dans les années 60/70. Visiblement l'Algérie a choisi de s'appuyer à un pilier en papier mâché qui a lui-même du mal à tenir debout. C'est un processus d'appauvrissement auto-infligé.

- L'arabisation a joué comme une stratégie de mutilation de l'économie dans la mesure où les cadres compétents (ministres, managers, enseignants et autres cadres) qui ont le défaut de ne pas maîtriser l'arabe ou de ne pas cautionner l'aveuglement de la politique d'arabisation sont éjectés pour être remplacés par d'autres qui n'ont d'autres compétences que de maîtriser l'arabe et/ou d'être favorables à l'arabisation. Cela a permis à des personnes médiocres d'accéder à des postes de décision. Ceux qui n'ont dans leur CV que la langue arabe, devinrent par cette seule qualité, les maîtres du pays et se constituent rapidement en une caste d'intouchables qui échappent à toute critique. Ceux qui ne parlent pas l'arabe sont humiliés et plus ou moins ouvertement assimilés à des traîtres inféodés à l'ancienne puissance coloniale. Universitaires, médecins, cadres, écrivains, intellectuels, etc. sont obligés de raser les murs, de s'excuser de parler la langue du colon et d'apporter à chaque instant la preuve de leur patriotisme. Les années 70/80 devinrent le quart d'heure de gloire des instituteurs qui s'accaparent des postes de maires, députés, directeurs de wilayas… Le pays fait de grands pas en arrière, annihilant en quelques années les sacrifices consentis en faveur de l'éducation et de l'industrialisation. Lorsqu'en novembre 1979, les premières promotions d'étudiants arabisés entrent en grève et exigent l'arabisation totale et immédiate de tout, ils ne soupçonnaient pas toutes les conséquences du succès de leur mouvement[1]. L'Etat, premier employeur, les case à tour de bras en surnombre dans les administrations et les entreprises pour ne rien y faire qu'attendre la fin du mois pour percevoir un salaire qui a tout d'une rente. Cela ne dura pas longtemps, la crise de 1986 arrive trop tôt pour mettre

---

[1] Une telle revendication est, bien sûr, absolument légitime. A partir du moment où ils ont été formés en arabe ils doivent trouver un travail correspondant à leurs compétences…

fin au honteux *deal*. L'Etat est poussé hors de la sphère économique tandis que les entreprises et administrations sont obligées de dégraisser de manière drastique. La mission de fournir des emplois échut alors aux opérateurs privés, qui sont comme on le sait, plus soucieux que l'Etat de la rentabilité de leurs investissements. Le conflit de l'incompatibilité entre arabisation et compétitivité des entreprises resurgit. Leur survie étant en jeu, les entrepreneurs privés n'ont pas de scrupules à rechercher expressément un personnel qui maîtrise l'informatique, le français et si possible l'anglais… capable d'apprendre et de s'adapter. L'arrivée des firmes multinationales n'a fait qu'exacerber l'isolement de l'arabe en tant que langue de travail. Les plus lucides parmi ceux qui ont reçu une formation en arabe prennent conscience qu'ils sont un dommage collatéral d'un jeu qui les dépasse. Ils sont formés (ou déformés) dans une langue qui n'est pas celle des économies fondées sur la connaissance et qu'il leur sera difficile de trouver des emplois dans un univers impitoyable en voie de mondialisation express.

Graphique 4 : L'analphabétisme dans quelques pays arabes (million)

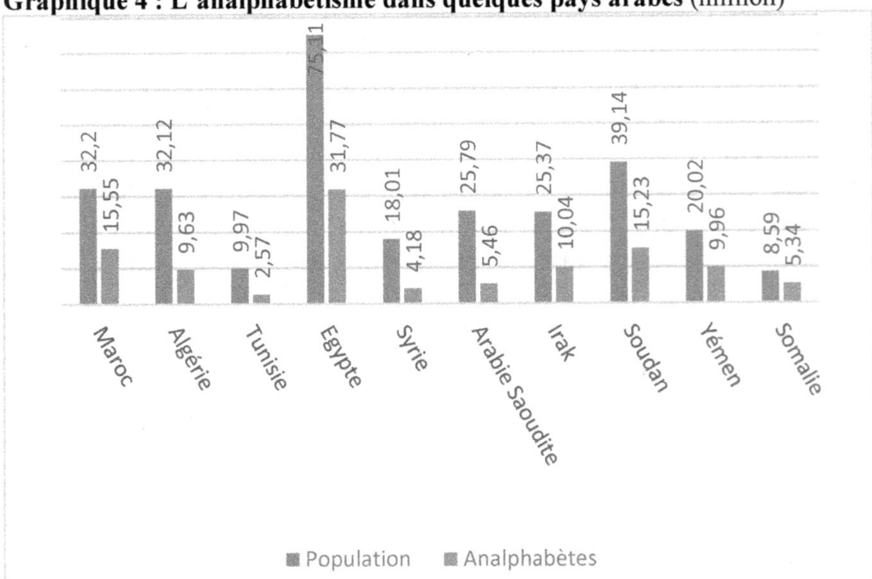

Source : Base de données de la CIA, the factbook 2004

33- La femme évince l'homme

L'école algérienne aborde au cours de ces dernières années un tournant auquel le pays est loin d'être préparé : une tendance lourde à la féminisation. Sur les bancs de l'université, le nombre d'étudiantes dépasse nettement celui des étudiants. En 2012, on compte trois étudiantes pour deux étudiants et la tendance se poursuit.

Le phénomène est d'autant plus troublant que la population totale de l'Algérie compte légèrement plus d'hommes que de femmes. Au RGPH de 2008, on a compté 17 500 578 hommes contre 17 090 007 femmes et en 2014, il y avait 19 801 164 hommes contre 19 313 112 femmes. En outre, il y a lieu de noter que tout au long des cycles primaire et moyen, le genre masculin l'emporte systématiquement sur le genre féminin. C'est au niveau du cycle du secondaire que s'opère la transformation. Il semblerait que les garçons aient moins de scrupules à échouer dans les études, car ils ont plus d'opportunités que les filles pour entrer avec succès dans la vie active (Prêts Ansej, petit commerce, émigration…). Par ailleurs, pour les filles l'accès au lycée et de là à l'université, va au-delà de la quête d'un diplôme, c'est la voie pour l'émancipation. Rater le bac est donc plus coûteux pour une fille que pour un garçon.

Graphique 5 : Effectifs inscrits en graduation par genre (%)

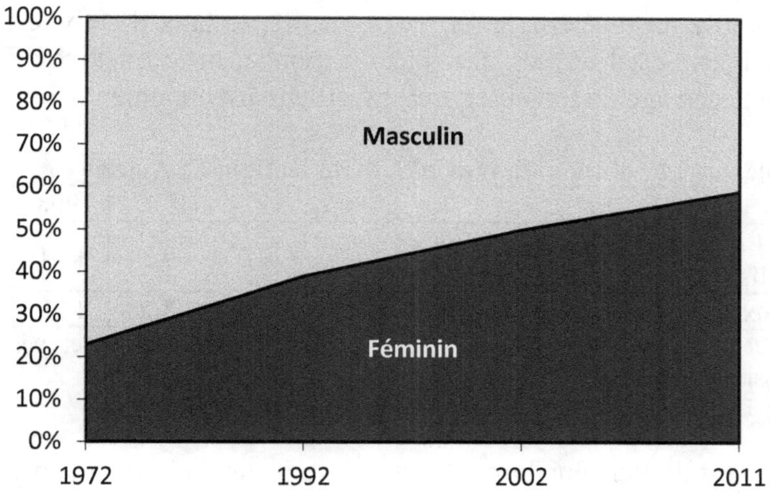

MESRS : Dossier 50 ans au service du développement, 1962-2012

Tableau 2 : Structure de la population en 2014 (sur 10 000 habitants)

Groupe d'âge	Masculin	Féminin	Ensemble
15-19 ans	419	402	821
20-24 ans	471	455	926
25-29 ans	491	484	975

Source : ONS : Démographie algérienne 2014

Tableau 3 : Poids des filles dans le système éducatif (en %)

	2006-07	2007-08	2008-09	2009-10
Cycle primaire	47,23	47,31	47,29	47,28
Cycle moyen	49,77	49,33	48,73	48,74
Cycle secondaire	57,57	58,56	57,94	58,25

Source : ONS

Soulever le problème de la féminisation de l'école c'est ouvrir la boîte de Pandore. L'aspect que nous voulons pointer ici c'est que dans dix ans, toute chose restant égale par ailleurs, les détenteurs de diplômes universitaires seront majoritairement des femmes. La société étant conservatrice et dévote jusqu'à être réactionnaire, cela laisse entrevoir des clivages sinon des conflits entre le « macho ignorant » et la « femme savante ». Que va-t-il se passer dans un pays où les compétences sont détenues par les femmes, mais où les centres de décision vont naturellement aux hommes ? Il y a une espèce de déséquilibre marxien entre des moyens de production très avancés et des rapports de production très arriérés. La législation sur la femme et la famille reste sclérosée, en 2015 encore, le taux d'activité féminin en Algérie est l'un des plus bas du monde, avec quelque 17 % des femmes en âge de travailler, qui travaillent effectivement.

Tableau 4 : Evolution du taux d'activité féminin en Algérie

	1966	1977	1987	1998	2004
Part des femmes sur le total des actifs (%)	4,3	9,9	9,2	17,1	17,5
Taux d'activité des femmes (%)	1,8	2,6	5,4	14,9	14,9

Source : Souaber H. : Activités féminines en Algérie, réalités et perspectives (Dossier ONS)

NB : Taux d'activité = Nombre d'actifs /Ensemble de la population.

Avant d'aller plus loin, il faut rendre justice à la femme algérienne que les statistiques considèrent comme « ne travaillant pas ». Bien évidemment, il n'y a rien de plus faux, car elle travaille et beaucoup, bien plus que l'homme. La différence, c'est qu'elle n'est pas rémunérée pour ce travail, que l'on pourrait prendre pour de l'emploi informel. Du point de vue de la comptabilité nationale cela participe à cacher une partie du PIB, d'un montant égal à la masse salariale que les femmes auraient perçue si elles exerçaient une activité officiellement rémunérée. En fait, ce petit problème comptable ne porte pas vraiment préjudice à l'économie, le pays étant seulement plus riche que les statistiques ne le laissent paraître. C'est pourquoi il reste à expliquer pourquoi on considère qu'une telle situation est anormale. Pourquoi il est plus intéressant que les femmes travaillent « dehors » plutôt qu'à la maison ? Il est facile de comprendre que les millions d'heures consacrées chaque année par les femmes à des activités bas de gamme, routinières et répétitives (éplucher les légumes, faire la vaisselle, laver le linge…) participent à dévaloriser (au sens de réduire la valeur vénale) le coûteux investissement qu'elles ont réalisé en se formant. Conduire des millions de femmes de la maternelle à l'université pour ensuite les reverser dans une activité domestique est une perte sèche assimilable à un crime économique.

Aujourd'hui la femme s'impose comme le réceptacle et la gardienne des valeurs (scientifiques) de la société, mais la législation la met en marge de la dynamique économique. Il faut s'inquiéter de ce qu'il y a lieu de faire de la masse de connaissances détenues par les femmes et au-delà : qu'est-ce qu'il faut faire des femmes ? La coûteuse éducation de millions de filles n'est-elle qu'une simple lubie, un joujou de luxe plus futile qu'utile ? Quel pays peut se permettre de former puis immédiatement de réformer (au sens d'envoyer à la casse) ? Le moins que l'on puisse dire c'est que l'Algérie a, là, un gros problème.

Pour conclure, lorsqu'on fait sommairement le bilan de la relation de l'école avec l'instance politique, il est loisible de constater qu'à l'instar de l'approche qu'il avait adoptée vis-à-vis de l'industrie, de la religion, de la culture, de la presse, etc., l'Etat a fait de l'école une machine à réaliser des objectifs qui ne sont pas ceux qui lui sont universellement dévolus. Elle est érigée en instrument de domination : une gigantesque lessiveuse d'où sort un individu sans relief, sans couleur et sans odeur et par-dessus tout sans connaissances. Il n'a d'existence, de goûts, de désirs, de projets, d'amis, d'ennemis… que ceux que lui prête le « pouvoir » politique. Nous ne sommes pas sans savoir que dans tous les pays et à toutes les époques, le « Pouvoir » (ou la classe dominante) a essayé d'utiliser l'école à son bénéfice, en faisant passer pour des caractères « naturels » (et donc non discutables) des positions de domination politique. Toutefois, elles doivent être très rares les expériences de pays où l'école bascule dans le « côté sombre », passant du statut d'*antidote contre l'ignorance*, à *matrice d'ignorance*. Le « Pouvoir » a essayé de consolider sa position en faisant produire l'ignorance et l'obscurantisme par l'école.

4- L'UNIVERSITE ET LA RECHERCHE

Dans ce qui précède, nous avons utilisé le terme générique d'*école* pour désigner le système d'éducation et de formation, y compris donc l'université à laquelle nous avons fait allusion à plusieurs reprises. Maintenant, nous allons nous attacher spécifiquement aux modalités de fonctionnement de l'université et à la fonction de recherche qui s'y développe. Il n'est pas superflu de le répéter, au lendemain de l'indépendance la misère et l'analphabétisme ravageaient le pays. Les pouvoirs publics de l'époque ont eu le mérite de l'avoir compris et d'avoir compris que les deux phénomènes sont étroitement liés, l'ignorance engendre la pauvreté et la pauvreté favorise l'ignorance. Le pays entreprend de construire un système de production de connaissances qui puisse porter haut ses ambitions de développement industriel, en comptant dans un premier temps sur le transfert de technologie et dans un second temps sur une production locale de technologie. C'est une tragique erreur d'appréciation. Non seulement il n'y a pas eu de transfert de technologie depuis les pays développés, mais en plus l'enseignement supérieur a été appréhendé sous un angle qui a vidé l'université de sa substance.

41- L'Université

L'université algérienne a démarré de rien ou presque, puisqu'à la rentrée 1962/63 elle ouvre ses portes pour 2881 étudiants, sur lesquels il n'y a que 820 Algériens (les autres étant des Européens). L'effort qui a conduit les 820 étudiants de 1962 à 1 500 000 en 2015, est proprement colossal[1], mais le parcours a connu des hauts et des bas,

[1] A titre de comparaison, la France (65 millions d'habitants et 2400 milliards de dollars de PIB) n'a accueilli pour la rentrée 2014/2015, que 1 518 100 étudiants.

générant des déséquilibres structurels et structurants qui vont freiner l'avance du pays. Le million et demi d'étudiants est accueilli par près d'une centaine de structures désignées respectivement par : Université, Centre universitaire, Annexe universitaire, Ecole nationale supérieure, Ecole normale supérieure, Ecole préparatoire et Classe préparatoire intégrée.

La mission universelle de l'université est de produire et/ou de diffuser le savoir scientifique. Ouvrons une parenthèse ici pour rappeler que l'épistémologie est la science qui étudie les conditions d'apparition et de développement des sciences et que les épistémologues distinguent traditionnellement entre sciences humaines (dont l'objet est la société) et sciences exactes (dont l'objet est la nature). Ce que nous appelons la « technologie » dérive des progrès réalisés par les sciences naturelles. A l'origine, les savants étaient des amateurs éclairés qui s'adonnaient à la recherche par passion (ex. : Léonard de Vinci, Pasteur, Marie-Curie, Einstein…). Ce n'est que dans la seconde moitié du XX° siècle que la recherche a basculé, pour s'orienter vers des applications industrielles à visées économiques. La voracité de l'entreprise pour les innovations est insatiable, si insatiable que ce que peut mettre à sa disposition de façon sporadique, la recherche désintéressée des universitaires est une goutte d'eau dans l'océan. C'est pourquoi elle décida de prendre le taureau par les cornes et de s'adonner elle-même à une recherche-développement, orientée sur son activité. Le marché canalise massivement les moyens humains et matériels vers la recherche dans les sciences naturelles qui promettent d'avoir des applications économiques qui en amortiraient les coûts, plutôt que vers les sciences sociales dont l'intérêt financier immédiat est moins évident.

Dans cette atmosphère générale, l'Algérie joue à l'exception qui confirme la règle. Les étudiants sont en effet massivement canalisés vers les filières des sciences sociales (langues, droit, sociologie, sciences *islamiques*…). Ces choix qui ne tiennent pas compte des besoins de l'économie sont liés à un certain nombre de facteurs.

- Le coût[1] de la formation en sciences sociales (où dans le pire des cas on a besoin de salles de classes et d'enseignants) est beaucoup

[1] Rechercher le coût exact de formation d'un étudiant ne peut être qu'approché par des indicateurs tels que la part du PIB consacrée au secteur. Un indicateur comme la répartition du budget d'une université par faculté donne une idée sur la différence qu'il y a entre le coût d'un étudiant en physique des matériaux et un autre en Droit.

plus faible qu'en sciences naturelles qui ont besoin de laboratoires et d'équipements sophistiqués qui coûtent cher à l'achat, à l'usage et à l'entretien. L'Etat s'engage à assurer une place à l'université à tout détenteur du baccalauréat et il est plus facile et moins coûteux d'ouvrir un institut de langue arabe qu'un institut de physique des fluides.

- La qualité des bacheliers qui arrivent à l'université laisse à désirer, poussant vers des études supérieures une population nombreuse, mais qui a peu de prédispositions pour les études. En outre la perspective de poursuivre des études en français (dans les filières techniques les études se font encore en français) pousse les bacheliers vers le refuge des filières arabisées. Très rapidement ces filières se transforment en havre de paix et de sécurité pour le tout-venant des bacheliers plus désireux d'avoir un diplôme (pour la satisfaction des parents) que des connaissances. Les mauvais étudiants deviennent les alliés objectifs des pouvoirs publics, le « Pouvoir » donne un diplôme vide et les étudiants se satisfont d'avoir un diplôme fût-il vide.
- L'arabisation ayant été donnée comme une option irréversible, il fallait en assurer le succès en l'appliquant prioritairement sur les filières susceptibles de l'accepter et de la bonifier. Bizarrement, en haut lieu, on avait pensé que ce sont les sciences sociales qui se prêtent le mieux à cette mission. C'est pourquoi, ce sont les disciplines y afférentes qui ont été arabisées en premier (droit, sociologie, psychologie, histoire, économie…).
- Le principe de « démocratisation » étant un engagement politique fort, le gouvernement ne peut s'y soustraire sans se décrédibiliser. Toutefois, l'insuffisance de ses moyens l'oblige à se rabattre sur une solution de *second best*, en créant une *université du pauvre* qui peut souffrir de manquer de tout et de n'en rien dire. De nombreuses facultés ne comptent pas un seul professeur, de nombreuses filières sont entre les mains d'enseignants vacataires sous-qualifiés et sous-payés, les mémoires de fin d'études sont faits par groupes de 3 ou 4 quand ils ne sont pas carrément supprimés, les stages en entreprises n'existent pas, etc.

Graphique 7 : Le poids des sciences humaines à l'université

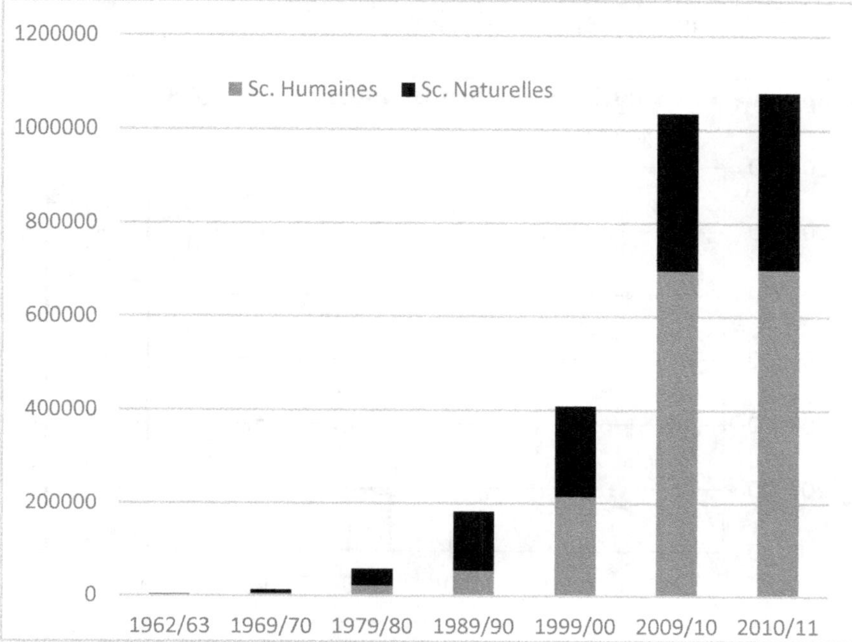

Source : MESRS : Dossier 50 ans au service du développement, 1962-2012

L'évaluation des performances de l'université se faisant sur la base de la « quantité », il faut soigner ce critère. Les résultats du bac s'envolent. Il a suffi qu'on construise de nouvelles universités pour que, par un heureux hasard, les succès au Bac s'améliorent, permettant de les remplir. Il est évident que si des disponibilités financières permettent de porter les capacités d'accueil de 500 000 à un million d'étudiants en cinq ans, les compétences nécessaires pour prendre en charge les enseignements et la recherche ne suivent pas.

Les nouveaux bacheliers sont casés, *selon disponibilité*, dans des filières dont ils n'ont jamais soupçonné ni l'existence ni les débouchés éventuels. Ramenés de force à l'université, de nombreux jeunes y pataugent durant plusieurs années à s'initier au syndicalisme, au prosélytisme ou au *business*, avant d'être éjectés quasiment aussi ignorants qu'ils sont arrivés ; mais munis d'un diplôme. Ils s'en vont alors exercer la petite activité à laquelle ils aspiraient avant qu'un bac de complaisance ne les condamne à l'université pour *3 ans fermes*, voire davantage. Les statistiques l'enregistrent comme un diplômé et lorsqu'il lui prend de chercher un emploi correspondant aux qualifications de son diplôme, il est inscrit comme un *diplômé au chômage*. La rue en prend possession !

Graphique 6 : Evolution des effectifs étudiants en Algérie

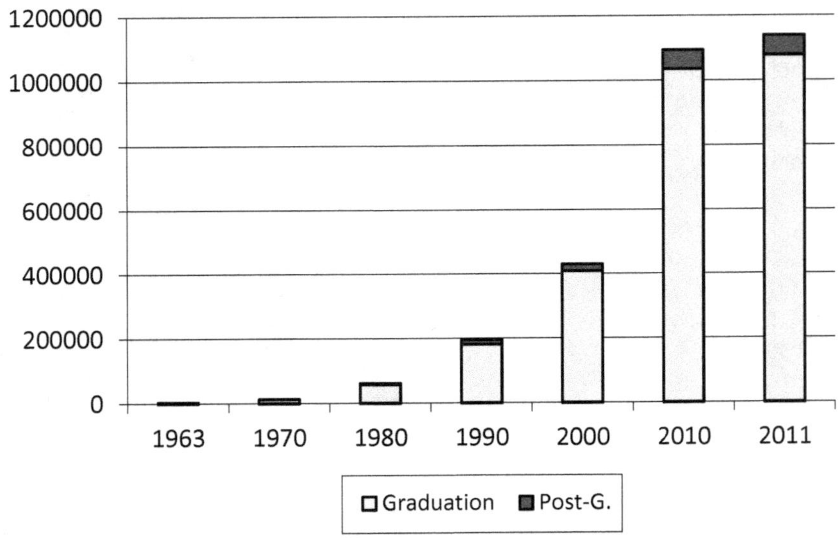

MESRS : Dossier 50 ans au service du développement, 1962-201

L'Etat a réalisé dans la première décennie du XXI° siècle, plus d'infrastructures d'enseignement supérieur, que ce qui a été réalisé depuis l'indépendance, laissant croire que le Pouvoir soigne l'éducation/formation. Cette approche quantitativiste est illusoire, car il est admis que ce que l'individu acquiert comme connaissances durant toute sa scolarité, ne représente qu'environ 20 % de ses connaissances d'adulte. Les 80 % restant sont acquises dans la rue (c'est-à-dire dans la famille, au travail, dans les espaces publics, à la TV, dans la presse durant les voyages…). Les connaissances acquises à l'université ne sont que la partie visible de l'iceberg ; c'est pourquoi construire des structures universitaires est nécessaire, mais non suffisant. C'est même très insuffisant si à l'extérieur de l'université l'environnement est stérile et stérilisant (voir chapitre suivant sur la ville). Partout en Algérie, l'univers dans lequel évolue la communauté universitaire est peu propice à l'épanouissement du chercheur dans la mesure où y font défaut : librairies spécialisés et librairies tout court, bibliothèques, maison d'édition, club de rencontres, espaces publics de récréation, salles de cinéma, salles de sport, parcs de loisirs, etc. La cherté du livre aidant, les étudiants développent rapidement une véritable allergie à la lecture. Les revues scientifiques et de vulgarisation sont introuvables tandis qu'Internet piétine encore (faible taux de pénétration, faible débit et investissement assez coûteux en ordinateur, abonnement au téléphone et à Internet). Beaucoup d'étudiants se suffisent des minima qu'ils acquièrent à l'université, dans les conditions douteuses.

42- La recherche

Depuis plusieurs décennies, l'autorité en charge de l'enseignement supérieur s'intitule : ministère de l'Enseignement Supérieur et de la Recherche Scientifique. Enseignement et recherche se situent sur un même pied d'égalité comme l'indique sans ambiguïté la conjonction de coordination « et » qui lie les deux. Cela doit signifier que la fonction de recherche est au moins aussi importante que la fonction d'enseignement, à l'université. Sur le terrain, toutefois, les choses se présentent sous un angle qui fait croire que l'enseignement jouit d'une prééminence absolue, faisant de l'université une grande école pour de grandes personnes. La recherche est traitée comme une activité accessoire et facultative à laquelle peuvent s'adonner ceux que cela intéresse. La fonction d'enseignement écrase complètement celle de la recherche ; un enseignant universitaire peut arriver à la retraite sans avoir touché à la recherche et sans avoir écrit quoi que ce soit, sans perdre aucun des avantages de son poste. Pour être honnête, il faut préciser que les enseignants ne sont pas responsables du manque d'engouement pour la recherche, ils y sont poussés. Parlant pour l'économie que nous connaissons, nous pouvons dire toute la difficulté à avancer sur un terrain marécageux où les opérateurs économiques protègent leurs activités par le secret. Il est plus facile de déplacer une montagne que de faire une enquête aussi bien auprès des entreprises que des ménages. Celui qui réussit à produire quelque chose aura toutes les peines du monde à publier ses résultats par manque de revues spécialisées. C'est pourquoi de guerre lasse, beaucoup d'enseignants font une croix sur la recherche, assimilée à une perte de temps. Et c'est exactement ce qu'elle est, car aussi bien au sein de l'université qu'à l'extérieur d'éventuels résultats n'intéressent personne et personne ne demande de comptes au chercheur sur ce qu'il a fait ou n'a pas fait.

En 1999, le ministère a entrepris d'introduire un peu de discipline dans le secteur, en instituant les laboratoires de recherche au sein des universités. Le projet vise à donner à l'enseignant un statut de chercheur associé et à la recherche un cadre qui la valorise en la mettant au service du développement et de la compétitivité de l'économie. Cette nouvelle approche de la recherche, adossée à un budget conséquent, a donné quelques résultats. En effet, à mai 2015, la DGRSDT (direction de la recherche) du MESRS annonce l'existence de pas moins de 1386 laboratoires de recherche pour l'ensemble des disciplines. C'est un chiffre important qui atteste de l'intérêt des universitaires pour la recherche, dès lors qu'un minimum de conditions de travail est assuré. Toutefois, il serait indiqué de ne pas pavoiser devant ce chiffre qui dans l'absolu n'est très grand ni très petit, il faut se donner un élément de repère pour comparer. La DGRSDT qui comptabilise les brevets a annoncé 168 brevets en 2013, 132 en 2012 et 116 en 2011. Aucune précision n'est donnée quant à l'importance du contenu de ces brevets ; dans quels domaines, dans quelles universités ont été réalisées les innovations/inventions ? S'agit-il d'innovations de détail ou d'innovations capitales ? Sont-elles susceptibles d'applications industrielles ? Qui en est le propriétaire légal ?, etc. Nul ne le sait.

Tableau 5 : Evolution des effectifs en graduation (en %)

	1962 /63	1969 /70	1979 /80	1989 /90	1999 /00	2009 /10	2010 /11
Sc. exactes/ Technologie	27	24	29	47	30	19	22
Sc. de la nature/ Sc. de la terre	-	1	16	7	7	8	8
Sc. Médicales	28	31	16	16	10	5	5
Sc. sociales et humaines	45	44	39	30	53	68	65

Source : MESRS : Dossier 50 ans au service du développement, 1962-2012

Dans les pays développés, la recherche n'est plus l'apanage de l'université qui continue, certes, à faire de la recherche fondamentale et de la recherche appliquée, mais le gros de l'effort est assuré par les entreprises. Par exemple, en France, le tout-puissant CNRS figure à peine dans le Top-10 des organismes qui enregistrent le plus de brevets.

En Algérie, aussi bien la grande entreprise publique que la petite entreprise privée, chacune pour des raisons qui lui sont propres, ne sont en mesure, dans leur état actuel, de faire de la R&D. Tout le poids de l'innovation va donc reposer sur les laboratoires de l'université et les centres de recherche de l'Etat. La recherche scientifique est définie et organisée par la loi 98-11 qui institue plusieurs organes de recherche ; le Conseil national de la recherche scientifique et technique (CNRST), l'Organe national directeur permanent (ONDP), les Commissions intersectorielles et des Comités sectoriels sont créés auprès de chaque département ministériel concerné par la recherche et ils sont présidés par les ministres respectifs. Le CNRST a créé une structure hiérarchisée de plusieurs niveaux (qu'il n'est pas nécessaire de reprendre ici).

La défaillance des entreprises publiques et privées pour des raisons que nous avons déjà évoquées a rabattu la recherche sur l'université où les chercheurs les plus productifs travaillent souvent en coopération avec des universités européennes sur des problèmes proposés par les partenaires européens. Cela confère l'avantage de pouvoir publier un article dans une revue européenne.

Dans les années 80, l'Algérie a essayé de cloner le CNRS français en se dotant d'un ONRS (Office National de la Recherche Scientifique) avant de le dissoudre au bout de quelques années, au profit de structures décentralisées et spécialisées appelées Centres de recherches. Ils sont au nombre de neuf :

- Centre de développement des technologies avancées,
- Centre d'étude et de recherche sur l'information scientifique et technique,
- Centre national des techniques spatiales,
- Centre de développement des énergies renouvelables,
- Centre de recherche en anthropologie sociale et culturelle
- Centre de développement en économie appliquée au développement
- Centre de recherche scientifique et technique sur les régions arides
- Centre de recherche en analyse physico-chimique,
- Centre de recherche scientifique et technique pour le développement de la langue arabe

Le staff de la recherche se compose donc des chercheurs permanents dans les centres de recherche et des *chercheurs associés* qui sont les enseignants universitaires qui font de la recherche. Dans les universités, les laboratoires de recherche sont des entités autonomes qui ne dépendent pas des facultés, mais d'un vice-rectorat chargé de la recherche et chaque laboratoire est structuré en plusieurs équipes (au moins 4) avec des thématiques précises. L'équipe est dirigée par un professeur, elle met en chantier un ou plusieurs projets de recherche sur lesquels interviennent 2 à 5 chercheurs (de tous grades) sous la direction d'un enseignant de rang magistral. La durée de vie d'un projet était de 3 ans (puis 4 ans depuis janvier 2015). Un rapport d'étape est rédigé en milieu de parcours et un autre à la fin du projet.

L'université étant tout entière sous la tutelle de l'Etat, la recherche vit des subventions que celui-ci lui accorde dans le cadre des budgets annuels. Il y a plusieurs niveaux de financement qui portent sur les investissements, les équipements, le fonctionnement, la rémunération des chercheurs… ainsi que des enveloppes exceptionnelles pour de grosses opérations tout aussi exceptionnelles (comme l'acquisition d'un calculateur pour l'ensemble des laboratoires d'une université). Jusqu'à la fin du siècle passé, le budget de la recherche était simplement intégré dans celui de l'université et son volume relève des décisions du Conseil de l'université et du recteur. L'éveil des pouvoirs publics à l'importance de l'activité de recherche a abouti sur la décision (loi de 98-11 du 22 août 1998) visant à valoriser le chercheur et la recherche. Il a été décidé d'augmenter ses moyens financiers jusqu'à ce qu'ils représentent 1 % du PIB à partir de 2000. En 2008, une nouvelle loi est promulguée pour combler les carences de la précédente d'une part et lier l'université à l'entreprise, d'autre part. Dans son annexe, cette loi reconnaît que ce financement de 1 % du PIB n'a jamais pu être atteint. Une foule de facteurs a contribué à ces résultats médiocres, mais il faut en retenir surtout les lourdeurs et les rigidités administratives. En effet la moindre dépense (l'achat d'une imprimante, par exemple) passe par une si longue chaîne de commissions *ad hoc*, exige tant de signatures, et oblige à se conformer à tant de nomenclatures pas toujours claires, que les volontés les plus tenaces finissent par se décourager. Une seule virgule de travers et tout le dossier est renvoyé pour être refait. Le directeur du laboratoire, passe plus de temps à réunir paperasses et signatures qu'à faire avancer la recherche. Parallèlement, ceux qui managent le système au niveau central (ministère) font preuve de lenteurs incroyables pour délivrer les agréments, ce qui crée des chevauchements préjudiciables entre année budgétaire et année universitaire. L'argent n'est jamais disponible quand on a besoin, et quand il arrive on ne peut plus le dépenser (entre janvier et mai parce que le budget n'est pas mis en place, à partir de juin parce que les vacances d'été arrivent, à partir de novembre parce que le contrôleur financier clôt le budget…). Le directeur du labo et ses collègues gaspillent un précieux temps à courir la ville et les couloirs à essayer de satisfaire les exigences de tout un chacun, évoluant sur un terrain qui n'est pas le leur ; la recherche a été évincée par les formalités administratives. Dans la plupart des cas, les chercheurs prennent conscience qu'on leur fait jouer un mauvais rôle et ils laissent tomber, trouvant plus raisonnable et rentable de travailler sans grands moyens plutôt que de lutter contre les moulins à vent.

Tableau 6 : Budget de la recherche (milliard de dinars)

	1999	**2000**	**2001**	**2002**	**2003**	**Total**
Budget prévu	21,15	31,21	33,66	36,38	36,38	158,8
Budget libéré	5,1	4,1	5,1	4,6	5,6	24,5
libéré/prévu (%)	24,11	13,13	15,15	12,64	15,39	15,43

Sources : syndicat national des chercheurs permanents. In H. Khelfaoui : La recherche scientifique en Algérie

Tableau 7 : Chercheurs à mobiliser sur la période 2008-2012

	2005	2008	2009	2010	2011	2012
Enseignants-chercheurs	13720	14720	18863	25079	26579	28079
Chercheurs permanents	1 500	2 100	2 700	3 300	3 900	4 500
Total	15220	16820	21563	28379	30479	32579

Source : Loi 08/05 sur la recherche. JORA du 28 février 2008.

43- La réforme LMD

A la rentrée 2004, les enseignants furent surpris d'apprendre qu'une nouvelle réforme va être mise en œuvre l'année même et qui introduit sans aucun préalable le système LMD (licence-master-doctorat). La date du débarquement en Normandie en 1944 n'a pas été mieux gardée secrète que l'introduction du LMD en Algérie et aujourd'hui encore, le mystère d'un comportement aussi singulier, reste entier. A l'exception d'une infime minorité qui en a entendu parler dans un cadre ou un autre, aucun enseignant ne sait en quoi consiste le LMD. Portant la confusion à son paroxysme, la même incertitude règne au ministère où l'on atermoie, louvoie, évite les questions, promettant à tout va... La seule certitude sur laquelle les pouvoirs publics campent, c'est qu'il faut que le LMD passe, coûte que coûte.

Dès ses premiers pas, il était clair que la réforme répondait davantage à une préoccupation politique (non connue à ce jour) qu'à des impératifs pédagogiques et scientifiques. Aucun signe avant-coureur, aucun débat, aucun discours introductif, aucun mode d'emploi... la réforme a été, simplement, décidée par une puissance qui se sent au-dessus d'avoir à justifier ses actes. Quelqu'un que cela agrée a dit « que le LMD soit ! » et le LMD fut. Toute critique au projet est inscrite au passif de son auteur qui lui vaut d'être taxé de perturbateur qui vise à déstabiliser le pays. La situation qui prévaut en Algérie est telle que pour museler quelqu'un il suffit de l'accuser de faire de la politique. Avant de dire quelque chose d'utile, l'individu doit tourner sept fois sa langue dans sa bouche puis expliquer par de oiseuses circonvolutions qu'il n'est pas là pour faire de la politique. Dans le cas du LMD, souligner le manque de rigueur dans sa mise en œuvre va plus loin que « faire de la politique », on devient quasiment (sinon carrément) un dangereux opposant. Le ministère de tutelle ne se contente pas d'intimider les « contre », il s'en va fabriquer une classe de « pour » en embrigadant de fait, les recteurs, les doyens et tous les autres cadres de l'université. Ils sont sommés de prêcher la bonne parole et de faire passer le projet à tout prix. Devenus les militants zélés d'une cause qui n'est pas la leur, ne sachant que dire, ils s'agitent, brassent du vent, puis comme pris au vertige du jeu, ils se lancent dans la surenchère. Ils laissent croire ou même suggèrent que :

- Le L, le M et le D sont les étapes d'un processus unique qui va conduire tous les étudiants au doctorat. Le LMD est un train rapide qui mène directement du bac au doctorat, avec deux petites haltes en L et en M. Les étudiants ont été amenés à comprendre que désormais l'université ne forme que des docteurs.
- Le LMD facilite la mobilité dans le temps. L'étudiant peut faire une ou deux années d'études, arrêter (pour raisons personnelles) puis revenir quand il le souhaite pour reprendre ses études là où il les a laissées. Ce principe est battu en brèche par le fait que les licences ne sont pas figées, on ouvre une licence (ou un master)

pour un temps (4 ou 5 ans) puis on l'abandonne, de telle sorte que rien ne garantit à l'individu de pouvoir retrouver « sa » licence ou « son » master.

- Le LMD facilite la mobilité dans l'espace. C'est la mystification la plus vicieuse que les porteurs du système aient déployée, une véritable arme de destruction de masse. Dans toutes les universités, les facultés sont sollicitées pour faire dans l'urgence des offres de formations académiques et professionnelles. Portés par l'idée que celui qui ne propose rien se verra imposer les propositions des autres par la tutelle, de jeunes enseignants peu qualifiés pour une telle tâche concoctent des programmes de licences en une nuit. Cela donne pour les sciences économiques, par exemple, près de 500 licences qui ont le même contenu avec des intitulés différents, des intitulés différents, mais le même contenu et surtout des licences spécifiques à chaque faculté. Il en résulte qu'un étudiant qui a fait la première année à Bejaia ne pourra pas faire la deuxième année à Tiaret, parce que la première année de licence a des contenus différents dans chacune des villes. Le LMD restreint la mobilité par rapport au système *classique*, en fait il la rend impossible. Il est heureux qu'en juillet 2013 une série d'arrêtés est venue homogénéiser les licences à l'échelle nationale, l'entrée en application s'est faite à la rentrée 2015/2016.
- Le LMD facilite les études à l'étranger. Il a été imposé aux étudiants de croire que le système LMD a une portée universelle, dans la mesure où la majorité des nations l'ont adopté afin d'asseoir un certain niveau d'homogénéité dans la formation de cadres auxquels la mondialisation permet d'intervenir n'importe où dans le monde. Par conséquent, en adoptant le LMD, l'Algérie offre l'opportunité à ses citoyens de s'inscrire dans la mouvance de la mondialisation. Non seulement l'étudiant algérien n'aura aucune difficulté à poursuivre ses études à l'étranger, mais surtout il lui sera facile de trouver du travail auprès des firmes étrangères. Un recteur qui a laissé croire qu'une Licence obtenue à Mascara ou Bouira permet de faire le Master à Oxford ou à Stanford a été promu ministre. Voici, pour illustration ce que nous trouvons encore en 2015, sur le site de l'université de Blida qui explique les avantages du LMD :

Question : *Quelle est la valeur d'un diplôme LMD ?*

Réponse *: C'est un diplôme labellisé comme étant un diplôme de référence internationale. Il permet donc à son détenteur de le faire valoir partout dans le monde ou le LMD est en vigueur : le système LMD est pratiquement identique tant sur le plan de l'architecture que celui des contenus des programmes dans tous les pays qui l'appliquent.*

Dans la paranoïa générale où l'on essaie de déguiser des critiques objectives d'un projet aux limites inconsistantes, en haute trahison, ceux qui osent dire que « le roi est nu » et qu'une réforme de cette envergure demande un minimum de réflexion sont écartés des postes de responsabilité au profit de jeunes loups désireux d'avancer à peu de frais. Les conséquences sont désastreuses. Pour en juger, voyons ce qui s'est passé pour les sciences économiques. Le premier travers dans lequel est tombé le LMD est celui qui consiste à croire que la juxtaposition d'un grand nombre de projets particuliers fera un grand projet collectif. Les sans-grades et sans expérience qui se sont empressés d'élaborer des propositions ont réfléchi sur la base de leur expérience personnelle, de leur cursus propre et de leurs intérêts bien-pensés. Ils allèrent à la guerre dans un désordre indescriptible et comme le hasard ne fait pas bien les choses, il advint que les licences qui ont été proposées ne recouvrent pas tous les domaines de la science économique. Le cursus se retrouvé expurgé de pans entiers du corpus ; des matières qui sont les piliers porteurs de la discipline comme l'*Introduction à l'Economie Politique*, les *Relations économiques internationales*, *l'Histoire de la pensée économique*… tombent de la licence ; bousculées par les *Management*, *Marketing*, *Finance*… Parallèlement à cela, les militants du LMD, pressés par le temps et désireux de présenter un bon visage du système, ont escamoté les problèmes qui fâchent, laissant au temps le temps de les régler[1]. Ces problèmes tiennent aux modalités de passage d'une année à l'autre (y a-t-il ou non, compensation entre semestres ?), les conditions d'accès au Master[2] (quels filtres appliquer pour le passage

[1]La vérité est que chacun essaie de faire avancer sa cause à tout prix maintenant, sachant que lorsque les problèmes commenceront à apparaitre dans deux ou trois ans, ils seront ailleurs et ce sera à d'autres d'y faire face. En Algérie tout le monde (ministres, walis, recteurs, maires…) pratique cette stratégie du *Legs empoisonné*.

[2] Ce n'est qu'en 2011, qu'une série d'arrêtés a été promulguée pour réguler le processus.

au Master ?, combien de Masters est-il nécessaire d'ouvrir ? Quelles continuité/rupture instaurer entre les licences et les masters ? Qui peut ouvrir un Master ?...). On les retrouve également, lorsqu'on s'inquiète des moyens humains et des outillages et équipements qui doivent accompagner le LMD car la question ne semble préoccuper personne. A quoi s'ajoute la difficulté suivante : le LMD exige une activité intense de l'étudiant en dehors de l'université, ce qui sous-entend un usage intensif des TIC, notamment de l'internet. Les promoteurs du système ignoraient-ils que le taux de pénétration de l'Internet en Algérie est l'un des plus faibles du monde ? Que le débit est d'une faiblesse et d'une lenteur affligeantes ? Que le pays tout entier n'offre rien aux surfeurs et que les Algériens surfent en mode *.fr* ?...

Les problèmes arrivent à maturité à l'issue de la licence, lorsque les étudiants réalisent coup sur coup que les études LMD sont comme celles d'avant, que la licence en trois ans contient peu de connaissances et qu'il est impossible de trouver du travail avec, que le Master n'est pas ouvert à tous... Les problèmes éludés, ignorés et repoussés tombent comme une masse sur l'université au milieu du gué. Grèves, menaces, bras de force, avancées, reculades, faux-fuyants... ont rythmé les cursus. En réponse, la tutelle fait ce qu'elle sait le mieux faire : atermoyer, en laissant survivre pour de longues années le système classique à côté du nouveau. La transition qui a duré une bonne dizaine d'années a été épuisante pour les staffs des facultés qui se retrouvent à mener de front une grande variété de licences, de modules, de coefficients, de diplômes... favorisant les erreurs, les dépassements et finalement le laisser-faire. Chacun fait face à ses problèmes comme il peut et comme il veut, mais ce faisant crée des précédents qui rendent les problèmes plus aigus encore l'année d'après. Au milieu de ce tangage général, il subsista une règle intangible : il faut assurer le succès du LMD en l'accréditant de résultats inespérés et supérieurs à ceux du système classique[1]. Ayant compris le piège dans lequel s'est enferré le système, les étudiants commencent à lever le pied et à compter sur la bienveillance de l'administration pour avancer plutôt que sur leurs efforts. L'université déjà assommée par le volume des effectifs et la mauvaise qualité de leur formation, entre dans une phase de dépersonnalisation que la

[1] Des Recteurs sont allés jusqu'à retoucher les résultats des délibérations ou obliger les comités de délibération, censés être souverains, à revoir les délibérations pour améliorer les taux de passage.

réalisation de nouvelles infrastructures, l'amélioration du budget de la recherche et le doublement des salaires des enseignants n'arrivent pas à endiguer.

Luttant pied à pied et au jour le jour, pour faire tenir debout un géant aux pieds d'argile, personne n'a vu que la rivière a quitté son lit et que le LMD est devenu une caricature de lui-même. En effet, les licences professionnelles auxquelles il fait la part belle n'arrivent pas à s'imposer ; non seulement parce que personne n'y était préparé à l'université, mais surtout parce qu'elles mettent à contribution des acteurs extérieurs à l'université : les entreprises. Les entreprises sont ainsi brutalement sollicitées pour une mission pédagogique pour laquelle elles ne sont pas outillées et qu'elles n'ont jamais demandée. Aussi bien les grandes entreprises publiques que les petites entreprises privées qui faisaient face à d'inextricables difficultés n'avaient le désir ni surtout les compétences pour une coopération poussée et exigeante avec l'université. C'est pourquoi elles ne sont pas laissées embrigader. Un nombre infime de licences professionnelles a vu le jour, mais c'est pour ouvrir immédiatement sur un autre scandale, car les détenteurs d'une licence « pro » eurent tôt fait d'exiger l'accès au Master puis au doctorat, comme tout le monde. Et bien sûr, ils eurent gain de cause[1]. Ainsi il est devenu possible en Algérie de commencer des études professionnelles et de terminer avec un doctorat académique[2].

L'université a enregistré une autre dérive tout aussi importante touchant au tutorat, une des grandes nouveautés du système. Outre les cours, TD et TP réglementaires, les enseignants doivent consacrer un certain nombre d'heures par semaine à recevoir, guider, aider… un certain nombre d'étudiants ; pour réduire les incompréhensions, les frottements et les conflits. C'est une nouveauté pour tout le monde et il ne suffit pas de la décréter pour que cela marche, car l'opération exige la disponibilité d'espaces adéquats pour recevoir disons une dizaine d'étudiants. En réalité une multitude de questions qui n'ont pas été abordées ont empêché la mise en œuvre du tutorat (jusqu'en

[1] Ce que nous rapportons s'est passé à l'université de Bejaia mais aussi partout ailleurs dans le pays.

[2] Avec un zèle digne d'une meilleure cause, une petite équipe de la Faculté d'Economie de Bejaia a proposé une licence professionnelle. Par retour de courrier et sans aucune explication, le ministère l'a agréée comme licence académique sans avoir changé une virgule au programme.

2015, pour l'université de Bejaia). Qui va *tutorer* ? Qui doit être *tutoré* ? Combien un enseignant doit-il *tutorer* d'étudiants ? S'agit-il d'une discussion collective ou individualisée ? Le tutorat est-il obligatoire ou facultatif (pour l'enseignant et pour les étudiants) ? Aujourd'hui encore, personne n'a de réponse à ces questions.

La foi dans le LMD s'étiole et s'effiloche, même auprès de ses partisans les plus aveuglés. Que faut-il en faire alors ?

En réalité, s'accrocher aux tares du seul LMD reviendrait à regarder le monde par le trou de la serrure ; l'échec du LMD traduit l'échec de l'université qui lui-même traduit l'échec (ou l'absence) du projet de société de l'Algérie. C'est un échec qui prend logiquement et spontanément sa place auprès d'autres échecs touchant au système de santé, au système sportif, au système financier, au commerce international, à l'agriculture, etc. Plutôt que le système LMD, c'est l'Algérie qui a des problèmes, on ne pourrait par conséquent envisager sérieusement de réforme du système éducatif si on laisse tout le reste inchangé.

5- La R&D AU SEIN DE L'ENTREPRISE

Il est de règle qu'un système de recherche bénéficie d'un financement mixte partagé entre l'Etat et le secteur privé. Toutefois, des conditions historiques propres à chaque peuple donnent davantage de poids à l'un ou à l'autre de ces *mécènes*. L'apport du secteur privé peut prendre la forme de sponsoring au profit de projets spécifiques que réalise l'université, mais plus vraisemblablement il s'agit de la prise en charge de la R&D au sein de l'entreprise. D'ores et déjà, dans de nombreux pays développés, la part du privé dépasse celle de l'Etat (Israël, Japon, Corée du Sud, Etats-Unis, Allemagne, France…). S'agissant de l'Algérie, on pourrait croire que la médiocrité de la recherche à l'université soit compensée par un effort intense de recherche dans les entreprises privées[1]. Voyons ce qu'il en est.

Rappelons pour commencer que lorsque l'Etat a été poussé à se mettre en retrait de la sphère économique, les opérateurs privés ont essayé avec des moyens dérisoires de combler le vide qu'il a laissé, libérant la PME. Ce qui fait la force de la petite entreprise c'est sa souplesse. Sa petite taille lui permet de louvoyer pour s'adapter

[1] Nous ne nous intéresserons qu'à l'entreprise privée, l'entreprise publique ayant des soucis plus urgents que la recherche.

presque en temps réel aux rapides changements qui interviennent dans son environnement (arrivée d'une nouvelle technologie, évolution des goûts des consommateurs, apparition de produits de substitution, enchérissement d'un composant…). Pour jouir d'une telle liberté de comportement, elle doit être légère et *voyager sans bagages*, en se procurant auprès des autres entreprises tout ce dont la production la distrairait de son activité principale. Il en est ainsi, notamment de la R&D qui coûte cher, dont les résultats sont aléatoires, mais qui constitue néanmoins le moteur de la compétitivité. La PME n'a pas les moyens de faire de la recherche en interne, mais elle a pu y suppléer par un certain nombre d'actions indirectes (OCDE 1998 et 2002a).

Comme une innovation n'a pas forcément un caractère révolutionnaire et coûteux, elle peut porter sur une amélioration de détail sur un produit existant que même une PME peut mettre au point. En deuxième lieu la petite entreprise veille à tirer profit des avancées scientifiques et des innovations que lui fournit gratuitement son environnement (universités, laboratoires de recherche, grandes entreprises, étranger, presse spécialisée, Internet…) et de les adapter à son cas spécifique. En troisième lieu, un groupe de petites entreprises peut conduire ou financer une recherche sur un problème commun. En quatrième lieu enfin, la PME peut faire commande sur un problème précis à une structure de recherche spécialisée (universités, laboratoires, laboratoires de recherche des grandes firmes…). La grande capacité d'adaptation de la petite entreprise lui permet de gérer un processus d'innovation permanent qui colle aux besoins du marché : abandon d'un produit pour un autre, occupation de nouvelles niches, production de plusieurs produits en petites quantités, fusion avec une entreprise qui vient de réaliser une innovation… Constamment sur la brèche, elle explore et exploite toutes les ressources qui s'offrent à elle.

En Algérie, comme il a été souligné dans le chapitre consacré à l'industrie ; pour fuir les problèmes, les PME se sont orientées vers les créneaux sans technologie et/ou utilisant les techniques les plus simples et depuis longtemps tombées dans le domaine public. Les entrepreneurs ont purement et simplement évacué la recherche de leurs préoccupations, considérant le moindre stage en faveur du personnel comme une charge et non comme un investissement. Ce résultat est décevant, car il annonce que la recherche qui se pratique déjà fort peu à l'université n'existe pas du tout à l'entreprise.

Conclusion

Au regard des espoirs suscités par l'école et des sacrifices qui lui ont été consentis par le peuple et du rôle de fanal dans la nuit qu'elle est censée jouer, dans un pays ravagé par l'ignorance ; l'école aurait pu et dû être le fleuron des réalisations de l'Algérie devenue indépendante. Hélas, une fée Carabosse lui jeta un mauvais sort au berceau, en en faisant le terrain de jeu de Politiques, mal inspirés qui lui firent subir toutes les manipulations possibles pour en faire un atout dans leur jeu. L'école a été envoyée à des missions casse-pipe à mille lieues de celles qu'elle devait remplir. Prenant en otage plus de dix millions d'Algériens, elle réussit le pari de pouvoir transformer un enfant normalement intelligent en zombie en quelques années d'école fondamentale. A l'ère des économies fondées sur la connaissance, la masse des élèves sait comment on lave un mort, mais ne sait pas diviser 8 par 7, ni faire une règle de trois. Il devient de plus en plus évident que non seulement l'école ne produit pas et ne diffuse pas de savoirs scientifiques, mais qu'elle est formatée pour propager ignorance, superstition et obscurantisme.

L'économie est la première à en pâtir, obligée à des activités de bricolage qui lui épargne de frayer avec la technologie. Nulle part dans le pays, on ne trouve d'organismes qui font de la recherche (qu'elle soit fondamentale ou appliquée) ou qui trouvent, quand on en trouve. Le tout n'est pas de chercher, mais aussi de trouver, sinon la recherche deviendrait une charge.

Le système national d'éducation et de formation ne peut continuer à se développer dans l'éther, sans vision et sans visibilité. Lorsque le pays n'aura plus d'hydrocarbures à exporter, il doit forcément exporter autre chose non seulement pour remplacer les rentrées pétrolières, mais aussi pour financer l'importation de produits pétroliers. Mais que peut exporter l'Algérie ? Nous n'avons pas une liste préétablie de produits et une telle liste est inutile, mais nous avons une certitude : les entreprises algériennes ne pourront accéder au marché mondial qu'avec des produits nouveaux que les entreprises chinoises, américaines, allemandes, turques…, ne peuvent pas produire pour la bonne raison que les entreprises algériennes viennent de les mettre au point et les ont protégés avec tout un chapelet de brevets. Il n'y a pas d'autre alternative, sauf à bricoler, mais pour en arriver là, que de réformes sont nécessaires, touchant à tous les aspects de la vie sociale-économique-politique et surtout au système d'éducation et de formation. L'école doit être libérée (c'est une véritable libération, un désenvoûtement même) de l'emprise de la politique, de l'idéologie et de la religion, pour être rendue à la science et à la raison en mettant au cœur du système l'anglais et les mathématiques.

Chapitre 4
VILLE
L'antre de la bête

Tout au long de l'histoire, la ville a subi le principe de destruction-créatrice de Joseph Schumpeter (qui dérive d'une certaine manière de la survie du plus apte de Darwin). Les cités construites en temps de paix, sont détruites en temps de guerre, permettant aux villes de se régénérer, de s'adapter, de profiter des dernières technologies pour améliorer leurs capacités à accroître les probabilités de survie de leurs habitants.

Progressivement, l'homme injecte dans sa ville tout ce qu'il arrive à maîtriser de savoir et de savoir-faire, afin de la conduire à devenir l'instrument de sa survie. Une ville harmonieuse offre à ses habitants sécurité, confort et facilités qui les mettent dans les meilleures dispositions pour accroître leur patrimoine scientifique et technique. Celui-ci étant immédiatement injecté dans le corps de la ville, il s'enclenche un cycle vertueux : une ville équilibrée rend ceux qui l'habitent plus forts, ce qui leur permet de développer le savoir nécessaire pour rendre la ville plus puissante et ainsi de suite. A l'opposé une ville déstructurée et déséquilibrée écrase ses habitants, devenant un vecteur de désordres et un facteur d'insécurité. Lorsque les hommes maltraitent leur ville, elle le leur rend au centuple : l'homme déforme la ville qui déforme la société qui déforme la ville qui… en un processus vicieux, auquel il est difficile de s'arracher.

Ce qui nous préoccupe, bien sûr, c'est de savoir où en est la ville algérienne ? Quels sont les problèmes qui se posent à elle et quels problèmes elle-même pose ? Comment les Algériens de manière générale et les pouvoirs publics en particulier composent-ils avec ces problèmes en vue de les dépasser ? A quel coût ? Ce sont quelques-uns des questionnements qui nous amènent à poser la problématique de la politique algérienne de la ville. L'objectif n'est pas de tout voir et de tout dire, mais d'attirer l'attention sur suffisamment de distorsions pour susciter une réflexion sur certains aspects fondamentaux, mais auxquels il est prêté peu d'attention. C'est la ville de Bejaia qui prêtera son visage à notre portrait.

1- L'HOMME ET LA VILLE

L'économiste définit la ville comme un lieu qui apporte aux entreprises un certain nombre d'avantages qu'elle ne trouvera pas ailleurs : les *économies externes*. Les économies externes propres au milieu urbain représentent des profits non liés directement à l'activité de la firme, mais qui résultent de sa localisation, à proximité d'autres firmes, d'un grand marché qui représente un débouché immédiat pour sa production, d'un marché du travail ou d'une main-d'œuvre qualifiée, de la disponibilité d'infrastructures et équipements publics (aéroports, autoroutes, universités, équipements culturels, etc.), de la qualité de la vie urbaine ou de l'image de la ville… Les économies d'agglomération représentent les gains que réalise une firme du fait de sa localisation.

11- La ville : une concentration d'hommes hiérarchisés

La ville est un produit de l'histoire, une interprétation de l'ingéniosité de l'homme mis en demeure de survivre dans un milieu extrêmement hostile où ses attributs physiques lui donnent rarement le dessus. Nous avions pu dire que la ville est à l'homme ce que sa carapace est à la tortue, ses crocs au tigre ou sa vitesse à l'antilope : l'instrument de sa survie. A cette différence fondamentale que la carapace, les crocs et la pointe de vitesse sont donnés à la tortue, au tigre et à l'antilope, mais que la ville est un construit d'une variété et d'une diversité inouïes. C'est tout à la fois une œuvre d'art, une œuvre intellectuelle, une œuvre civilisationnelle, une œuvre industrielle, et c'est surtout une œuvre en devenir qui progresse, évolue et se transforme. Chaque société, en fonction des contraintes du moment (besoins à satisfaire, moyens et technologies disponibles, données naturelles de l'environnement…) se dote d'un cadre protecteur qu'il perfectionne continûment jusqu'à s'en faire l'attribut de survie le plus sophistiqué qui soit. L'homme est aujourd'hui l'une des rares espèces animales dont la population est en accroissement alors que les prédateurs les plus forts et les dangereux sont en voie d'extinction ou ont déjà disparu.

En disant « homme », nous exagérons, car ce qui a de l'intérêt ce n'est ni l'individu ni le groupe, mais le groupe organisé et hiérarchisé qu'on appelle *société*. La société opère une rupture épistémologique avec la horde à laquelle elle est infiniment supérieure. La ville serait donc l'expression d'un troupeau organisé socialement et spatialement, l'organisation dans l'espace est une interprétation de l'organisation et de la hiérarchisation sociales. C'est toute la différence qu'il y a entre 100 000 individus qui remplissent le state de Maracaña et la population d'une ville de 100 000 habitants. Au Maracaña les individus ne sont ni hiérarchisés ni liés par des liens sociaux, politiques, culturels… qui sont le ciment de la société, aussi le groupe se disloque et disparaît juste après le match.

Le réseau de liens culturels, linguistiques, sociaux, économiques, etc. fait de la ville une entité nouvelle douée de sa propre vie et de sa propre raison. Non seulement la société est différente de chacun des individus qui la composent, mais surtout elle développe une force et une intelligence supérieures à la somme des forces et des intelligences des personnes qui en sont constitutives. La seule loi des grands nombres indique que plus grande est la société, plus grandes sont sa puissance et sa capacité à survivre dans un environnement de prédateurs. D'ailleurs, l'instinct grégaire joue pour de nombreuses espèces animales qui vivent en troupeaux, en meutes, en hordes… mais ce ne sont que des formes primaires et inabouties de la société des hommes.

12- La ville : une concentration d'hommes qui « savent »

Le monde a abordé depuis deux ou trois décennies une étape où la compétitivité de l'entreprise n'est plus portée l'utilisation de matières premières bon marché et/ou d'une main-d'œuvre corvéable à merci, mais par sa capacité à développer en son sein une fonction de recherche et développement (R&D) qui l'alimente en continu en innovations techniques, technologiques, organisationnelles qui lui permettent de distinguer son produit de ceux des entreprises du même secteur (chapitre précédent). Cette distinction vise à donner spontanément à l'entreprise le monopole sur « son » produit, telle sorte que pour un moment elle puisse le vendre à un prix au-dessus de celui du marché. L'entreprise sait bien que son produit finira par être copié, mais entre-temps elle aura pris soin de développer un autre produit et ainsi de suite. La survie de l'entreprise dépend de sa capacité à avoir constamment une longueur d'avance sur ses concurrents. Les personnes qui sont capables de catalyser ainsi l'entreprise sont celles qui ont investi dans leur formation suffisamment pour devenir capables de trouver des solutions originales aux problèmes qui rencontrent les entreprises.

Pour survivre dans un environnement concurrentiel et/ou pour accroître ses profits, une entreprise a besoin de :

- Travailler sans répit sur chacun des segments de la chaîne de valeur pour comprimer ses coûts de production afin de les mettre aussi loin que possible en dessous du prix du marché.
- Introduire sur son produit des innovations ou des caractéristiques qui le rendent différent du produit standard disponible sur le marché. Cette différenciation va justifier que le produit se vende à un prix supérieur au prix du bien standard.

La compétitivité d'une entreprise n'est, donc, plus déterminée par un environnement « donné » (attractivité de *first nature*), mais elle est « construite » par elle-même (attractivité de *second nature*). La compétitivité se construit à force d'ingéniosité, de maîtrise des sciences, de recherche continue..., atouts dont seuls jouissent ceux qui ont reçu une formation très avancée qui les rend apte à résoudre des problèmes originaux. Ces individus surqualifiés constituent le Capital Humain dont la constitution a un coût élevé qu'il s'agira d'amortir. L'individu qui décide de passer plusieurs années de plus à l'université au lieu de gagner de l'argent en travaillant, doit être assuré non seulement de trouver un emploi, mais aussi et surtout de percevoir un salaire élevé pour amortir les coûts de sa formation. C'est pourquoi il se dirige vers le seul endroit où s'exprime un besoin énorme pour ses talents : la ville, où se concentrent déjà les entreprises. Ainsi les diplômés vont là où se concentrent les entreprises (susceptibles de les employer contre un gros salaire) et les entreprises choisissent de s'installer là où il y a une forte concentration de travailleurs qualifiés. Mieux, la ville participe à produire la main-d'œuvre hautement qualifiée et à lui offrir les conditions de s'améliorer et de se dépasser ; alors que cette même main-d'œuvre très qualifiée contribution à rendre les entreprises plus compétitives et les villes plus attractives.

13- La ville : une concentration d'entreprises

La vocation d'une entreprise est de produire des biens et/ou des services et de les vendre soit à d'autres entreprises (qui vont les utiliser comme intrants) soit aux ménages (qui vont les consommer directement). Le but étant de faire en sorte que le prix de vente couvre au moins les coûts de production ; plus le fossé qui sépare ces deux variables est large plus gros seront les bénéfices. Les profits de l'entreprise sont réalisables sur deux plans. Au plan microéconomique, l'organisation du processus de production, les choix technologiques, la gestion des différentes fonctions... doivent bénéficier d'une gestion modèle, car toute erreur, négligence ou incompétence va se traduire par des pertes. Toutefois, même une entreprise correctement gérée n'est pas assurée de réaliser des profits dans la mesure où elle peut avoir à souffrir de l'influence néfaste d'un environnement pourri, sur lequel elle n'a aucune prise. C'est pourquoi elle va essayer d'adopter la stratégie du coucou en se localisant dans un environnement sain qui tend à minimiser ses coûts et à maximiser ses gains, selon les voies suivantes :

- Elimination des coûts de transport des intrants qu'elle utilise pour produire.
- Elimination des coûts de transports de son produit jusqu'au marché.
- Accès facile à la main-d'œuvre hautement qualifiée.
- Utilisation d'infrastructures de qualité (port, aéroport, rail, université...).

Il n'y a qu'un seul endroit capable d'offrir autant de stimulants, c'est celui où se trouvent déjà concentrées des entreprises et des travailleurs, c'est-à-dire la ville. En effet, dans la mesure où elle achète tout ou partie de ses équipements et ses intrants auprès de ces entreprises et qu'elle leur vend tout ou partie de son produit, elle annule une partie de ses coûts de transport. De plus la présence de nombreux ménages lui garantit un marché stable pour son produit et la concentration de cadres exigeants ayant des revenus élevés est un gage pour une demande pour des produits nouveaux et différenciés. Toute nouvelle entreprise qui arrive sur le marché va donc chercher la proximité d'autres entreprises et elle va privilégier la proximité des entreprises qui travaillent dans le même secteur d'activité.

Pour conclure sur cet aspect nous retiendrons que la ville est une concentration d'hommes organisés et hiérarchisés et qu'une ville moderne y ajoute, une grande concentration d'*hommes qui savent.* Pour cela, la ville est recherchée par les entreprises ; ce qui permet de la définir également comme une concentration d'entreprises. Les hommes attirent les entreprises qui attirent les hommes qui attirent les entreprises qui…

2- ALGERIE : LA VILLE PLANIFIEE

Tout au long de sa longue et tumultueuse histoire, l'Algérie a réussi à compter des villes importantes tout en restant profondément rurale. Des agglomérations comme Hippone, Cirta, Saldae, Iol, Milev, Naciria, Tihert… attestent que le pays a connu des formes d'organisation et de vie urbaine en même temps que le reste du monde sinon avant lui. La colonisation française y a introduit l'urbanisme moderne et ramené les villes sur le littoral. En sortant, la France a laissé l'Algérie en bord de mer avec un désert de 2 000 000 km² derrière.

A l'indépendance l'exode rural déjà catalysé par la politique des cantonnements (1856-57), le *Sénatus Consulte* (1863) et la loi Warnier (1873), va se poursuivre pour de nombreuses raisons dont les plus importantes sont les destructions de la guerre, l'industrialisation et le besoin de changer. Le pays a donc, enregistré un processus d'urbanisation intensif qui a produit une génération de villes grâce à laquelle une population presque totalement rurale mua en une population globalement urbaine en moins d'un demi-siècle. Si les phénomènes qui ont induit cette urbanisation massive sont relativement bien connus aujourd'hui, il reste à expliquer les choix urbanistiques du pays. En effet, le moins que l'on puisse dire c'est que la ville algérienne a refusé de continuer le modèle développé au cours de la période coloniale, sans pour autant essayer de retrouver un éventuel modèle précolonial. Les décideurs de l'époque ont préféré opérer une véritable rupture épistémologique, grosse d'un modèle nouveau et unique désigné par le barbarisme de *ZHUN*. Il n'existe nulle part de documents doctrinaires auxquels une telle approche de l'urbanisation est adossée. On n'y arrive que par une piste détournée qui est la référence au socialisme que l'Algérie a embrassé.

Dans la seconde moitié du XIX° siècle s'est développé en Europe et en France, notamment, un courant de pensée mineur appelé *Socialisme utopique*, dont les principaux représentants sont Etienne Cabet, Joseph Proudhon, Henri de Saint-Simon et Charles Fourier. C'est Marx lui-même qui montra l'inanité de leurs élucubrations mesquines et moralisatrices, quand il commença à asseoir les fondements d'un Socialisme scientifique. L'un des utopistes les plus prolixes et les plus célèbres est Charles Fourier que Robert Heilbronner qualifie irrévérencieusement, de fou. Fourier doit d'être resté dans les manuels d'économie, mais surtout d'architecture, à une vaste et minutieuse construction intellectuelle, figurant le cadre de vie idéal pour une société égalitaire. Le projet auquel il donna le nom de phalanstère (construit à partir de *phalange* et de *monastère*) est une structure qui tient tout à la fois de la ruche, du pénitencier, de la cité universitaire et du complexe touristique. Son idée est que la vie d'une société s'organise en un ensemble de fonctions auxquelles il s'agira de fournir un cadre idoine (manger, dormir, travailler, s'amuser, s'éduquer ...). Le socialisme commande que les fonctions soient distinguées et détachées les unes des autres et qu'elles soient remplies collectivement par tous les membres concernés de la communauté.

Ainsi aux fonctions de manger, dormir, travailler, se divertir... correspondent des zones spécifiques de la ville qui sont, chacune, à vocation unique et les membres de la communauté y vont satisfaire leurs besoins, ensemble. Par exemple les appartements ne servent plus que la fonction « sommeil » c'est pourquoi ils s'atrophient pour atteindre la taille d'une petite chambre où le couple rentre dormir (les enfants sont élevés en communauté dans un autre espace approprié). Les repas sont préparés dans des cuisines collectives et pris en commun dans de vastes salles à manger, le linge est lavé dans des buanderies collectives, l'éducation, les loisirs... sont collectifs. La passion mystique qui anime Fourier le pousse à aller dans un luxe de détails qui finit par être fatal à son projet en lui ôtant toute crédibilité.

Nous en sommes là lorsque Friedrich Engels, le fidèle ami de Marx, rédigeant *La question du logement*, fut pris de court sur la forme du logement de type socialiste et il se laissa aller, imprudemment, à faire référence au modèle de Fourier. Bien plus tard, après la révolution d'octobre 1917, le pouvoir soviétique décida qu'il faut offrir à l'Homme Nouveau (HN) un cadre de vie qui soit typiquement socialiste bien que personne ne sache vraiment comment est fait un cadre de vie socialiste. Aussi chercha-t-on dans les écrits des pères-fondateurs quelques allusions susceptibles d'aider à avancer, mais il n'y a rien, hormis le fameux paragraphe où Engels fait référence au modèle de Fourrier. Il n'en fallut pas davantage pour que le projet de Fourier (via l'autorité d'Engels) soit élevé au rang d'habitat idéal dans une société socialiste. Partant de ce noyau, toute une génération d'architectes, urbanistes, économistes, poètes, hommes politiques… prolongèrent la réflexion et la portèrent à des limites où Fourier lui-même n'aurait sans doute pas osé s'aventurer, puisqu'on en arriva à parler de *condensateurs sociaux*. C'est le fameux débat des années 20 en Union Soviétique[1]+[2]. Ainsi, est né le principe de la structuration de la ville en zones à fonction unique, dit : zonage ou *zoning*. Il y a une zone pour habiter, une zone pour stocker, une zone pour travailler, une zone pour l'activité de services, une zone pour les loisirs, une zone verte…

Paradoxalement, la philosophie du projet va être exhumée dans les pays capitalistes pour une mise en œuvre à grande échelle, au lendemain de la seconde guerre mondiale, sous le nom de « *Grands ensembles* ». L'objectif n'étant pas, ici, de refaire l'histoire des grands ensembles, mais de dire qu'ils sont une source d'inspiration pour l'expérience d'urbanisation dans l'Algérie indépendante et de rappeler que ce modèle a été introduit dans notre pays dans le cadre du Plan de Constantine (1958).

L'immense succès des grands ensembles lors de la reconstruction de l'Europe doit quelque chose aux grands débats des années 20 en URSS, mais elle doit beaucoup, également, à un groupe d'architectes et penseurs qui développent des principes urbanistiques et architecturaux avant-gardistes dans le cadre des CIAM (congrès internationaux d'architecture moderne) dont l'animateur principal est l'architecte franco-suisse Le Corbusier. Les principes de l'urbanisme nouveau sont énoncés par Le Corbusier dès le début des années 20 avec son projet pour une ville de 3 millions d'habitants dit Plan Voisin (1923) et dans un ouvrage fondateur intitulé simplement

---

[1] Les passionnants débats des années 20, nous sont rapportés, entre autres, par Anatole Kopp (1967, 1975, 1979).

[2] Rappelons pour la petite histoire que les débats ayant irrité Staline, il met brutalement fin à l'expérience en 1929.

Urbanisme, publié en 1925. Quant aux principes de l'architecture moderne, ils sont détaillés dans un document célèbre dit « Charte d'Athènes » élaboré en 1941. Faute de temps et de moyens, les grands ensembles réalisés partout en Europe, firent de larges entorses aux principes de l'architecture internationale et c'est de cet ersatz que l'Algérie va dériver son modèle d'urbanisation en mettant en avant la ZHUN. Ayant moins de compétence et moins d'argent, elle va diluer ce qui a été le dilué d'une idée fantaisiste.

Le principe du zoning tire sa cohérence de la juxtaposition d'autant de zones qu'il y a de fonctions à satisfaire, mais dans sa mise en œuvre il apparaît des difficultés dont aussi bien la solution que l'absence de solution, éloignent les réalisations du modèle théorique. L'une de ces difficultés tient à la carence en moyens financiers. En Algérie, l'Etat manquant de moyens pour réaliser toutes les zones constitutives de la ville, s'attaque en priorité au problème qui se pose avec le plus d'acuité : le logement. Les zones d'habitat apparaissent et commencent à proliférer, mais avec une texture de plus en plus simplifiée, de plus en plus diluée, au point d'être qualifiées par les usagers (pourtant peu exigeants) de *cités-dortoirs*. La ZHUN repose sur deux principes d'urbanisme : le plan ouvert et le plan type.

Le principe du Plan Ouvert

L'*Open plan* ou Plan ouvert est un choix urbanistique qui sépare nettement les vides et les pleins, pour souligner l'importance que revêtit la fonction de circulation dans la ville moderne. Le Corbusier est l'un des principaux promoteurs de cette approche et son idée est que la ville doit faciliter le mouvement, tout type de mouvement, mais c'est à la circulation automobile qu'il pense. Déçu par les villes européennes dont la trame est héritée du moyen-âge et impressionné par la trame de la ville américaine, résolument moderne, il préconise de libérer les édifices de la dictature des rues (ce sont les constructions alignées qui définissent la rue). Les vides (rues) et les pleins (constructions) ont chacun sa propre logique qu'il doit suivre. La rue doit exister en soi et pour soi et non plus en tant que résultant d'alignements de maisons. Les bâtiments, pour leur part, doivent avoir la forme, le gabarit et l'orientation qui conviennent à leurs fonctions plutôt que se soumettre à des contraintes de continuité, d'alignement, de gabarit, de façade… Ce principe urbanistique est critiquable en soit, mais ce qui été fait dans les ZHUN en est une caricature. On prend un grand terrain vierge (qui peut avoir quelques dizaines à quelques centaines d'hectares de superficie), on y fait passer les bulldozers pour tracer un réseau hiérarchisé de rues et ruelles et délimiter des îlots sur lesquels seront répartis les bâtiments. Sur papier, une ZHUN est sensée accueillir des logements, mais aussi un certain nombre d'équipements de proximité (selon les cas et la taille de la ZHUN : écoles, mosquée, bureau de poste, supermarché, centre de santé, espaces verts, terrains de jeux…). Sur le terrain, par contre, il se pose un problème, car les immeubles d'habitation, bénéficiant de la priorité, sont réalisés en premier et l'on aura pris soin de les poser aux endroits les plus favorables (ceux qui n'obligent pas à des dépenses de terrassements, d'excavation, murs de soutènement, etc.). La majorité des équipements ne seront jamais réalisés ; au début pour manque d'argent puis par manque d'assiettes de terrain. Ce qui donne à la ZHUN cet aspect de terrain vague sur lequel sont posés n'importe comment des bâtiments-types, à fonction unique : habiter (ou dormir).

Figure 1 : Portion de la ZHUN de Sidi Ahmed (Béjaia), 200 ha, 5000 logements

Le principe du plan-type

L'Algérie est un pays vaste et très diversifié par le relief, le climat, les coutumes,... mais à cette grande diversité les pouvoirs publics ont opposé, en matière d'urbanisme et d'architecture, le carcan du plan-type. Un plan-type de bâtiment est une œuvre purement intellectuelle, exécutée sur papier, en-dehors de toute référence à l'espace d'accueil, au nombre et à la qualité des utilisateurs, aux problèmes d'intégration dans le tissu existant... Une fois le produit conçu, il peut être réalisé en n'importe quel point du territoire national : au nord ou au sud, dans une grande ville ou dans un hameau, au centre-ville ou en banlieue, sur un grand boulevard ou dans une impasse... Lorsque la configuration du terrain ne se prête pas, ce n'est pas la forme du bâtiment qu'on modifie, mais celle du terrain, rasant, arasant, comblant, mutilant, jusqu'à obtention d'une assiette plate pouvant accueillir un bâtiment standard. Ainsi se multiplient à travers tout le pays les lycées 1000/300, les hôpitaux de 240 lits, les commissariats de daïra, les Souk-El-Fellah, les écoles base 5, base 7 ou base 12 et surtout les mêmes immeubles d'habitations... C'est à ce principe qu'un citoyen de Béchar doit d'habiter dans la même F3 que ses compatriotes de Mostaganem ou de Bab Ezzouar. Le recours au plan type a été d'abord vécu comme une solution à un tout un faisceau de problèmes tels que : le manque de compétences humaines, la rareté des moyens, la difficulté à identifier les besoins... En effet, s'il a été facile de décréter le droit au logement, y apporter une réponse est une autre paire de manches. De prime abord on a buté sur la question de la caractérisation du type de logement que mérite l'Algérien nouveau. Il faut y ajouter la contrainte que si le citoyen ne sait pas ce qu'il veut, il sait ce qu'il ne veut pas, soit un retour au cadre de vie traditionnel. Par ailleurs, faire du logement un « droit » pour tous, est quelque chose comme un péché d'orgueil, car le pays n'a pas les moyens d'honorer un tel engagement. Partant sans idées claires, les concepteurs optent pour un habitat virtuel pour un homme hypothétique. C'est un cadre de vie neutre qui ne correspond aux besoins d'aucune famille, d'aucune catégorie sociale, d'aucune région..., C'est à l'occupant de s'adapter au logement qu'il a reçu (car le logement est donné et c'est son seul grand avantage). Toutefois, même avec cette simplification drastique, la situation reste préoccupante, car les besoins se sont révélés énormes et les capacités de réalisation trop faibles. La livraison se faisant au compte-gouttes, il a fallu ouvrir des listes d'attente, une attente qui va se compter en années. L'attentisme n'étant pas une solution viable, les citoyens impatients réagissent de deux manières. Certains ont choisi la voie de la facilité en se construisant une baraque qu'il réalise eux-mêmes en périphérie avec des matériaux de fortune. La multiplication de ce type d'habitations et leur inscription dans la durée inflige à la ville le fléau des bidonvilles qui vont pour longtemps faire partie des canons urbanistiques du pays. Les autres (en Kabylie notamment) ont privilégié la politique du compter-sur-soi et entreprennent de construire leurs propres maisons. Malheureusement, le logement est un monopole de l'Etat et la loi interdit au particulier de prendre de telles initiatives. C'est pourquoi le citoyen va réaliser sa maison en cachette de l'administration. L'opération se déroule dans des conditions extrêmes :

- Il faut trouver un lot de terrain à acheter sans aucun document officiel, afin de ne pas alerter l'administration.
- Le chantier doit être dissimulé aux yeux de l'administration qui utilise la force publique pour raser les maisons en construction.
- Il faut se procurer les matériaux au marché noir, car le marché du ciment, des briques, de l'acier, du bois de coffrage… est monopole d'entreprises publiques.
- Dans la plupart des cas, le courageux citoyen qui se lance dans la construction de sa maison n'a comme moyens que son salaire, dont une partie est détachée tout de même pour faire vivre ou survivre la famille.
- La maison est occupée alors qu'elle est encore en chantier, ne jouissant d'aucune commodité durant de longues années…

Ces initiatives donnent naissance à des quartiers dont les habitations sont, certes en dur, mais dont la texture est à peine plus enviable que celle du bidonville. Livré à lui-même l'individu a reproduit le modèle culturel dans lequel il a grandi (ici le village kabyle). Malheureusement, les conditions historiques sont autres, faisant de l'ensemble, des monstruosités de casbahs dégénérées qui vont s'employer à broyer leurs utilisateurs, suçant leur sève et brisant leur intelligence[1].

---

[1] Nous ne dirons rien sur les *lotissements* qui ont dégénéré en n'importe quoi. Il s'y est développé des constructions en hauteur et des activités porteuses de nuisances…

En résumé la ZHUN et le bidonville se donnent la main pour défigurer la ville et détruire l'esprit citadin et par-delà, briser l'esprit citoyen.

3- LES DIFFICULTES DE LA TRANSITION

Sans publicité, la Constitution de 1989 laisse sur le bas-côté de la route, le socialisme et s'engage sur la laborieuse piste de la *Transition vers l'économie de marché*. Un tournant aussi important ne peut advenir sans perturber la ville et le processus d'urbanisation lui-même. Une série d'événements s'en est suivie :

- Abrogation du décret de 1974 qui obligeait la commune à se constituer un portefeuille foncier, ce qui équivaut à la libéralisation du marché du foncier.
- Création des agences de régulation du foncier.
- Libéralisation du métier d'architecte.
- Institution des instruments d'urbanismes (PDAU et POS).
- Révision des normes de construction.
- Lancement d'un débat sur la ville[1].

Les nouveautés introduites, en matière d'urbanisme, comme celles introduites dans d'autres domaines sont, non seulement incomplètes, mais elles se heurtent également à de nombreuses rigidités, notamment administratives. Le concept de « libéralisation » utilisé pour rendre compte du processus de passage d'une économie dirigiste à une économie de marché, a été interprété *largo sensu* et chacun a voulu le comprendre comme une situation où le privé peut faire tout ce qu'il veut et que l'administration ne doit pas s'en mêler. Il s'en est suivi une décennie de flottement propice à toutes les dérives dont la ville sera la victime propitiatoire. Si la ville *socialiste* a été une catastrophe urbanistique, la ville *capitaliste* a autant à son actif. Les investigations que nous menons depuis un quart de siècle à Bejaia, mettent en évidence cinq éléments de structure qui sèment désordre et anarchie. Nous les avons identifiés en tant que conflits.

[1] On peut dater, ce qu'on pourrait appeler la politique algérienne de la ville de 1988, avec la gigantesque manifestation internationale à Alger, intitulée *Coville 88*, suivie d'un colloque maghrébin sur la gestion de la ville en 1990. Aucune de ces deux manifestations n'eut de suite ni d'impact notable.

Un conflit droit/non-droit

Lorsque l'Etat a commencé à se *désengager*, l'administration était priée de *laisser-faire* et de *laisser-aller*, alors que jusque-là sa mission était d'*empêcher* de faire et d'aller. De nombreux fonctionnaires vécurent le changement comme un traumatisme, ne sachant quel dosage faire entre laisser-faire et empêcher de faire. Tout le fonctionnement du pays entre dans un remous qui va donner des idées à certains qui comprirent que dans ce *blitz*, les problèmes peuvent être dépassés moyennant bakchich. De l'autre côté, la faune de fonctionnaires, y vit une fabuleuse opportunité de mettre du beurre dans les épinards. Accueillie par tous comme un remède miracle à tous les problèmes, la corruption entre en Algérie par la grande porte et y acquiert droit de cité[1]. La ville a reçu plus que sa part de malformations, de déformations et de mutilations infligées par la pratique de la corruption. L'individu qui « paie » étant assuré de l'impunité, peut faire tout ce qu'il veut : faire fi des normes de construction, accaparer les espaces publics, construire sur des espaces protégés, barrer une rue, accaparer les trottoirs, intégrer un poteau d'éclairage public dans sa cour… Evoquer droit et légalité fait rire et on traite avec condescendance celui qui en parle.

Un conflit privé/public

Depuis plus de 20 siècles, les Algériens n'ont connu de l'autorité de l'Etat que l'aspect répressif, car l'Etat a toujours pris les traits d'un colonisateur. Cela ancra dans les esprits la croyance que l'individu qui respecte l'autorité de l'Etat et la chose publique est un mauvais citoyen et même un collaborateur. Aussi l'interventionnisme excessif de l'Etat est-il vécu comme une véritable oppression contre laquelle les gens retrouvent leurs instincts ataviques anti-Etat. Les gens piquent les canalisations d'eau, piratent le réseau électrique, serrent les rues jusqu'à en faire des ruelles, jettent les ordures partout, ne paient pas les charges (et souvent le loyer à l'OPGI)… tout en étant convaincus qu'ils n'ont rien fait de répréhensible. L'administration pour sa part invoque ces comportements déviationnistes pour justifier son inertie : à quoi sert de ramasser les ordures si les gens en jettent n'importe où ? Abandonnée, déséquilibrée, la ville secrète les énergies négatives propres à stresser et à oppresser ses habitants.

---

[1] Le rapport 2004 de la Banque mondiale, rapporte que 75 % des entrepreneurs algériens ont avoué donner des pots de vin.

Un conflit rural/urbain

La population urbaine n'a pas cessé d'augmenter, mais si « urbain » signifie ordre et raffinement nous tombons dans une situation kafkaïenne d'une population urbaine qui n'est pas « urbaine ». Une population rurale d'esprit et de cœur habite la ville qui devient de ce fait au centre d'un conflit qui n'a pas lieu d'être et qui oppose la ruralité à l'urbanité. En effet, la simple observation empirique du cadre de vie en Algérie atteste que :

- A la campagne l'architecture villageoise a disparu, car les gens calquent leurs habitats sur le modèle qu'ils ont vu en ville : toit en terrasse, absence de cour intérieure, salon meublé de fauteuils et d'une bibliothèque (dont les étagères n'accueillent pas de livres, mais des bibelots), disparition du petit élevage domestique (âne, poules, lapins, chèvres…).
- En ville c'est le processus inverse qui se produit. Le même individu qui réalise une maison de type urbain dans son village ; en arrivant en ville, va paradoxalement essayer de reproduire un cadre de vie propre à la vie en campagne : jardin potager et petit élevage au pied du bâtiment, chien dans le balcon, méfiance voire hostilité envers l'étranger de passage dans le quartier, tendance à une surutilisation de l'espace public (parce qu'il n'appartient à personne de particulier ou pire il appartient à l'Etat)…

Aussi peut-on dire que la ville algérienne se ruralise tandis que sa campagne s'urbanise. Ville et village se perdent dans un unique processus.

Un conflit savoir/ignorance

Ainsi que nous le rappelions au début, l'homme injecte dans son cadre de vie tout son savoir et tout son savoir-faire pour en faire une formidable machine à survivre et à s'épanouir. La ville est la projection et la matérialisation dans l'espace de tout le savoir qu'une société arrive à engranger à un moment donné de l'histoire. Les communautés qui sont à un stade primaire ne réalisent que des cadres de vie primitifs (village de huttes par exemple) tandis que les communautés qui ont développé un important patrimoine de connaissances scientifiques dans toutes les disciplines, réalisent des villes d'un haut niveau de sophistication et de confort. A chaque palier de connaissances correspond sa ville. Cette règle de conformité et de compatibilité s'impose de fait, mais il arrive que des « accidents » produisent des *crossing-over*, ce qui met une communauté au savoir rudimentaire, en position de se lancer dans la réalisation d'une ville moderne aux attributs supérieurs à ceux que leur patrimoine de connaissances permettrait. C'est ce qui s'est passé en Algérie où une population minée par l'analphabétisme se lance dans un vaste processus d'urbanisation. Les problèmes qui donnent des cheveux blancs aux architectes et aux ingénieurs (légèreté, solidité, aération, éclairage, évacuation, sécurité...) sont tout simplement bâclés. On essaie de construire un cadre de vie moderne avec les matériaux et les idées du passé.

Un conflit vides/pleins

Il suffit de regarder un plan ou une photo aérienne d'une ville (encore une fois, faisons référence à Bejaia) pour être saisi par un grand contraste dont l'origine remonte à l'opposition public-privé. On constate, en effet, que certaines zones de la ville sont très denses et d'autres sont très aérées. Les premières relèvent de l'initiative privée, car le particulier qui possède un grand terrain qu'il veut lotir va essayer d'en tirer un maximum de lots, il se soucie ni des voies de circulation réduites à des pistes étroites et tortueuses, ni d'éventuels espaces publics, ni d'assiettes pour équipements publics ; quant au particulier qui achète son lot au prix fort, il essaie d'en tirer le maximum d'espace habitable, faisant peu de cas de normes de construction, d'alignement, d'espaces communs...). Dans ce cas de figure, les « pleins » écrasent les « vides ». Les secondes zones de la ville, relèvent de l'initiative publique qui a adopté le plan ouvert qui produit d'importants gaspillages du foncier. De plus la ville est diluée au point de manquer de consistance.

Les conflits dont nous venons de rendre compte sont structurels et participent à faire évoluer progressivement la ville en une entité hybride qui cumule les défauts du village et ceux de la ville, sans en offrir les qualités respectives.

4- LE LIBERALISME : AVANCER A RECULONS

Durant toute la dernière décennie du XX° siècle le peuple algérien a vécu un véritable exode, quittant l'enfer du socialisme pour la terre promise d'une économie de marché. Partis la fleur au fusil, les Algériens développent de stratégies de « provisoire » en attendant d'arriver sur l'autre rive pour se déployer totalement. Dans le discours qui accompagne la transition, le débat oppose ceux qui pensent qu'il faut un remède de cheval (on ne franchit pas un précipice à petits pas) et ceux pensent qu'il faut y aller graduellement afin de rendre supportable le changement. Aujourd'hui encore nul ne saurait dire quelle option l'Algérie a choisie. Au vu des résultats obtenus, on croirait qu'elle a réussi à obtenir un mélange des deux en prenant ce qu'il y a de pire en chacune. Le peuple vécut le paradoxe d'une souffrance induite par un saut brutal qui s'éternise, inventant ainsi la stratégie du provisoire qui dure. Il est certain que l'Algérie n'est plus un pays socialiste et il est tout aussi certain qu'elle n'est pas non plus un pays capitaliste et si elle a pris une éventuelle troisième voie, celle-ci n'a pas encore été définie. Dans la philosophie algérienne, l'économie de marché est un souk où la corruption se pose en mode de régulation, où l'Etat ne sait ni où ni comment intervenir, où il y a profusion de lois parfois et carence d'autres fois, où l'activité informelle est soutenue par les pouvoirs publics.

Evoluer dans un milieu à géométrie variable et où le mètre est élastique, va avoir de profondes répercussions sur la structure, la mission et l'image de la ville. Deux types de projets se sont partagé la ville au cours des vingt dernières années : les trois millions de logements[1] lancés par les pouvoirs publics dans le cadre des nombreux dispositifs (AADL, LPP, LPA, social, relogement, habitat rural, CNL) et la promotion immobilière initiée par le secteur privé.

41- Les réalisations de l'Etat

Dans le fracas d'une énorme publicité, l'Etat a lancé d'abord un million de logements, puis un million et demi, puis…, puis le compte se perd. Quoi qu'il en soit, c'est un fait avéré que les cités d'habitation poussent comme des champignons, partout dans le pays. Au début du processus, vers 2005, le gouvernement a juré que la leçon des ZHUN a été assimilée et que plus jamais on ne retomberait dans les mêmes erreurs. On allait revenir aux fondamentaux : rues, boulevards, avenues, alignement, façades d'immeubles, façades urbaines, traitement d'angles, équilibre vides-pleins, harmonie des volumes… plutôt que des habitations, on allait construire tout un

[1] Nul ne peut donner le nombre de logements effectivement réalisés. Toutefois, le 13 janvier 2016 le ministre de l'habitat annonce à la télévision que la priorité absolue pour les logements AADL à distribuer en 2015/16, ce sont les inscrits en 2001/2002.

cadre de vie dont le logement n'est qu'un élément[1]. L'envergure du projet n'étant pas compatible avec l'amateurisme des petites entreprises locales, le gouvernement fait appel à des « pros » venant de Chine, de France, du Portugal, de Turquie… Le résultat est impressionnant, tout ce que la ZHUN a compté de défauts s'y retrouve et à une échelle double : les immeubles sont toujours standardisés, mais plus hauts et plus laids. Les cités sont toujours anonymes et anodines et bien plus grandes et plus nombreuses. L'urbanisme et l'architecture sont toujours aussi simplistes. Il a été conçu quelques prototypes d'immeubles qui ont été démultipliés à l'infini sur l'ensemble du territoire national sans respecter aucune logique. On retrouve le même module aussi bien :

- dans une grande ville comme Alger (capitale du pays, 3 millions d'habitants) que dans une petite comme Azazga (chef-lieu de daïra de 30 000 habitants).
- en groupe qu'en isolé
- à l'angle de deux grands boulevards que sur une ruelle
- sur grande rue qu'en retrait, voisinant avec des constructions basses…
- au nord du pays et sur les Hauts-Plateaux
- sur le littoral et dans les villes de l'intérieur…

Les différences de culture, de climat, de relief, de taille de villes… sont niées et le problème est traité comme un exercice d'arithmétique : construire beaucoup, vite et pas cher. Le projet a

[1] Le logement social est un atout stratégique entre les mains du gouvernement qui fait des annonces mirifiques mais parfaitement invérifiables, de sorte que nul ne sait où on en est aujourd'hui. « *Le ministre de l'Habitat, de l'urbanisme et de la ville, Abdelmadjid Tebboune a indiqué, dimanche, que l'Algérie a consacré au secteur de l'habitat dans le cadre du plan quinquennal 2010-2014 pas moins de 63 milliards de dollars. Il a assuré qu'avec un tel programme, l'Etat parviendra à résorber le déficit en logement au cours des prochaines années en précisant que si en 2013 quelque 580 000 logements, toutes formules confondues, avaient été lancés et 248 000 logements réceptionnés, l'année 2014 verra le lancement de 650 000 unités et la réception de 300 000 autres. Abordant sur les ondes de la radio nationale l'habitat rural, Tebboune a fait savoir que 390 000 logements ont été réceptionnés et près de 72 .000 sont en cours de réalisation sur un total de 900 000 logements prévus dans le cadre du quinquennat 2010-2014. Toujours selon les précisions fournies par le ministre de l'habitat, « près de 1,2 million de logements sociaux sont programmés dans le cadre du plan quinquennal en cours (2010-2014)* ». (Revue en ligne Algérie1.com du 9 février 2014)

échoué sur les trois objectifs, l'Etat n'a pu dépasser le modèle de ZHUN, mais une ZHUN qui a métastasé et qui génère plus de violence et plus d'ignorance. Ce que l'Etat a réalisé depuis 2000, n'est pas seulement une menace sur la ville, mais une menace sur la citadinité et sur la citoyenneté.

Constantine : Violents affrontements à Ali Mendjeli

Après une énième nuit secouée par les violents affrontements entre les habitants de l'Unité de voisinage n°14, à Ali Mendjeli, le chef de l'exécutif local s'est rendu, hier matin, sur les lieux, en compagnie d'une importante délégation où figuraient des officiers de l'ANP, de la Gendarmerie nationale et de la Sûreté de wilaya, afin de s'enquérir de la situation qui s'est gravement dégradée ces derniers jours, pour tenter encore de trouver des solutions à ce conflit entre voisins qui perdure depuis plus d'une année. C'est que la guerre des gangs a atteint, dans la nuit du dimanche au lundi, un seuil de violence rarement égalé. Les bandes de *Fedj Errih* et *Oued El Had* ont semé la terreur au sein des habitants lors de cette nuit d'enfer, rapportent des témoignages. Armées d'épées et de cocktails Molotov, équipées de casques à moto et de boucliers (des paraboles), les bandes de *Fedj Errih* ont opéré « comme une soldatesque », usant d'attaques et de replis tactiques, provoquant la panique et la dispersion dans les rangs adverses, en incendiant des appartements et des véhicules, poussant même les éléments antiémeute jusqu'à leur dernier retranchement. « Difficile d'intervenir dans ces conditions sans garantir à 100 % de ne pas commettre l'irréparable », laissent entendre des officiers de police.

(Le Quotidien d'Oran, 2 décembre 2014)

42- La promotion immobilière

La promotion immobilière est arrivée, portée par les ailes de la libéralisation. Elle est catalysée par la loi 90-25 du 19 novembre 1990 (portant orientation foncière et stipulant que toute transaction foncière pour l'ensemble des zones urbaines et urbanisables seront soumises au marché) et la loi 90-29 du 1er décembre 1990 relative à l'aménagement et à l'urbanisme, le PDAU et le POS. Elle subit de plein fouet les hésitations et des incohérences d'une conjoncture de transition. De fait, longtemps réprimé, l'Algérien est peu préparé pour s'adonner avec succès aux nombreuses activités qui font le business : emprunter, investir, gérer, innover, distribuer, vendre à crédit, acheter à crédit, importer, exporter, travailler de manière coordonnée, faire des prévisions, etc. L'individu qui a de l'argent est bien libre d'investir, à condition de pouvoir répondre aux trois fameuses questions de la théorie économique que sont : « que produire ? », « combien produire ? » et « comment produire ? ». Or, c'est le black-out total. On ne devient pas entrepreneur et surtout promoteur immobilier parce qu'il est désormais possible de l'être, il faut encore beaucoup d'argent et beaucoup de savoir et de savoir-faire. Denrées rares et dont la rareté va forger l'identité de l'entreprenariat algérien en l'engageant dans un défilé formé par la **PME** en tant que modèle d'entreprise et le **BTP** en tant que secteur d'activité (voir chapitre Industrie ci-dessus). Le niveau très élevé du chômage, la faible qualification de la main-d'œuvre, une administration sous-qualifiée et tentée par le bakchich, une disponibilité problématique des matériaux de construction, la découverte des besoins en logements, etc. ont joué chacun à sa manière pour pousser l'entreprenariat entre l'enclume de la PME et le marteau du BTP.

Lâchés sans règles de conduite, les promoteurs immobiliers en puissance, paniquent au seuil de l'inconnu : Qui demande un logement ? Quel type de logement ? Combien se vend un logement ? Combien coûte un logement ? Comment vendre un logement ?... Autant de questions simples sur lesquelles le marché encore bégayant, donne peu d'indices. Les sommes en jeu étant énormes, les promoteurs, la peur au ventre, vont se laisser guider par leurs instincts basiques. Ils vont déployer toutes les ruses possibles pour minimiser les coûts et maximiser les prix de vente[1]. Cette arithmétique va marquer de sa touche l'image de la ville algérienne au XXI° siècle. Convaincu (à juste raison) que sa mission, en tant qu'entreprise, est de faire des bénéfices, tout fier de contribuer à la résorption de la crise du logement, il va exploiter son terrain de façon à en tirer le maximum d'espaces vendables (logements et locaux commerciaux) et rien d'autre ne compte. Cette mentalité centrée exclusivement sur soi et sur des intérêts de court terme, va produire d'énormes dégâts collatéraux, tels que :

- L'administration locale n'assure aucun travail de coordination, de cohésion et de complémentarité entre différents projets, fussent-ils mitoyens sur le terrain. Chaque promoteur traite son projet en lot

[1] Quelques-uns se sont laissé aller à des comportements d'escrocs en s'enfuyant avec les avances des clients, en vendant le même logement à plusieurs clients,…

unique et fini qui fait peu de cas de l'alignement, de la continuité, de l'intégration, du traitement de façade... bref de la complémentarité avec le lotissement voisin. Son collègue en fait de même à côté ou en face.

- Le promoteur immobilier est intéressé par ce qui a une valeur marchande. Il construit et vend des logements et accessoirement des locaux commerciaux au rez-de-chaussée. La ville s'agrandit par ajouts d'îlots de logements côtoyant d'autres îlots de logements. On peut trouver trois ou quatre promotions immobilières qui totalisent 600 ou 700 appartements, sans équipement d'accompagnement d'aucune sorte (école, place, square, bureau de poste, cinéma...). L'administration pense qu'elle n'a pas à améliorer la valeur vénale des projets du privé et le promoteur pense que ce n'est pas son rôle d'équiper la ville.
- Au fur et à mesure que le terrain se raréfie, les promoteurs qui ont acquis de l'assurance se rabattent sur des solutions de plus en plus improbables (démolition de vieilles habitations et de hangars, accaparement d'espaces verts, grignotage sur les espaces publics, etc.). De vieilles maisons sur un seul niveau, des hangars, des magasins, des jardins ont laissé place à des immeubles de 10 à 12 niveaux de plusieurs dizaines de logements chacun. Les espaces entre bâtiments dans les ZHUN sont également squattés par les pouvoirs magiques de la corruption, La densité à l'hectare monte en flèche, la proximité et la promiscuité s'érigent en nouvelles normes d'urbanisation. Les rues qui étaient bien proportionnées à la fin du XIX° siècle lorsque la circulation automobile était quasiment inexistante, deviennent un enfer pour les automobilistes et les piétons, compressant d'autant la qualité de la vie.
- De plus en plus de promoteurs acquièrent des terrains là où ils sont le moins cher, c'est-à-dire n'importe où en-dehors de la ville. On voit, alors, émerger des îlots de constructions dans les endroits les plus invraisemblables. Lorsqu'une cité de 300 logements surgit sur une colline, on peut être sûr que les acquéreurs vont passer les prochaines années à courir les administrations pour l'eau, le bitume, le gaz de ville, le téléphone, le transport public, l'école...

Le promoteur immobilier redécouvre, à partir d'un autre point de départ, le principe de la cité-dortoir, son action **dans** la ville se transforme en action **sur** la ville.

En résumé, l'Etat construit et le privé construit ; le premier dans une perspective de justice sociale et l'autre dans une logique marchande, mais ils finissent par se rejoindre, produisant une non-ville qui écrase et abrutit ses habitants au lieu de leur offrir un cadre propice à l'épanouissement de leur intelligence, de leur créativité et de leur inventivité. La ville algérienne offre les mêmes services répressifs et régressifs qu'un centre de concentration, créant un tel climat qu'en dehors du mois de Ramadhan, l'extinction des feux se produit vers 19 heures.

5- Y A-T-IL UNE VILLE DANS LA « VILLE » ?

Bejaia correspond au portrait-robot de la ville algérienne dans ce que celle-ci a de bon et dans ses excès condamnables. C'est pourquoi comprendre cette ville c'est comprendre le problème de toutes les villes algériennes, à quelques particularismes près.

51- L'imbroglio industrialisation/urbanisation

Comme un rouleau compresseur, le processus d'industrialisation a introduit sur la société des bouleversements qui en ont reformaté la trame. L'Algérien, ancien **sujet**, n'a pas plus le temps de s'adapter à son statut de **citoyen** qu'il est sommé de devenir **citadin**, parce que l'industrialisation s'est accompagnée d'un violent et puissant processus d'urbanisation.

Si la population de l'Algérie a enregistré une très forte augmentation depuis l'indépendance, la population urbaine a augmenté encore bien plus vite, faisant passer le nombre de villes de plus de 100 000 habitants de 4 en 1966 à 36 en 2014. Le taux d'urbanisation saute de 31,4 % au RGPH de 1966 à près de 75 % aujourd'hui, soulignant l'intensité de la mutation structurelle qu'a subie le peuple algérien en un demi-siècle. Avec le recul, nous réalisons que l'urbanisation à marche forcée n'a été ni réfléchie ni expressément voulue : elle s'est posée et imposée comme un dommage collatéral. Les destructions de la guerre, le départ précipité des colons, la revalorisation du baril de pétrole… sont parmi les facteurs qui ont pesé (simultanément ou successivement) sur l'accélération du processus d'urbanisation. Des lieudits devinrent de petites villes et les petites villes devinrent de grandes ; la mutation se fait dans des douleurs atroces qui vont laisser des séquelles sur la ville et sur l'homme.

Parlant de Bejaia, dès le lendemain de l'indépendance, les populations environnantes durement touchées par la guerre y affluent dans l'espoir de trouver de meilleures conditions de vie. L'afflux des hommes attire des entreprises qui attirent d'autres hommes qui attirent d'autres entreprises et ainsi de suite. Le processus semble se dérouler conformément aux principes de la nouvelle économie géographique et de l'économie urbaine mais c'est une erreur de le croire. En effet, dans ce puissant courant d'urbanisation/industrialisation, ce ne sont pas les forces du marché qui ont joué, mais l'action de l'Etat.

L'Algérie a opté pour une planification centralisée et très exigeante pour laquelle le pays n'a pas les moyens de sa politique, ce qui finit par dégénérer. La localisation des unités de production a obéi, moins à des impératifs économiques qu'aux humeurs, conjonctures et rapports de force. Les usines sont parachutées çà et là sans logique de rentabilité[1] ; elles sont gérées par des militants plus que par des compétents et par-dessus tout elles sont livrées par populisme à la terreur des ATU (assemblée des travailleurs de l'unité) et des ATE (assemblée des travailleurs de l'entreprise). L'usine n'appartient pas à celui qui la dirige, mieux elle appartient aux travailleurs qui dès lors se sentent libres de toute tutelle à laquelle rendre des comptes. Personne ne fait ses 8 heures de travail et de nombreuses personnes ont trouvé le moyen de ne jamais travailler du tout. L'entreprise évolue en une adresse où l'individu va chercher sa part de rente (sous forme de salaire).

Lorsqu'à l'issu de la crise pétrolière et de la crise de l'endettement, le processus d'industrialisation s'est arrêté, il s'est produit quelque chose de notable : *l'industrialisation a catalysé l'urbanisation, mais l'arrêt de l'industrialisation n'a pas arrêté le processus d'urbanisation.* La ville continue à grandir par arrivée de nouveaux

---

[1] Pensant ainsi rationaliser les dépenses, l'Etat a créé deux collèges. Les grandes sociétés nationales qui peuvent financer leurs investissements en levant des emprunts sur le marché financier international sont libres de leurs actions ; tandis que les sociétés qui s'adressent à l'Etat pour le financement de leurs projets doivent subir le parcours du combattant durant plusieurs années avant de faire aboutir un projet. Ce qui explique que Sonatrach qui jouit d'importantes capacités d'autofinancement et d'emprunt, puisse investir dans le futile (production de chaines et de tables en plastique) alors que d'importants projets sont annulés faut de financements.

hommes, mais sans arrivée de nouvelles entreprises, gonflant continuellement le chômage. C'est en grande partie à ce déséquilibre que l'on doit l'explosion des petites activités informelles, dont la plus représentative est la vente de fruits et légumes dans la rue et le long des routes. Les rues et places sont accaparées par des vendeurs de tout et n'importe quoi, par des commerçants/colporteurs qui étalent leurs marchandises sur les trottoirs et une partie de la chaussée. Parallèlement, des citoyens zélés ferment des rues pour la prière du vendredi ou des *tarawih*, d'autres (y compris des institutions d'Etat) barrent carrément des rues pour « avoir la paix ! », simplement…

Ce déséquilibre (trop d'hommes, pas assez d'entreprises) n'est pas une anomalie dans la mesure où la ville reste attractive par la grande diversité des biens et services qu'elle offre, exactement comme si de nombreuses entreprises y sont installées. Ce qui est anormal c'est que ces produits sont importés et que ce sont les entreprises étrangères qui maintiennent l'équilibre. Ce miracle d'une population qui ne produit pas, mais qui a un revenu et qui trouve les produits dont elle a besoin sur le marché, alors même que les entreprises pour les produire n'existent pas, est rendu possible, par le baril de pétrole. La démesure va plus loin. Des villes se dotent d'équipements de prestige (métro, tramway, palais des congrès, complexes sportifs…) non pas parce qu'elles accueillent un grand nombre d'entreprises qui paient des impôts locaux, mais par le fait du Prince qui distribue en dehors de toute logique économique, l'argent du pétrole. Des villes sont grandes, prospères, suréquipées ou sous-équipées non pas en proportion de leur pouvoir d'attractivité, mais par décision administrative. Il est à prévoir que lorsque l'Etat n'aura plus les moyens de poursuivre cette politique arbitraire et injuste, la ville ne devienne le point de saignée par lequel jailliront les problèmes.

Quant à savoir pourquoi la crise de désindustrialisation ne s'accompagne pas par un phénomène de désurbanisation au cours duquel les villes se vident pour repeupler les campagnes, il y a deux facteurs pour l'expliquer. En premier lieu, l'industrialisation a porté des coups sévères à l'agriculture et à la campagne, de sorte que la pauvreté, l'analphabétisme et le chômage soient plus élevés dans les campagnes que dans les villes. En second lieu, c'est une règle indiscutable que si les jeunes ruraux sont attirés par la ville (même quand elle a peu à leur offrir), les jeunes citadins ne sont pas attirés par la campagne. Les jeunes issus des campagnes, qui ont fait des études retournent rarement au village où ils ont peu de chances de pouvoir valoriser leurs compétences.

52- Une ville pour qui ?

Nous parlons de la ville et de ses habitants comme si ceux-ci sont une catégorie homogène qui a des besoins précis auxquels il faut offrir un cadre d'expression. Ceci est, évidemment, un simple cliché, car la ville accueille une grande diversité d'usagers qui diffèrent par le genre, la religion, l'âge, la fortune, le statut social, la situation matrimoniale, l'état de santé… Parallèlement, les grandes villes dynamiques reçoivent à titre permanent ou transitoire de nombreux usagers appartenant à des nationalités, à des religions, à des langues et des catégories socio-professionnelles différents. Chaque usager doit pouvoir, non seulement, circuler en tout point de la ville, mais aussi vaquer à ses affaires, profiter des équipements socioculturels, sans aucune contrainte.

Sans préjuger de quoi que ce soit, nous pouvons d'ores et déjà dire que la ville algérienne est un enfer pour des catégories comme les handicapés (handicapés moteurs et aveugles, en particulier), les enfants et les personnes âgées (mauvaise séparation entre circulation piétonne et circulation mécanique) les étrangers… Il serait fastidieux de présenter tous les aspects par lesquels la ville pèche envers certains usagers. Examinons dès lors comment elle compose avec deux ou trois catégories d'usagers.

Les étrangers

Avec la mondialisation, la ville n'appartient plus en exclusivité à « ses » habitants. Ceux-ci la partagent désormais avec un plus ou moins grand nombre de citoyens du Reste du monde qui apportent une grande diversité de couleurs, de religions, de fortunes, d'âges, de langues, de spécificités culturelles avec lesquelles il est nécessaire de composer. La ville doit introduire sur son image les modifications (ou les réformes) nécessaires pour répondre aux besoins d'une population étrangère, tournante et changeante, des besoins radicalement opposés à ceux des résidents permanents. Les visiteurs ne demandent pas d'écoles ou de centres de santé, mais des équipements tels que souks, musées, marinas, lidos, ports de plaisance, hôtellerie, casinos, terrains de golf, théâtres, aéroports, autoroutes… Certains édifices comme les restaurants, cafés, librairies, théâtres, musées, terrains de sport… qui étaient jusque-là des équipements à vocation sociale (à l'usage des habitants) vont changer de statut pour devenir des investissements (à l'usage des visiteurs) donc à rentabiliser. L'effort fait dans cette direction, est insignifiant, avec notamment, des capacités d'hébergement très faibles, voire inexistantes, dans de nombreuses villes[1]. Toutefois, l'hébergement n'est pas tout, car lorsque le visiteur étranger sort de l'hôtel, la ville ne lui offre nulle part où aller et il ne sait comment y aller. Par ailleurs, l'anglais qui est la langue internationale que les chauffeurs de taxi, les serveurs dans les restaurants, les réceptionnistes d'hôtels, les vendeurs de souvenirs… doivent parler couramment y est presque inexistant[2]. L'étranger se sent vraiment étranger.

Les hommes d'affaires

A l'ère de la mondialisation, des IDE, des regroupements régionaux, du démantèlement tarifaire… nous avons presque tendance à oublier que le mouvement de marchandises et de capitaux est consolidé par un mouvement des hommes qui organisent, localisent et rentabilisent ces flux et flots de capitaux. Des hommes d'affaires, des dirigeants, des cadres de haut niveau, des experts… ont pour lieu de travail la planète tout entière passant une grande partie de leur temps entre avion, limousine, hôtel, bureau… Ces personnes toujours pressées travaillent en voyageant ; elles ne peuvent pas souffrir que leur mouvement perpétuel soit contrarié ou freiné, d'une quelconque manière. Pour un homme d'affaires, une ville donnée n'est qu'un de ses nombreux lieux de travail, l'escale qu'il y fait doit rester dans la continuité de sa mission. Il doit pouvoir y travailler en temps réel avec ses partenaires en tous les points du globe, acheter et vendre des titres, donner des ordres, repartir à n'importe quel moment, pour aller n'importe où… Cela introduit dans notre ville de nouveaux équipements de transport et de communication sophistiqués, mais surtout un système bancaire performant. Par ailleurs, les moments de création (de travail) et de récréation se chevauchent et s'imbriquent de telle manière qu'outre les moyens de transport aériens et

---

[1] Il est incroyable que de grandes villes comme Constantine Batna ou Tiaret… aient des capacités hôtelières presque nulles.

[2] Les librairies ne proposent ni livres ni journaux et il le pays tout entier n'a aucune chaine TV, en anglais.

terrestres, de structures d'hébergement, d'espace-bureaux adéquats la ville doit offrir à ces hommes toujours pressés des espaces nécessaires à la récupération (loisirs, plaisirs…). Les concepteurs de la ville doivent imaginer des espaces d'accueil à fonctions multiples et qui soient simultanément propres au travail et à l'après-travail (ou non-travail). La ville algérienne doit pouvoir fournir à un homme d'affaires américain un environnement comparable à celui qu'il trouve à Atlanta, Rio, Naples ou Pékin, ce qu'elle est bien loin de pouvoir offrir, aujourd'hui.

Les jeunes

La population algérienne est jeune. Fin 2012, la population de la commune de Bejaia (qui se confond pratiquement avec la ville de Bejaia s'élève à 183 555 habitants et la tranche d'âge des moins de 30 ans représente quelques 44 %, soit plus de 80 000 personnes. Cette importante tranche de population qui a la curiosité, la volonté et l'énergie, est brimée et réprimée par son cadre de vie. La structure de la ville ne trahit rien de la structure de la population. Errant dans les rues, l'observateur n'a jamais l'impression d'être dans une ville où près de la moitié des habitants sont des jeunes qui ont des besoins spécifiques. Le premier besoin que la ville algérienne n'arrive pas à assurer est celui de la sécurité, à savoir pouvoir tout simplement marcher dans les rues et de les traverser sans encombre. Les rues sont étroites et utilisées de surcroît comme parkings, dépôts de matériaux de constructions, de souks, d'espaces d'expositions pour les commerçants, d'aires de jeu… Toutes les qualités que Jane Jacob (1968) trouve à la rue sont perdues pour l'usager. La rue, en effet, est un espace de liberté et de démocratie où se côtoient en tout bien tout honneur hommes, femmes, riches, pauvres, grands, petits, noirs, blancs... C'est aussi un espace d'éducation (où l'on s'informe et où l'on apprend beaucoup de choses en allant d'un bout à l'autre d'une rue vivante en toute sécurité). Dans la ville algérienne, la rue sert à aller dans des conditions difficiles d'un point A à un point B. En réalité, il n'y a pas de point B, dès que les gens sortent de chez eux, ils sont happés par le vide, le nombre de cinémas, de librairies, de bibliothèques, de salles de jeux, de parcs, de parcs d'attraction, de piscines, de supermarchés, de terrains de jeux… est égal à zéro pour une ville comme Bejaia. S'agissant d'une femme, les problèmes sont frappés d'un coefficient multiplicateur. Un couple a encore moins d'opportunités, sauf à marcher dans les rues et pas toutes. La ville algérienne dominée par l'habitat ne semble donner satisfaction à aucune catégorie particulière d'usagers.

53- Une ville pour quoi ?

Depuis quelque temps, une révolution urbaine est en marche, propulsée par les fantastiques progrès réalisés dans les transports et les Technologies de l'Information et des Communications (TIC). Les sociétés les plus évoluées en sont à réfléchir à et souvent à expérimenter la ville intelligente, la ville numérique, la ville verte… introduisant dans l'architecture et l'urbanisme des principes innovants qui promettent de bouleverser l'image et la structure de la ville. Les problèmes du monde n'étant pas ceux de l'Algérie, ce pays décroche par rapport aux courants d'idées qui se développent dans le monde. Les concepteurs algériens restent fidèles aux grands ensembles à un moment où dans le reste du monde, les barres et les tours sont explosés à la dynamite. Ce faisant les pouvoirs publics donnent l'impression d'agir instinctivement, comme les abeilles, pour reproduire à l'infini le même modèle. Aucune philosophie, aucun projet, aucune idée ne précèdent ou n'accompagnent les millions de logements offerts à un usager virtuel et dans lequel l'Algérien doit entrer, de la même manière qu'on emboîte un cercle dans un carré. Voyons les grands griefs à retenir à l'encontre de la ville algérienne « moderne ».

Une ville aveugle et anonyme

A l'ère où le paradigme de la galaxie Gutenberg est en voie d'être dépassé et englobé dans un autre plus vaste porté par les TIC qui mettent en avant des sigles comme SIG (système d'information géographique) et GPS (*Global Positioning System*) ; en Algérie, la ville reste marquée l'oralité et la mémoire. Ceux qui connaissent bien la ville peuvent s'y mouvoir sans difficulté, ils savent comment se rendre à tel ou tel endroit, mais ils ne peuvent dire à l'étranger comme y aller. L'étranger, quant à lui, doit passer par la désagréable expérience de devoir s'arrêter plusieurs fois pour demander son chemin[1]. La ville souffre d'un anonymat qui rend aveugles les

---

[1] Ajouter à cela que celui qui connait sa ville « à pieds » éprouve les pires difficultés pour renseigner un automobiliste, du fait qu'il doit lui décrire un itinéraire qui tienne compte de l'existence d'escalier, des chemins non-carrossables, de sens interdits…

usagers[1]. Elle ne véhicule pas suffisamment d'informations pour permettre à un visiteur d'arriver là où il veut aller dans des délais et des coûts raisonnables. Des milliers de rues, ruelles, impasses, escaliers, placettes… ne portent aucun nom, et nul ne saurait dire où elles commencent et où elles finissent. Les cités d'habitation réalisées avec des moyens publics sont généralement désignées (par les populations usagères qui ont besoin de se repérer) par un chiffre qui en indique le nombre de logements (cité des 300, des 600, des 1001… logements), les quartiers issus de la promotion immobilière privée sont désignés par le nom du promoteur (on parle alors de promotion X, promotion Y…), les quartiers de constructions illicites sont désignés par des sobriquets (*Zedma*, les Envahisseurs, *Kandahar*, *Medellin…*)[2]. Des écoles et collèges sont simplement appelés *CEM nouveau, CEM base 7, lycée 800/300...* L'aveuglement va plus loin encore, dans la mesure où même les rues et places qui ont un nom ne le portent pas. On pourrait parcourir une grande rue de bout en bout sans découvrir comment elle s'appelle, dans le meilleur des cas on met une plaque à chaque bout. Les arrêts de bus sont des haltes sans aucune information ni sur l'endroit ni sur les destinations desservies ni sur les horaires…

Une ville salle

Au cours des dernières décennies, le problème des ordures est devenu la quadrature du cercle pour les élus locaux. Le niveau de production dépasse nettement les capacités de collecte et aucune solution ne semble possible, justifiant qu'on se soit résigné à un *modus vivendi* avec les ordures, admettant que les amas d'immondices rythment la cité et empoisonnent la vie de tous au propre et au figuré. Il se produit alors un effet domino, les citoyens n'ont plus mauvaise conscience à jeter n'importe quoi, n'importe où, à n'importe quel moment. Y a-t-il une solution pour ce genre de problèmes ? Certainement, car dans le monde des villes de 8 où 10 millions d'habitants, ont pu le régler de manière plus ou moins satisfaisante. En Algérie le problème persiste parce qu'on s'attaque aux effets plutôt qu'aux causes, posant le problème de manière à ce

---

[1] Il y aurait dans tout le pays, environ 80 000 rues qui n'ont pas de noms (dont la moitié à Alger).

[2] Evidemment, pas de noms, pas d'adresses, pas de courrier. Le plus dramatique c'est quand vous essayez à 2 heures du matin, d'appeler pour une urgence la police, les pompiers ou le SAMU… Impossible de lui indiquer où vous êtes.

qu'il n'ait pas de solution. Il en a été fait une préoccupation des élus locaux alors qu'ils ne sont que le dernier maillon de la chaîne ; les actions radicales se situant en amont et en-dehors de leurs juridictions. La diffusion des ordures à grande échelle n'est que la conséquence du chaos urbanistique produit en amont. Dans les ZHUN, l'Etat semble n'avoir jamais envisagé l'idée qu'un cadre de vie aille au-delà du simple logement. Les bâtiments sont semés n'importe comment sur l'îlot, rendant extrêmement malaisée l'organisation d'un système de ramassage des ordures. Dans les grands quartiers dits « sauvages », le réseau de voirie est fait de ruelles et de venelles qui montent, descendent et serpentent pour constituer un véritable labyrinthe où un camion-benne trouverait toutes les difficultés du monde à évoluer, notamment lorsqu'il s'agit de faire demi-tour. Ajoutons, qu'au lieu de s'entêter à développer les capacités de ramassage, il serait plus opportun de i) développer une stratégie de limitation de production des ordures et ii) trouver aux ordures des usages économiques[1].

Une ville qui va selon la ligne de moindre pente

Les pouvoirs publics ayant institué un contrôle basé exclusivement sur la quantité, la recherche de la facilité par l'ensemble des acteurs économiques (administration, architectes, CTC, entreprises...) a appauvri jusqu'à l'indigence le cadre de vie[2]. L'administration (APC, wilaya, DUCH et autres directions de wilaya) est minée par deux forces. La première est imposée par les limites intrinsèques de chacun (dues à l'analphabétisme, au clanisme/tribalisme, à l'article 120[3]... car on est convaincus en haut lieu qu'un incompétent docile et plus précieux qu'un homme compétent, mais libre). La seconde force est véhiculée par le besoin qu'a un incompétent de montrer qu'il vaut bien un autre ; le mot-clé ici étant

---

[1] Un pays comme la Suède importe des ordures pour produire de l'électricité.

[2] La ville est évaluée en nombre de logements, l'université en nombre de lits et de places pédagogiques, les PME en nombre d'emplois... De plus en plus souvent maintenant les évaluations se font en quantités d'argent dépensé, ce qui est encore plus pernicieux.

[3] L'article 120 des Statuts du FLN, issus du Congrès extraordinaire de 1980, stipule que ne peuvent accéder à des postes de responsabilité au sein des organisations de masse (UGTA, UNJA, UNFA, UNPA...) que les titulaires d'une carte du Parti. Comme l'on s'y attend, la règle s'est étendue spontanément à tous les postes de responsabilité ; créant un tel engouement qu'il suffit de refuser la carte du Parti pour être douteux et écarté.

« montrer ». Quand on a un projet de 1000 logements, il suffit de les aligner sur le terrain pour qu'ils soient enregistrés comme réalisés et le projet soldé. L'eau ne montera jamais au-delà du troisième étage, dans la cage d'escalier deux personnes ne peuvent se croiser, la mauvaise étanchéité empoisonne la vie des habitants du dernier étage, les canalisations d'évacuation sont sous-dimensionnées et se bouchent… sont des problèmes de fonctionnement qui apparaîtront au fur et à mesure et leurs solutions reviendront à d'autres responsables. Ceci sans préjudice de la qualité des matériaux et des techniques utilisés ; le séisme qui a frappé Boumerdes et sa région en 2003 a montré qu'en la matière l'incompétence et la négligence deviennent des actes criminels. Des bâtiments qui ne devaient pas tomber s'affalèrent comme des châteaux de cartes. Les architectes (affiliés à des bureaux d'études publics) et les ingénieurs du CTC (Contrôle Technique des Constructions) sont des fonctionnaires rémunérés selon une grille standard qui dissuade de faire du zèle. Le salaire étant détaché de la quantité et de la qualité du travail fourni, chacun travaille *a minima*, car comme chacun le sait seul celui qui ne travaille pas ne fait pas de fautes. De plus, ce minimalisme répond à quelque chose de ce que souhaitent les employeurs et les maîtres d'ouvrage. Ils demandent aux concepteurs des dessins d'immeubles simples et sans fioritures qui soient lisibles au premier coup d'œil, car faits uniquement de lignes droites et d'angles droits, pour qu'ils puissent être réalisation et que le contrôle puisse être exercé par un personnel routinier. Les seuls acteurs qui peuvent se montrer critiques sont les usagers, mais ils ne le font pas, car la crise du logement est si aiguë et le logement étant « donné », qu'obtenir un appartement, quels qu'en soient les défauts de site, d'architecture, de dimension, d'orientation… est une victoire en soi. Ce n'est que bien plus tard, qu'ils réalisent que l'eau (quand il y en a) n'arrive pas aux étages supérieurs, que les coupures d'électricité sont récurrentes, que les chambres sont des fournaises en été, que l'insonorisation prive de toute intimité, qu'il est très difficile sinon impossible de faire monter un frigidaire par une trop étroite et trop basse porte d'entrée… mais c'est déjà trop tard.

Une ville qui coûte cher à réaliser

L'Algérie s'est donné un problème avec tant de variables qu'il eut fallu beaucoup de génie pour le résoudre de façon satisfaisante : construire beaucoup, vite et avec peu de moyens. C'est un défi qui a été abordé à la légère, en multipliant les simplifications sur un module d'habitat qui en ont déjà subi un maximum. Deux simplifications sont plus brillantes que les autres : la standardisation et la faible diversité des matériaux utilisés. C'est à la standardisation que nous devons de ne plus reconnaître les villes sur cartes postales et films documentaires, car il leur a été donné, à toutes, le même visage et la même image. Ce sont partout les mêmes immeubles d'habitation, les mêmes écoles, les mêmes hôpitaux-commissariats de police-bureaux de poste, les mêmes ponts-piétons... La vertu supposée de cette débilitante duplication est d'économiser (en temps, argent et compétences) sur les études et sur la réalisation. Les gains que l'on en escompte permettent de contrebalancer les inconvénients d'une monotonie qu'il faut assumer. Malheureusement les choses ne se déroulent jamais comme il a été souhaité, car le relief, les spécificités du sol, la présence d'une ligne électrique de haute tension ou tout autre *évènement* appellent à des adaptations. Un problème en induisant un autre, une étude pour adapter un projet à un terrain qui n'est pas le sien, peut consommer plus de temps et d'argent que l'étude d'un projet spécifique. Le projet s'engage dans de longs atermoiements en actions, réactions[1], demandes de réévaluation, réduction du nombre d'étages... pour finir au bout de plusieurs années de gesticulations avec un projet qui a une vague ressemblance avec l'original et qui a coûté 3 ou 4 fois plus cher. La faible diversité des matériaux de construction utilisés est à la base de pertes et gaspillages sans nom. Alors que la diversité des produits qui peuvent servir dans la réalisation d'un édifice est virtuellement illimitée, en Algérie on s'en tient à une poignée de matériaux qui plus est, sont d'importation pour l'essentiel : rond à béton, ciment, sable, gravier, plâtre, brique rouge, bois, aluminium, verre.... Un immeuble d'habitation, un poulailler, un hôpital, un grand hôtel, un kiosque à journaux, un monument aux morts... sont réalisés, pratiquement avec les mêmes matériaux. La restriction des

[1] Lorsqu'on rencontre un problème en cours de projet, il faut commencer par résoudre le délicat problème qui consiste à trouver le responsable qui aura le courage de dire « il y a un problème, il faut arrêter ! ». Serait-ce le maitre de l'œuvre ? Le maitre d'ouvrage ? Le Centre de contrôle technique, le maire territorialement compétent ? Le wali ? Le ministère de tutelle ? Chacun rejetant la responsabilité sur les autres, on perd des mois voire des années à louvoyer, le chantier restant à l'arrêt et l'ouvrage se dégradant.

matériaux impose d'une manière ou d'une autre, la configuration des constructions, faisant en sorte qu'un siège de Wilaya ne se distingue pas d'un immeuble d'habitation. Pour l'en distinguer, il faut soit y accrocher un grand panneau annonçant : *Wilaya de Béjaia*, ou bien coller dessus un mur-rideau en verre de mauvaise qualité[1]. La pauvreté de la nomenclature des matériaux de construction devrait faciliter la standardisation et la maîtrise rapide des techniques de construction, mais l'objectif a été raté d'un kilomètre[2].

Une ville qui produit ignorance et violence

Les surcoûts qu'impose la ville algérienne à ses usagers nichent ailleurs, en des endroits où il serait difficile de les reconnaître et de les recenser en tant que tels. Nous en avons identifié quelques-uns parmi les plus pernicieux.

- La mauvaise qualité des matériaux utilisés. L'Algérie importe massivement des matériaux : aciers, ciments, verres, plâtre, bois d'œuvre et bois de coffrage, quincaillerie... sur lesquels il est peu probable qu'un contrôle de qualité soit jamais effectué[3]. Les matériaux produits localement (briques rouges, carrelages, briques pleines...) ne se portent pas mieux, donnons quelques exemples : i) Une brique de 9 trous doit pouvoir supporter une pression de 400 kg/cm², mais sur les chantiers nous découvrons des briques friables comme des biscuits. ii) Le bois de coffrage ne doit pas être utilisés plus de 4 ou 5 fois, mais les entrepreneurs l'utilisent jusqu'à effritement. iii) Le plâtre mal cuit (lors de la fabrication) se transforme en pâte en hiver et en poussière en été,

---

[1] Le mur-rideau en verre e mauvaise qualité est entrain de coloniser la ville algérienne, les architectes qui l'ont découvert il y a une quinzaine d'années en font un usage abusif, en en collant sur tous les édifices, y compris dans l'extrême-sud où il fait couramment 45°C à l'ombre.

[2] Dans mon quartier, il y a un petit chantier d'immeubles d'habitation en R+9. Le panneau d'identification du projet indique « Début des travaux le 10 mai 2010 » et « durée de chantier : 2 ans », au 25 avril 2016, les logements ne sont pas encore habités, ne sont pas encore habitables. Bien sûr, au coût purement financier, il faut ajouter les désagréments causés à la circulation par l'accaparement de la moitié de la rue pour les besoins du chantier, les bruits et les poussières que subissent les habitations mitoyennes.

[3] L'hiver 2015/2016, des centaines de personnes (des familles entières) sont mortes du fait d'appareils de chauffage défectueux. Les pouvoirs publics reconnaissant même que 75 % des appareils ne répondent à aucune norme de sécurité, mais aucun importateur n'a été inquiété.

engendrant des difficultés respiratoires pour les usagers. iv) L'utilisation d'un verre ordinaire de 3 mm d'épaisseur produit un effet serre en été, un effet iceberg en hiver et il ne fait rien contre la pollution sonore. v) Dans les quartiers animés, même avec portes et fenêtres fermées, on a l'impression de dormir dans la rue, d'où fatigue, énervement et mauvaise humeur le lendemain (et tous les jours). Il est maintenant entré dans les mœurs des citoyens de débourser plusieurs millions de centimes pour *rendre habitable un logement neuf.*

- Une conception architecturale médiocre. L'appartement-type est le F3 d'une superficie de 60-70 m². Le F3 est une œuvre intellectuelle qui correspond aux besoins d'une famille virtuelle placée dans un environnement optimal, mais qui apporte peu de satisfaction à la famille réelle qui l'occupe. Agissant comme un poison administré à faible dose, l'habitation remodèle et désagrège la famille qui perd son âme en cherchant à entrer dans le moule de son appartement. Partout dans le pays, l'heureux bénéficiaire d'un appartement neuf, commence par mettre des barreaux à toutes les ouvertures, transformant sans en avoir conscience son cadre de vie en prison. Ensuite il essaie « d'agrandir » son appartement en installant la cuisine dans un balcon, afin de transformer la cuisine en chambre supplémentaire, etc. En agissant ainsi, il modifie les tuyauteries d'eau et de gaz ainsi que l'entrée de l'air et de la lumière naturelle. Le niveau de confort déjà problématique baisse à des seuils insoutenables. Les hommes trouvent un exutoire à rester dehors après le travail (square, café, mosquée…), mais les femmes au foyer vivent le calvaire d'une promiscuité horrible qui évolue en hostilité, stress et parfois dépression[1].
- La mauvaise éducation des enfants jetés à la rue. Habiter un F3 au quatrième étage d'un immeuble parmi les dizaines d'autres dans une ZHUN, quand on est collégien ou lycéen n'est pas une sinécure. L'adolescent n'a pas vraiment de chez-soi ; arrivé à la maison, à peine a-t-il le temps de manger quelque chose qu'il est sommé de vider les lieux pour ménager un peu d'intimité aux femmes dans un espace déjà exsangue. Or, dehors il y a justement

[1] Lorsqu'un appartement conçu pour 4 personnes, en abrite 8, faire la chaine pour entrer aux toilettes le matin, produit un stress insupportable qui se renouvelle chaque jour.

une « absence de ville » qui n'offre aucun cadre organisé pour accueillir les jeunes. Alors, des bandes se constituent selon les affinités pour jouer au foot, aux cartes, pour embêter les filles puis et de plus en plus souvent, pour s'initier mutuellement au tabac à chiquer, à la cigarette, à la boisson alcoolisée, à la drogue et à la violence. En rentrant le soir, il rejoint sa paillasse en marchant sur des œufs. En faisant son bilan, on constate qu'il n'a eu ni un moment ni un endroit pour faire ses devoirs, réviser, lire, se prélasser... Les études ne tardent pas à être perçues comme une perte de temps et on éprouve de moins en moins de remords à y renoncer. La ville se promeut en matrice d'ignorance et de violence.

6- DEMAIN LA VILLE

L'Algérie s'est industrialisée et urbanisée à une vitesse et dans des conditions qui ont rendu inévitables des malformations et des déformations qui ont transformé la ville en une fabrique de problèmes. La tentative d'industrialisation s'est accompagnée d'un mouvement intensif d'urbanisation qui fait passer sans préparation adaptative l'Algérien de *fellah* à citadin. Le choc est si violent que l'industrie implose et que la ville est si profondément secouée qu'elle se disloque au point où l'on se demande si l'Algérie a encore des « villes ». Après un demi-siècle d'expériences ratées, l'Etat n'arrive pas à évoluer, s'obstinant à faire passer l'arbre pour la forêt, c'est-à-dire à faire passer les logements pour la ville. *Des logements, n'importe lesquels, n'importe où, n'importe comment, oui, mais DES logements !...* pourrait être le slogan de l'Etat sur le sujet. La ville submergée par le logement, glisse rapidement sur la piste raide qui mène au désordre et à l'anarchie. Déséquilibres multiples, promiscuité, nuisances, médiocrité de l'architecture... génèrent stress, violence et ignorance. Comme un train fou, la ville fonce vers la destruction et ses chaudières sont généreusement alimentées par la corruption et l'incompétence, véritables constantes de la vie algérienne. Cet inquiétant constat recommande-t-il une solution extrême de *tabula rasa* ? C'est une solution qui n'est même pas envisageable, c'est pourquoi il faut se contenter d'une approche plus réaliste qui consisterait à décider d'arrêter le massacre à ce qu'il est aujourd'hui et introduire des rectificatifs d'amélioration chaque fois que s'offre l'opportunité. Parallèlement, il faut développer (et c'est le rôle de l'Université) une véritable philosophie de la ville. Voici quelques pistes de réflexion dans cette direction[1].

61- Assurer l'équilibre vides-pleins

Le monde contemporain est bâti sur le socle de la liberté de pensée, d'expression, de religion et de mouvement. L'individu n'est attaché ni à un maître, ni à un fief, ni un quartier ni même à un pays. La liberté de circuler est consolidée par la disponibilité de moyens de transport diversifiés, sûrs, rapides et confortables qui permettent à n'importe qui de relier n'importe quel point dans le monde. L'individu jouit, ainsi, d'une vie plus intense, plus riche et plus rentable…

A l'échelle de la ville, la circulation n'est pas moins importante. En fait les villes sont si grandes et le mouvement si intense que d'une part la qualité du réseau de voirie est vitale et que d'autre part, la mise sur pied d'un système de transport urbain requiert de grandes compétences et de grands moyens. Le système de circulation le plus performant est celui que l'usager ne remarque pas tant il assure une fluidité optimale des flux des hommes et des marchandises. Les aménagistes et des autorités locales doivent constamment veiller à faire la chasse aux points morts, aux zones de frottement et aux goulots d'étranglement[2]. Le réseau de voirie sert le mouvement, mais il n'est qu'une partie des « vides » autour desquels s'articule la ville. La ville doit également, offrir avec une certaine régularité, des lieux de parade, des places publiques, des espaces d'exposition provisoires, des espaces de jeu, des espaces verts, des parcs… Elle doit offrir à toutes les catégories d'usagers les espaces dont chacun a besoin, car s'il ne le trouve pas, il se le crée comme il peut. Ainsi en l'absence de parkings les voitures sont garées sur les trottoirs et autres espaces publics.

---

[1] Sous l'hypothèse que par miracle il soit mis fin à la corruption. Nous sommes convaincus que la disparition de la corruption entrainerait la disparition de nombreux problèmes parmi ceux que nous avons soulevés, tout au long de ce travail.

[2] Le problème du transport urbain n'est pas qu'un problème d'urbanisme. C'est aussi le problème des législateurs, des industriels (fabricants des moyens de transport), des chercheurs, des élus…

62- Réhabiliter l'espace public

La partie « pleins » de la ville se compose de deux espaces dont l'un est privatif et l'autre collectif. L'espace privatif est réservé à un usage exclusivement individuel et il est représenté par l'appartement d'habitation, tout le reste est affecté à un usage collectif. L'expression usage collectif n'est peut-être pas la plus appropriée ici, car cet espace intègre à la fois l'espace public (au sens où il appartient dans l'indivision à tous et les usagers n'en sont qu'usufruitiers) et les lieux de statut privé, mais où l'usage est ouvert à tous (café, restaurant, centres commerciaux...). Tout à la crise du logement, les concepteurs et les bâtisseurs ont déséquilibré la ville en faveur de l'espace privatif. Sur des centaines et des centaines d'hectares, les villes ne comptent presque que des habitations avec peu d'équipements et pratiquement pas d'espaces publics. L'appellation de cité-dortoir qui s'appliquait aux ZHUN, s'étend en réalité à toute la ville. Il faut réintroduire l'espace public dans la ville[1].

63- Réintroduire la nature dans la ville

Lorsqu'on se « balade » sur *Google Earth*, on est étonné de constater que des mégapoles de 5 à 10 millions d'habitants, voire plus, comme Londres, Paris, Washington, Sidney ou Pékin... comptent tant de verdure qu'on croirait que les villes sont construites à la campagne, selon le bon mot d'Alphonse Allais. Lorsque dans les ZHUN ou les lotissements, les concepteurs ménagent un espace « vert », c'est un petit terrain vague, boueux en hiver et poussiéreux en été, que la construction finira par rattraper.

Partager l'espace urbain entre nature et culture, n'est pas un effet de mode, c'est au contraire, un principe cardinal de l'organisation du cadre de vie de l'homme. Dans le monde contemporain où les facteurs qui génèrent de l'entropie (pollutions, accidents, stress, maladies respiratoires...) sont plus puissants que les facteurs qui y apportent

---

[1] Les gens passent au moins autant de temps à la maison qu'à l'extérieur, pourtant la ville algérienne ne se préoccupe que la première moitié. Il est certain que si rien n'est fait, d'ici cinq ou six ans, toutes rues de Bejaia seront pleines de voitures pare-chocs contre pare-chocs, qui ne peuvent ni avancer ni reculer. Personne ne veut envisager ce problème, ni s'y attaquer, continuant à faire une fixité sur le seul logement.

bien-être et sérénité, la végétation est à la fois, une source de bien-être et d'embellissement. Les acteurs de la ville algérienne agissent comme s'il s'agit de liquider une formalité, ils aménagent dans les ZHUN des « espaces verts » qui ne sont verts que sur papier, faute d'entretien et surtout d'eau d'arrosage. Quand le climat va de semi-aride à aride, ce qu'il faut c'est d'une part de grands plans d'eau et d'autre part des espaces non pas avec de l'herbe, mais des arbres, de grands arbres qui donnent ombre et fraîcheur, amortissent les bruits et absorbent le CO_2. Ces parcs de verdure peuvent avoir toutes les tailles possibles (d'un bosquet dans un coin à une véritable forêt de 25 ou 30 hectares), prendre toutes les formes géométriques selon les disponibilités de terrain, adopter toutes les compositions végétales souhaitables…

64- Encourager les constructions intégrées

Une loi de 1974 fait obligation aux communes de se constituer des réserves foncières pour soustraire le développement aux pressions de la spéculation foncière. Des agences foncières communales ou intercommunales ont été créées pour gérer le patrimoine ainsi constitué ; il s'agit d'un véritable patrimoine, car chaque maire a pris soin d'y verser toutes les disponibilités foncières de sa commune. Grâce à ce portefeuille constitué sans bourse délier, la structure de coût d'un projet se modifie et l'assiette de terrain en devient l'élément le plus insignifiant. La gratuité du terrain induit des abus dans son utilisation. Les constructions sont « posées » directement sur l'herbe et ne s'élèvent que de quelques étages, de telle manière que 50 logements qui peuvent tenir en un immeuble unique de 12 étages et de 400 m² au sol, sont dispersés sur tout un hectare[1]. Il y a des pratiques encore plus incroyables, car chaque équipement socioéconomique (bureau de poste, commissariat de police, banque, recette des impôts…), si petit soit-il, bénéficie de son édifice en propre, réalisé sur terrain propre. Ainsi un petit bâtiment est perdu au centre d'un terrain trop grand, entouré d'un mur d'enceinte. A gauche et à droite, il y a d'autres petits bâtiments réalisés dans les mêmes conditions.

---

[1] L'emprise au sol des fameuses *Twins Towers* du World Trade Center à Manhattan est de 4000 m² chacune, mais elles s'élèvent dans le ciel sur 110 étages, offrant l'équivalent de 30 hectares en surfaces de bureaux.

La loi de 1974 a duré une quinzaine d'années avant d'être abolie, mais les réalisations de l'Etat ont gardé le pli. La promotion immobilière privée a longtemps marché dans l'ornière des bureaux d'études techniques (BET, prononcer *bête*) avant de s'en écarter pour introduire un certain nombre de nouveautés : bâtiment plus hauts, ascenseurs, parking en sous-sol, bâche à eau, et deux ou trois niveaux de commerce et de services. C'est une grande avancée, mais qui reste en deçà des besoins de la ville qui a grand besoin de rationaliser la consommation de son foncier et d'optimiser le fonctionnement de la ville dans son intégralité et de chaque immeuble en soi. Voici quelques suggestions :

- Il faut développer et exploiter les étages en sous-sol pour libérer de l'espace au sol. Selon l'importance de son emprise, un édifice peut compter plusieurs niveaux enterrés. Ils seront destinés en grande partie à être des parkings, mais pas uniquement. Il y a de nombreuses activités qui sont compatibles avec une localisation en dessous du niveau du sol (salles de tirage, archives, stockage…)[1]…
- Des décennies durant, des avocats, des médecins, des dentistes, des notaires… se sont installés aux étages des immeubles d'habitation, dans de simples appartements non aménagés. Cela suggère l'existence d'énormes besoins en bureaux, que l'on n'a jamais essayé de prendre en compte, les immeubles des ZHUN étant toujours totalement aménagés en habitations. Consacrer les premiers niveaux à des équipements de proximité : école primaire, agence postale, commissariat de police, centre de santé, banque, supérettes… est affaire de simple bon sens. Il s'agira d'intégrer une certaine proportion de surfaces de bureaux dans tous les immeubles et de prévoir dès la conception des cités (ou des quartiers) des espaces pour des activités de proximité (crèches, écoles primaires, librairies). Dans un seul bâtiment, il est possible de loger 50 familles, mais aussi une école, deux médecins, une agence de voyage et des boutiques[2]. L'objectif étant de rationaliser et non de

[1] Il y a quelques années encore à l'université de Bejaia les tonnes de fournitures sont stockées au premier étage ; des milliers de rames de papier sont montées (puis descendues) par les agents. En outre, le soleil qui entre généreusement par les baies altère la qualité du papier.

[2] Le Corbusier (dans la *Cité radieuse* à Marseille, par exemple) a poussé très loin, la réflexion sur le cadre de vie intégré.

mener la vie dure aux résidents, les concepteurs doivent trouver les formes architecturales qui réalisent les meilleurs compromis.

Les édifices complexes destinées à plusieurs catégories d'usagers dont chacun a ses propres besoins et ses propres contraintes sont fuies en Algérie, parce qu'ils obligent à se départir de la facilité pour faire les montages financiers complexes, promulguer la législation qui convient, résoudre les problèmes de la sécurité des usagers, de circulation piétonne et de circulation mécanique, d'optimisation des réseaux, d'éventuels conflits entre différents usagers... La recherche de la facilité se paie par un gaspillage effréné du foncier.

65- Valoriser les outils d'aménagement

La ville est un système complexe, fragile, mais vital dont la croissance doit à tout prix échapper aux vicissitudes de l'administration, sans pour autant tomber totalement dans les griffes du marché. En Algérie, l'Etat est fortement interventionniste, mais une transition non maîtrisée ouvre les portes à ce que le marché a de plus pervers ; rendant d'autant plus difficile de trouver un compromis Plan/Marché honorable. Toutefois, c'est parce qu'un tel compromis est difficile à trouver qu'il faut se dépêcher de le trouver, c'est inéluctable. Depuis que l'Algérie s'est orientée vers la régulation par le marché, le pays a mis sur pieds un certain nombre de dispositifs d'urbanisme qui amènent l'Etat et les opérateurs privés à composer. Les dispositifs les plus importants sont le PDAU et le POS (loi 90/99 du 1er décembre 1990). Le PDAU (Plan Directeur d'Aménagement et d'Urbanisme) est un instrument de planification urbaine qui essaie d'accompagner le développement d'une commune ou d'un groupe de communes pour le quart de siècle qui suit sa validation. L'étude commence par réaliser un état des lieux aussi exhaustif que possible (territoire, population, ressources du sol et du sous-sol, activités économiques...) avant de fixer les grandes orientations à court, moyen et long termes, par grandes fonctions (habitat, travail, circulation, commerce, loisirs, équipement...). Le POS (plan d'occupation des sols) définit l'usage des sols tels qu'identifiés par le PDAU. C'est le POS qui indique où il faut réaliser des immeubles de grande hauteur, où il faut réaliser des bâtiments bas et les espaces qu'il faut laisser sans constructions, etc. Une fois, PDAU et POS, votés les opérateurs publics et privés peuvent entrer en jeu dans le respect des lois du marché (pour l'acquisition des terrains par exemple). Officiellement, le PDAU a force de loi et s'impose à tous, mais sur le terrain chacun n'en fait qu'à sa tête. L'urgence (certains projets ne peuvent souffrir d'attendre les longues procédures d'expropriation pour dégager un terrain d'assiette par exemple), la corruption (un gros bonnet veut réaliser un projet à tel endroit, il se passe des autorisations des autorités locales en tel lieu, il arrose les fonctionnaires pour se faire délivrer toutes les autorisations), les oppositions (un ou plusieurs peuvent s'opposer à leur expropriation et empêcher que tel équipement soit réalisé à tel endroit), imposent d'autres règles. C'est pourquoi un lycée, un marché de gros, une cité universitaire, etc., peuvent être localisés en-dehors de toute référence aux outils d'aménagement, ils sont simplement « casés » là où s'offre un morceau de terrain. Trouver trois hectares pour un Centre Anti-Cancer, par exemple, est un calvaire et il y aurait un grand motif de fierté si on arrive à le lancer, quitte à le localiser au diable vauvert[1].

Dès que les instruments d'urbanisme sont promulgués, on se dépêche de les oublier pour s'en remettre aux bonnes vieilles recettes qui sentent bon le désordre et la corruption.

66- Réformer l'administration locale

Les deux mamelles auxquelles se nourrit l'administration sont l'incompétence et la corruption, les deux étant intimement liés. Pour l'incompétence, il est paradoxal qu'une entreprise de 50 travailleurs compte dans son staff plusieurs cadres d'un niveau bac+4 ou plus, alors qu'une assemblée populaire communale (APC) d'une grande ville ne compte pas plus d'une demi-douzaine de cadres universitaires sur 2000 employés. Nous avons donc affaire à une faiblesse d'encadrement doublée d'une faiblesse de l'encadrement qu'on peut soupçonner l'administration de perpétuer afin de justifier qu'elle ne fasse rien ou qu'elle fasse mal. Des services vitaux sont confiés à des fonctionnaires sans qualifications, logés dans des cagibis qui n'autorisent rien d'autre qu'une existence végétative matérialisée par une plaque sur la porte. Un particulier qui souhaite respecter la

[1] Dans la région de Bejaia, des centaines de logements attribués à certaines communes qui n'arrivent pas à dégager des assiettes pour les accueillir. L'autorité les a localisés dans une autre commune à 30 kilomètres (qui a du terrain). Après la cité-dortoir, la ville-dortoir, voilà la commune-dortoir.

procédure d'obtention d'un permis de construire, finit par le regretter, car les pesanteurs de l'appareil finissent immanquablement par avoir raison de lui. De guerre lasse, il se passe de l'autorisation puis ayant passé la ligne rouge et pour le même prix, il va se passer de tout autre règlement. Quant à la corruption, chacun sait qu'aussi bien la loi divine que la loi des hommes la condamnent, mais en Algérie, nous sommes tentés de dire qu'elle a un cours légal et presque honorable. Elle a évolué en une sorte de joker, un sésame qui ouvre les portes quand toutes les autres approches ont échoué. Prenant les formes les plus variées et les plus inattendues, elle se développe selon plusieurs niveaux, allant d'un bon pourboire jusqu'à l'association 50/50 dans un projet d'investissement. Il est inutile de s'étendre sur ces problèmes pour arriver à la conclusion que l'administration exerce sur la ville l'effet d'un bombardement aérien. C'est pourquoi il n'est pas concevable d'avoir une politique de la ville qui ne soit pas précédée par une profonde refonte de l'administration.

7- ILLUSTRATIONS

Une image valant mieux que mille mots, nous terminons ce chapitre par une sélection de photos et laisser le lecteur en juger.

Bejaia, une composition dantesque : école-arrêt de bus-ordures

Architecture, peu de progrès en plus d'un demi-siècle
La Cifa (Bejaia) cité de recasement années 60…

…Quartier Seghir (Bejaia), années 1990…

Et Ali Mendjeli, années 2000

Entrée « monumentale » de 1,60 mètre de hauteur

ZHUN d'Iheddaden (Bejaia) ; Espace vert et moutons

ZHUN de Sidi Ahmed (Bejaia)

Bidonville en dur (Bejaia)

Conclusion

La ville est le cadre de vie protecteur et émancipateur dont l'Homme s'est doté pour survivre dans la longue lutte pour la vie. Sa forme, sa structure, son organisation... sont une synthèse magistrale de tout ce que l'homme a pu engranger de savoir et de savoir-faire, depuis des millénaires. Chaque peuple, chaque région, chaque époque jouit de la ville qu'il peut concevoir et construire. Un peuple primitif va se suffire d'un cadre de vie primitif qui donne des solutions médiocres (peu de confort, faible sécurité, et beaucoup de problèmes de toutes sortes). Par contre un peuple qui a enregistré de grandes avancées en matière de sciences et de technologies, va projeter ce formidable patrimoine dans sa ville pour en améliorer les capacités protectrices, émancipatrices et éducatives.

Avec la révolution introduite par les NTIC, la réflexion sur la ville a fait un bond qualitatif pour s'intéresser désormais de près à la maison intelligence et à la ville intelligente. En réalité, dans les pays où l'ignorance et la superstition règnent encore (notamment en Afrique), il y a d'énormes entités qu'on appelle « villes », mais qui n'en sont pas. La population ignorante donne peu à sa ville (en termes d'innovations technologiques) et la ville donne peu à ses habitants (en termes de confort, de sécurité, de compétitivité...).

L'Algérie est un pays de vieille tradition urbaine, mais l'urbanisation est surtout le fait des colons étrangers, à commencer par les Phéniciens et les Romains. Jusqu'à l'arrivée des Français, les grandes villes se trouvaient à l'intérieur du territoire ; c'est la France qui avait poussé l'urbanisation sur le littoral ; pour ses besoins propres.

A l'indépendance le pays était nettement rural et agricole, ce qui ne l'empêcha pas de se lancer, dans une grande épopée d'industrialisation qui va induire un puissant processus d'urbanisation. La ville n'a jamais été pensée pour elle-même, mais se développe en une série de réactions à des problèmes générés par la politique industrielle. Il faut des logements, des écoles, des mosquées... alors on en construit. Autant que l'on peut et comme on peut, quand on manque de tout (argent, compétences, matériaux de construction, équipements...). Tout ce dont l'urgence n'est pas avérée et immédiate, est laissé à un moment plus opportun, puis oublié. La ville se développe par ajouts de zones d'habitat et un SMIG d'équipements comme les écoles. De ce fait, elle grandit par certains côtés et reste pratiquement atrophiée par d'autres. Cette entité difforme ne véhicule aucun ordre, aucune logique, aucune rationalité ; c'est une monstruosité qui œuvre à serrer et pressurer jusqu'à déformer ses habitants qui vont le lui rendre bien. Il s'enclenche un cercle vicieux qui fait de la ville un Dieu Moloch qui se nourrit de la sève et de l'intelligence de ses habitants.

Chapitre 5
PETROLE
Une drogue douce

Le passage d'une société agraire à une société industrielle exige d'énormes capitaux qu'un pays essaie de se procurer de diverses façons, notamment :

- Utilisation un surplus dégagé dans le secteur agricole (cas des premiers pays industrialisés).
- Réception d'une aide de l'extérieur (cas de l'Espagne recevant l'aide de l'UE).
- Dégagement d'une épargne interne par une politique drastique d'austérité (cas de l'URSS de l'après-révolution de 1917 et du Vietnam aujourd'hui)

De nombreux pays en développement n'ont pas pu décoller faute de tels moyens. Ce n'est pas le cas de l'Algérie qui arrive à l'indépendance avec le statut de *pays pétrolier*. En réalité la carrière de pays pétrolier de l'Algérie n'a commencé qu'au début des années 70. Avant cette date, le pétrole entretient une relation apaisée avec l'économie mondiale : une matière première largement disponible et à bas prix. Il faut rappeler les événements qui ont eu pour cadre la première moitié des années 70 et qui ont bouleversé l'approche que le monde a du pétrole et des hydrocarbures en général. Trois événements ont marqué l'époque. Le premier est sans conteste la fin du système du Gold Exchange Standard, mis sur pieds en 1944 à Breton Wood, pour donner aux opérateurs du marché mondial, un cadre d'activité réglementé et sécurisant afin de booster les échanges internationaux. Les Etats-Unis étant convaincus que la crise de 1929 est au moins en partie due à la baisse de la demande (par l'Europe) sur ses produits, ont beaucoup pesé pour que le monde d'après-guerre, soit sans contraintes pour le commerce international. C'est pourquoi le monde entier est choqué et secoué par le discours du président Nixon annonçant le 15 août 1971, dans un discours à la Nation, la fin de la convertibilité du dollar en or ; marquant ainsi le retour à l'incertitude des taux de change flottants[1]. Le deuxième grand évènement est, bien entendu, la guerre israélo-arabe de 1973. C'est une guerre-éclair (6-25 octobre 1973) conduite par l'Egypte et la Syrie et que les Arabes étaient à deux doigts de remporter si les pays occidentaux ne s'en sont pas mêlés pour permettre à Israël d'en sortir vainqueur[2]. Meurtris dans l'âme et dans le corps les Arabes s'entendent sur un embargo (arrêt de livraison de pétrole aux pays occidentaux), allumant la mèche du premier choc pétrolier[3]. Le dernier évènement que nous voulons rapporter ici, l'arrivée sur le marché mondial d'acteurs inattendus (et indésirables) venus du fin fond de l'Asie. Les entreprises des pays qu'on va appeler les Dragons (Taïwan, Hong Kong, Singapour et Corée du Sud) mettent pied sur le marché, avec des produits de qualité et à vil prix. Les firmes américaines et européennes sont sonnées par l'arrivée de cette concurrence au moment où leurs coûts de production s'emballent. C'est la fin des Trente glorieuses.

Dans les évènements qui ont secoué cette époque trouble, l'Algérie a joué un petit rôle. En tant que pays producteur de pétrole, membre de la Ligue arabe et membre de l'OPEP, elle a été impliquée aussi bien dans la guerre du Ramadhan (ou de Kippour) que dans l'embargo qui s'en est suivi. Quelques années plus tôt, elle a mené un bras de fer contre la France qui l'a conduite à la nationalisation de ses hydrocarbures. Elle était déjà prédisposée à imposer un embargo dont l'objectif est de revaloriser ses ressources. Le choc pétrolier a mis le pétrole au cœur de l'économie algérienne, jetant le pays dans un piège dont il n'arrive pas à se dépêtrer, encore aujourd'hui.

Le chapitre est présenté en trois sections. La première présente quelques aspects généraux dont il faut avoir connaissance pour discuter de questions liées au pétrole. La deuxième section s'intéresse

---

[1] Nixon, annonce dans le même discours, une taxe de 10 % sur toutes les importations américaines confirmant la crainte que rien ne sera plus comme avant.

[2] Les Etats-Unis, notamment, ont transmis à Israël les positions et les mouvements des troupes arabes qu'ils suivaient par satellites.

[3] C'est la version standard que nous rapportons là ; mais elle n'est pas partagée par tous. Certains analystes pensent que la crise est un vaste complot ourdi par les grandes firmes américaines du pétrole, pour augmenter leurs profits. Mais quel qu'en soient les causes et les acteurs, les résultats sont les mêmes et notre analyse ne change pas.

aux aspects positifs que les hydrocarbures ont exercés sur l'économie et la dernière section aux aspects négatifs.

1- QUELQUES GENERALITES

Montaigne disait que pour parler d'un éléphant, il faut d'abord savoir ce qu'est un éléphant. Cela vaut pour n'importe quoi d'autre et surtout pour le pétrole qui est à la fois une matière première et l'énergie qui fait tourner la machinerie du monde. C'est pourquoi nous consacrons cette section à rappeler quelques fondamentaux sur le pétrole, sur le pétrole de l'Algérie, sur l'entreprise Sonatrach et sur quelques problèmes liés au pétrole.

11- Sur le pétrole

Le pétrole est une énergie fossile que la nature a mis des millions d'années à « fabriquer » à partir d'animaux et de végétaux pourrissant. On peut le trouver à fleur de sol ou aller le chercher à des centaines de mètres en-dessous, sur terre ou sur mer. Contrairement à ce que l'on serait porté à croire, c'est une des matières premières les mieux réparties sur la surface de la planète, même si tous les pays n'en ont pas. Son utilisation par l'homme, sous différentes formes et pour divers usages, remonte à l'antiquité.

Tableau 1 : Principaux acteurs du pétrole en 2013 (Mtoe)

Pays producteurs			Pays consommateurs		
Rang	Pays	Quantité	Rang	Pays	Quantité
1	Arabie S.	547,55	1	Etats-Unis	782,57
2	Russie	524,2	2	Chine	487,15
3	Etats-Unis	475,25	3	Japon	205,25
4	Chine	210,1	4	Inde	173,99
5	Canada	195,25	5	Russie	160,29
6	Venezuela	163,94	6	Brésil	121,37
7	Iran	161,47	7	Allemagne	103,24
8	Emirats A. U.	157,46	8	Arabie S.	3,075
9	Koweït	157,15	9	Corée du Sud	97,17
10	Irak	82,05	10	Mexique	94,42

Source : Agence internationale de l'énergie (www.iea.org).

L'exploitation industrielle du pétrole n'a commencé qu'au début du XX° siècle, lorsqu'un certain nombre de conditions ont été réunies : nouvelles techniques de forage, de transport et de raffinage, apparition d'un pôle de la demande représenté par l'automobile, l'éclairage, le chauffage… L'élan est consolidé par le développement de la pétrochimie qui tire du pétrole une infinité de biens utilisables dans tous les domaines de la vie.

12- Du pétrole de l'Algérie

En Algérie, les prospections ont commencé dans les dernières années du XIX° siècle, mais ce n'est qu'en 1956 que sont découverts les grands gisements d'Edjelé et de Hassi Messaoud. L'année suivante est découvert l'immense gisement de gaz de Hassi Rmel et depuis de nombreux gisements ont été découverts dont certains sont mis en exploitation et d'autres pas, soit parce que les réserves sont faibles, soit parce que les coûts prévisionnels d'exploitation sont excessifs. Les premières exportations vers la métropole ont commencé en 1959 à partir de Bejaia. Pour l'histoire les premières firmes françaises qui ont prospecté, découvert puis exploité les sites sont la SN Repal (qui deviendra *Elf*) et la CFPA (qui deviendra *Total*).

D'un puits à l'autre et d'un pays à l'autre, le pétrole présente des caractéristiques différenciées touchant à la pureté, à la densité, à la teneur en tel ou tel composant, etc. L'Algérie produit du *Sahara Blend* un pétrole léger d'excellente qualité qui se vend cher. Le prix de base du baril est déterminé par l'offre et la demande aux bourses de New York (pour le *Light*) et de Londres pour le *Brent* de la Mer du Nord. Le pétrole algérien est un *Light* qui aurait dû être côté à New York, mais bizarrement il est côté à Londres sur la base du *Brent* de moindre qualité. C'est pourquoi, il s'ajoute à son prix une prime dite de qualité. Le prix varie en fonction de la qualité, de l'offre et de la demande, des taxes appliquées à différentes étapes, du coût de transport… En Algérie, le pétrole est extrait au cœur du Sahara, à des centaines de kilomètres des lieux de consommation nationaux et des ports d'exportation. Le précieux liquide est transporté par canalisations jusqu'aux villes d'Arzew, Skikda et Bejaia. L'extraction, elle-même, est éparpillée en plusieurs sites, dont les meilleurs produisent 100 000 à 250 000 barils/jour ; un site exceptionnel comme Hassi Messaoud dépasse les 400 000 barils/jour. Avec une production autour de 1,7 million de barils/jour, l'Algérie arrive 16ème producteur mondial.

Ainsi donc, en 1962, l'Algérie devient indépendante et ce qui ne gâte rien, elle a du pétrole. Peut-on rêver de meilleur départ ? Après avoir échoué à séparer le Sahara de l'Algérie, la France se reprend dans les différents accords qui accompagnent le processus d'indépendance de l'Algérie, dans lesquels elle veille à s'assurer des avantages léonins sur les hydrocarbures. C'est ce qui explique que, lésée l'Algérie entreprend de tout faire pour modifier la situation à son avantage. Elle crée la Sonatrach en 1963 et demande une revalorisation du prix de base sur lequel est calculée sa rente. La France rejette la requête et pousse l'affaire au pourrissement. Exaspérée l'Algérie annonce le 24 février 1971, la nationalisation de ses hydrocarbures. Ce qui a fait l'effet d'une bombe, n'est en réalité qu'un pétard mouillé, car toute l'opération a consisté pour la Sonatrach à racheter 51 % du capital des firmes françaises[1]. La France vécut l'évènement comme une haute trahison et une terrible campagne anti-algérienne s'engage, faisant de nombreuses victimes dans les milieux de l'émigration. Cette tension était à son comble quand éclata la crise pétrolière mondiale de 1973, dans laquelle elle va être noyée.

13- La Sonatrach, un Etat dans l'Etat

L'une des premières initiatives de l'Algérie indépendante a été de créer une entreprise en charge de la gestion du secteur des hydrocarbures. La Sonatrach (**so**ciété **na**tionale de **tra**nsport et la **c**ommercialisation des **h**ydrocarbures) est née le 31 décembre 1963. Très rapidement ses prérogatives dépassent le transport et la commercialisation pour s'étendre à toutes les activités liées aux hydrocarbures comme la prospection, le forage, la formation… Elle devint rapidement une firme géante, la plus grande d'Afrique, encore aujourd'hui. Les restructurations du début des années 80, l'ont éclatée en 17 filiales.

Entreprise stratégique, vache nourricière du peuple, symbole de l'indépendance… valent au groupe Sonatrach certains privilèges dont celui d'être au-dessus de tout et de toute critique. Jamais sa gestion n'a fait l'objet d'un contrôle, même routinier. Ce qui lui permet d'être

[1] Par la même occasion les intérêts étrangers dans le secteur du gaz ont été rachetés en totalité, mais le gaz était pratiquement bradé et ne rapportait presque rien.

un jouisseur plus conforme avec un statut de rentier qu'avec un statut d'entreprise. Tant que le prix du baril se situe au-dessus du coût de son extraction, l'entreprise reste bénéficiaire et fait rentrer des devises et personne ne veut regarder au-delà. L'argent masque la mauvaise gestion et les dépassements, en tous genres. Le groupe génère un chiffre d'affaires qui peut frôler les 100 milliards de dollars les bonnes années, l'assurant de bénéfices en milliards de dollars indépendants de la qualité du management. On ne peut rien reprocher à une entreprise qui génère des bénéfices. La politique de libéralisation menée dans les années 90 a mis fin au monopole de Sonatrach en ouvrant le secteur aux firmes étrangères, mais en lui gardant une majorité de 51 % au moins du capital de toute joint-venture créée en ce sens.

Tableau 2 : Capacité de production de l'Algérie (1000 b/j)

	1998	1999	2000	2001	2002	2003	2004	2005
Sonatrach	690	378	663	635	612	590	572	554
Compagnies étrangères	240	443	725	706	678	650	616	529
Total	930	1121	1388	1341	1290	1240	1188	1083

Source : Khelif Amor (2001)

En 2013, la Sonatrach a exporté pour 63,752 milliards de dollars, ce qui lui ménage après paiement de toutes les charges dont les impôts et taxes (ce qui correspond à ce qu'on désigne par « rente pétrolière »), un bénéfice de 7 milliards de dollars[1]. Ce montant qui dépasse le PIB de nombreux pays africains, est énorme en soit, mais il perd toute sa magie quand on le compare au volume des investissements que le groupe est obligé de réaliser pour rester actif, c'est-à-dire entretenir ses équipements et élargir son périmètre d'action (afin de maintenir les rentrées du pays en devises). Rien que pour la période 2012-2016, Sonatrach prévoit des investissements dont le montant global s'élève à 68,2 milliards de dollars[2]. Les sept

[1] Le marché domestique de la Sonatrach équivaut à un quart de sa production, soit l'équivalent de 21 milliards de dollars.

[2] La baisse drastique du prix du baril de pétrole met Sonatrach dans une position intenable car pour compenser la baisse des prix il faut augmenter les quantités pompées, c'est-à-dire augmenter ses capacités de production par de nouveaux investissements. Elle envisage même de réviser à la baisse les investissements projetés avant l'avènement de la crise.

milliards de dollars de bénéfices paraissent tout à coup dérisoires et l'entreprise doit lever de gros fonds à l'extérieur.

Tableau 3 : La structure du groupe Sonatrach

	Dénomination	Activités
Entreprises industrielles	NAFTAL	Raffinage et distribution des hydrocarbures
	ENIP	Pétrochimie
	ENPC	Plastique et caoutchouc
	ASMIDAL	Engrais
Entreprises de réalisation	ENGTP	Grands travaux pétroliers
	ENGCB	Génie civil et bâtiment
	ENAC	Canalisations
Entreprises de services	ENAGEO	Géophysique
	ENAFOR & ENTP	Forage
	ENSP	Services aux puits
	ENEP	Engineering pétrolier
	CERHYD	Centre de recherche en hydrocarbures
Entreprises de gestion des zones industrielles de :	Arzew	
	Skikda	
	Hassi Rmel	
	Hassi Messaoud	

Source : Sonatrach (http://www.sonatrach.com/elements-histoire.html)

Le fait de brasser des budgets en milliards de dollars n'a pas que des avantages, car cette masse d'argent attise les convoitises et vaut de nombreux déboires à la Sonatrach. Les convoitises sont d'abord celles de l'Etat lui-même qui utilise l'entreprise pour régler les problèmes les plus invraisemblables dont nous ne pouvons donner qu'un échantillon :

- Sponsoriser tel club de football, désigné d'en haut, pour des objectifs électoralistes.
- Payer le cachet de tel artiste étranger qui donne un gala à Alger,
- Donner des pages de publicité à tel ou tel journal[1],

[1] L'octroi de la publicité aux journaux est un fabuleux canal de redistribution de la rente, via l'Agence national d'édition et de publicité. Des journaux « amis » qui ne vendent pas 10 exemplaires/jours reçoivent pourtant pour des milliards en annonces publicitaires.

- S'impliquer financièrement dans le transport des participants étrangers à un colloque quelconque, etc.[1].

De fil en aiguille, les hommes qui agissent pour l'Etat, ont joué au passager clandestin en dépouillant la Sonatrach pour leurs propres comptes. Donnons quelques exemples :

- De hauts responsables civils et militaires font recruter à des postes bien rémunérés enfants, femme, parents et amis, gonflant les charges salariales sans aucune contrepartie en termes de résultats.
- De hauts responsables créent (via femmes, enfants, parents ou amis…) des entreprises fantoches vers lesquelles est orientée discrètement Sonatrach pour tous les besoins. La plupart de ces sociétés-écrans s'installent comme des intermédiaires entre le groupe et ses fournisseurs habituels pour simplement ponctionner des commissions juteuses au passage.
- La passation des marchés est orientée de manière à faire tomber de juteux projets dans l'escarcelle de qui on veut.

Rapidement il se produit une sorte d'anti-sélection qui attire vers Sonatrach toute une faune maffieuse qui échaude des combines en vue de pomper l'argent public. Aujourd'hui, l'entreprise éclaboussée par de nombreux scandales bat de l'aile, montrant à tous que ce qu'on croyait être un géant économique n'est pas mieux gérée qu'un bistrot de quartier, ne devant sa survie qu'aux rentrées massives d'argent que procure l'augmentation du prix du baril.

14- Des problèmes du pétrole

La répartition des gisements de pétrole dans le monde ne se fait pas au prorata des besoins de chaque nation. Des pays qui en ont beaucoup ont de modestes besoins tandis que des pays qui en ont besoin n'en en ont pas ou si peu. Seule une poignée de pays arrivent à l'autosuffisance énergétique. Comme aucun pays ne peut, pour l'heure, se passer de cette précieuse énergie, les nations à gros surplus font l'objet de pressantes sollicitations voire de menaces de la part des gros consommateurs, soucieux d'assurer leurs approvisionnements. Le pétrole devient un enjeu majeur que l'on retrouve au centre de tous les

---

[1] Ainsi en 2012, Sonatrach a financé un gigantesque Centre des Conventions (construit par les espagnols) qui lui a coûté 600 millions de dollars (500 de coûts et 100 de pénalités), pour l'organisation d'un sommet de l'OPEP. Depuis, la structure reste inutilisée pratiquement toute l'année.

conflits qui ont émaillé le monde depuis la seconde guerre mondiale et même antérieurement. Le marché du pétrole donne son envergure au marché mondial, mais pour cette raison même, il fait l'objet de pressions de tous les côtés de la part de tous les acteurs. Il y a un certain nombre de particularismes qui caractérisent le marché du pétrole, qu'il est utile de rappeler pour comprendre le désarroi des pays producteurs, alors que le prix du baril vient à baisser.

Le déclin du pétrole comme énergie

Le pétrole est l'énergie du XX° siècle comme le charbon l'a été pour le XIX° et comme d'autres formes d'énergie, le seront après lui. Personne ne s'attend vraiment à ce qu'il dure toujours et depuis longtemps les hommes se sont mis à la recherche d'énergies alternatives. Certes, les réserves mondiales de charbon et de gaz naturel sont immenses, mais l'ensemble (charbon-pétrole-gaz) reste d'origine fossile et présente les mêmes défauts : une surconsommation de ces produits porte préjudice à l'équilibre naturel de la planète. C'est pourquoi le monde continue de les utiliser, tout en faisant les bouchées doubles pour trouver des énergies plus soucieuses de la durabilité de la vie sur terre. Les axes de recherche qui ont été investis jusqu'ici sont le nucléaire, l'hydraulique, l'éolien et le solaire ; mais, toutes choses restant égales par ailleurs, c'est le solaire qui offre les perspectives les plus prometteuses. Le pétrole reste l'énergie la plus utilisée dans le monde, mais sa part est tombée de 46 % à 31 % en 40 ans (1973-2013). Derrière le pétrole viennent le charbon (29 %) et le gaz (21 %.) ; les poussières qui restent sont partagées entre le nucléaire, l'hydraulique, l'éolien... (Agence internationale de l'énergie). Par conséquent, la fin du pétrole n'est pas pour demain, mais nous sommes en présence d'une tendance lourde qui travaille à configurer l'économie mondiale de manière à ce qu'elle soit de moins en moins dépendante du pétrole.

La rationalisation de la consommation

Depuis le traumatisme des années 70, les entreprises dont les charges énergétiques ont explosé, ont tout mis en œuvre pour rationaliser leur consommation (on parle, à ce propos, d'efficacité énergétique). Consommer de moins en moins d'énergie pour produire la même quantité de biens est un acte économique que la plupart des entreprises auraient pu faire bien plus tôt, mais elles n'y ont pas pensé tant que le pétrole était bradé. Par exemple, les constructeurs américains offraient des automobiles massives, lourdes et grosses consommatrices de carburant. C'est l'envol du prix du baril qui a introduit le principe d'économie d'énergie. Dans tous les secteurs d'activités, tout au long de la chaîne de valeur, l'entreprise va essayer de réduire la consommation d'énergie sur chaque chaînon. C'est ainsi que :

- En matière d'habitat, de nouveaux matériaux et de nouvelles techniques de construction sont mis en œuvre pour développer une architecture qui réduit le besoin en chauffage, utilise le solaire pour l'éclairage.
- Les voitures sont plus petites et moins gourmandes, des technologies sont développées pour fonctionner au gaz, au méthanol, à l'électricité…

> L'industrie constitue le secteur ayant généré le plus d'économies d'énergie depuis 1973. La part du secteur de l'industrie, hors production d'énergie, n'a cessé de décroître « *de moins de 36 % en 1973 jusqu'à 24,3 % de la consommation d'énergie finale corrigée du climat en 2005, soit 39,1 Mtep. De 1970 à 2004, l'intensité énergétique du secteur de l'industrie a enregistré une baisse de 62 %.*
>
> Source : www.energie.sia-partners.com/20070405/les-raisons-de-la-baisse-de-la-consommation-delectricite-en-france

La confirmation de l'existence du trou dans la couche d'ozone en 1985 et les perturbations climatiques qui commencent à devenir visibles à l'œil nu ont accentué les pressions des ONG en vue de trouver des énergies alternatives, moins nocives. Aujourd'hui, le marché de l'énergie est plus diversifié (charbon, gaz, nucléaire, hydraulique, vents, marées…), ne laissant à couvrir au pétrole que moins d'un tiers des besoins mondiaux. Le monde est de moins en moins dépendant du pétrole. La preuve en est qu'en 2008 le baril est monté jusqu'à 139 dollars sans que cela ne suscite d'inquiétude et en 2015, il descend jusqu'à 26 dollars sans que cela ne perturbe l'économie mondiale.

Les lois du marché

Il existe une grande variété de pétroles qui diffèrent parfois sur de petits détails (comme la teneur en soufre), ce qui implique des coûts différents et des prix différents. Chaque catégorie de pétrole étant un produit différencié au sens de Michaël Porter (1990), il serait difficile de faire des comparaisons. C'est pourquoi nous nous contenterons ici de prendre le prix de référence tel que donné par la presse généraliste. Cela étant, il faut dire que les coûts de production d'un baril de pétrole sont très variables d'un pays à l'autre, d'un site à l'autre et même d'un puits à l'autre, selon que la nappe se trouve à ras du sol ou à 3000 mètres de profondeur, dans un désert à 50 °C à l'ombre ou au large des côtes d'une mer agitée. Toutefois, le prix de vente est unique et il est fixé par le marché, disons à 60 dollars. Ce prix étant donné tous les sites qui ont des coûts supérieurs à 60 dollars deviennent non-rentables et arrêtent de produire. Les autres font des gains variables, ceux qui produisent à 55 dollars gagnent 5 dollars par baril et ceux qui produisent à 40 dollars gagnent 20. Lorsque le prix descend à 40 dollars, tous ceux qui ont des coûts compris entre 40 et 60 arrêtent de produire. Et ainsi de suite, au fur et à mesure que le prix du baril dégringole, des producteurs se retirent du marché. L'offre baisse, raréfiant de plus en plus le produit. Dès que le niveau de l'offre descend en dessous de celui de la demande, la courbe se retourne et le prix du baril commence à augmenter, appelant les producteurs qui se sont retirés du marché à y revenir progressivement. Et ainsi de suite à l'infini. Notons que cette évolution en dents de scie est la règle générale en économie de marché, mais certains produits présentent certaines spécificités qui perturbent les règles du marché. Ainsi la consommation de pétrole souffre d'une certaine rigidité dans la mesure où lorsque le prix du baril augmente, il est impossible de réduire sa consommation du tac au tac ; ni d'ailleurs de l'augmenter quand il baisse. Il s'écoule toujours un certain temps que l'économie consacre à s'adapter à la nouvelle conjoncture.

Les pays producteurs trichent

Lorsqu'on raisonne à l'échelle des Etats, il arrive aux pays mono-exportateurs de développer un comportement bizarre. C'est un phénomène bien connu en économie qui veut qu'un comportement rationnel dans un raisonnement individuel devient aberrant lorsqu'on le considère à l'échelle de la nation. Ainsi, lorsque le prix du baril commence à baisser, les revenus des pays exportateurs font de même. Pris de panique, chaque gouvernement court augmenter la cadence de production pour vendre davantage afin de compenser les pertes dues à la baisse du prix. Tous les pays ayant adopté la même stratégie, d'énormes quantités de pétrole viennent s'ajouter à un marché déjà saturé, ce qui aggrave la crise en poussant le prix toujours plus bas. C'est ce qui explique l'échec de l'OPEP à faire respecter des quotas. Les pays membres qui viennent juste de décider de quotas, s'empressent une fois rentrés d'extraire toutes les quantités qu'ils peuvent pour les écouler sur le marché noir. Plus un pays essaie d'accroître ses rentrées en devises plus il pèse pour les réduire, d'où le paradoxe de quotas rigoureusement respectés, mais d'un prix du baril qui continue à baisser. Le même phénomène est observable lorsque le prix du baril monte en flèche. A 150 dollars le baril, les gouvernements voudraient vendre le maximum pour gagner le maximum d'argent. Ils font accélérer la cadence de pompage, ce qui augmente l'offre et participe à un retournement de la courbe du prix.

Des stratégies antinomiques

Les pays qui ont d'immenses réserves de pétrole, susceptibles de durer (au rythme d'extraction actuel) des décennies ou des siècles, appréhendent le moment où les pays industrialisés, gros consommateurs, mettront au point des énergies alternatives. C'est pourquoi ils vont œuvrer à dissuader ces pays de perdre du temps et de l'argent à chercher des énergies de substitution en leur garantissant un prix bas du baril. Pour un pays comme l'Arabie Saoudite, un baril à 150 dollars, est une aubaine sur le moment, mais c'est aussi un gage d'un avenir incertain. Il y va de son intérêt de veiller à ce que de tels pics ne puissent apparaître et s'ils apparaissent qu'ils ne durent pas. Par contre, les petits producteurs qui ont des réserves modestes promises à épuisement dans un proche avenir, ont une tout autre stratégie. Exportant de petites quantités, ils voudraient que le prix soit aussi élevé que possible, afin de mener des projets de développement qui vont prendre la relève du pétrole à son épuisement. C'est cette divergence de points de vue qui explique les tensions au sein de l'OPEP.

Ces quelques éléments de caractérisation ne donnent qu'une image floue de l'univers du pétrole, mais cela suffit pour nous aider à comprendre la suite.

2- LE PETROLE : UNE BENEDICTION

L'Algérie accède au XX° siècle en accédant à l'indépendance, en 1962 et les Algériens découvrent avec effroi que pendant ce qu'ils appellent la *longue nuit coloniale*, le monde a continué à tourner, subissant des changements à peine croyables. L'industrialisation a reformaté le monde, les minorités (femmes, Noirs, peuples colonisés...) se sont émancipées, de nouveaux modes de transport, de nouvelles technologies d'information et de communication... ont donné au monde l'échelle d'un village dont on peut faire le tour dans la journée. Les retards à combler sont énormes si l'on veut prendre le train du XX° siècle, pour lequel il ne reste pourtant que 38 petites années, avant de céder la place à un XXI° siècle plein de promesses, mais aussi d'incertitudes. Il faut faire beaucoup, vite et bien, chacun est bien conscient que le pays n'a droit qu'à un *seul tir*. Le peuple devenu indépendant fait face à de multiples défis :

- Il faut gouverner ! Et c'est déjà tout un programme, car c'est une expérience inédite.
- Il ne s'agit pas uniquement de gouverner, mais de gouverner un pays très vaste, très contrasté et en ruines.
- En fait, il faut faire mieux que gouverner, il faut sortir le pays du sous-développement et se dépêcher de rattraper les pays riches.

C'est plus facile à dire qu'à faire, car le rattrapage implique qu'il faille réussir le miracle de franchir en quelques années une étape que les pays développés ont mis des décennies à parcourir.

Les ambitions de l'Algérie semblent démesurées et sans commune mesure avec ses moyens. En 1966 le pays affiche un PIB de 3 milliards de dollars et des exportations d'une valeur de 126 millions de dollars[1]. Les maigres ressources en devises du pays lui sont procurées par l'exportation de quelques produits agricoles, un peu de pétrole et par les envois des émigrés. Quant à savoir pourquoi les pouvoirs publics de l'époque ont choisi de se donner des objectifs qu'ils n'ont pas les moyens de réaliser, il y aurait deux explications. La première c'est que, c'est bien connu, il y a beaucoup plus de prestige à échouer dans un grand projet que dans un petit ; alors, tant qu'à échouer autant le faire avec panache en visant la lune. La seconde explication tient à une espèce d'hypnose de masse qui fait croire à l'Algérien qu'il est l'homme des miracles. D'avoir battu la France a créé chez lui, un complexe de Superman auquel rien ne résiste. Le sous-développement sera-t-il plus difficile à extirper de

[1] Les exportations représentent, ainsi, 4 % du PIB, à comparer avec les 30-40 % qu'elles représentent ces dernières années.

notre pays que la colonisation ? Non, bien sûr, car le peuple qui a battu la France avec des moyens dérisoires a le droit de siéger à la droite de Dieu et le devoir de couver de grandes ambitions.

Cette croyance va être confortée par le fait que quelques années après son départ en guerre contre le sous-développement sans viatique, le choc pétrolier de 1973, va apporter, les moyens financiers dont le pays a besoin. Les exportations passent de 0,126 milliard de dollars en 1966, à 3,6 milliards de dollars en 1974 (soit une multiplication par 28,5), apportant une miraculeuse bouffée d'oxygène à l'économie. Dans cette deuxième section, nous essaierons de présenter tous les bienfaits que l'Algérie a tirés du pétrole. Pour mettre de l'ordre dans le texte, nous distinguerons entre la période du socialisme et celle d'après.

21- La période du socialisme

L'Algérie gagne son indépendance parmi les derniers, mais elle ne perd rien pour attendre, puisqu'elle y arrive avec un immense territoire et le grade envié de *pays pétrolier*. Rappelons, néanmoins, que dans les années soixante, le baril n'avait pas le prestige qu'il allait acquérir après 1973, ni le prix. Ce qu'elle en gagne, vraiment, c'est une autosuffisance énergétique qui fait défaut à ses deux voisins immédiats et à de nombreux autres pays, nouvellement indépendants. La stratégie de développement, élaborée en 1965/66 et mise en œuvre dans le cadre du Plan triennal 1966-69, ne pouvait donc, avoir compté sur le pétrole pour lui fournir les énormes capitaux dont elle a besoin[1].

C'est le choc pétrolier de 1973 qui va sortir le pétrole et l'Algérie de l'anonymat. Lorsque les recettes des exportations commencent à devenir conséquentes à partir de 1974, l'Algérie a déjà achevé le Plan triennal 1967-1969 et le Premier Plan Quadriennal (1970-1973) et elle entame le deuxième Plan quadriennal (1974-1977). Les dirigeants saisissent en vol l'opportunité, pour réviser en hausse les ambitions du Plan en cours. Toutefois, l'histoire ne s'arrête pas là, car l'envol du prix du baril a une conséquence inattendue et inespérée : de devenir riche, améliore la crédibilité et les capacités de l'Algérie à lever des

[1] Nous n'avons trouvé aucun document qui fait référence au pétrole comme source de financement. Les pouvoirs publics ont opté directement pour l'emprunt, d'abord auprès des gouvernementaux amis (France, URSS, Etats-Unis, Canada…) puis sur le marché international.

emprunts auprès des banques et des firmes des pays occidentaux. Les pouvoirs publics s'engouffrent dans la brèche et commencent à emprunter massivement pour financer des investissements tout aussi massifs. Cette aisance financière donne des ailes au processus d'industrialisation ; produisant, malheureusement, des dégâts collatéraux, qu'il n'est plus possible de cacher.

Figure 1 : Les recettes pétrolières de l'Algérie (109 USD)

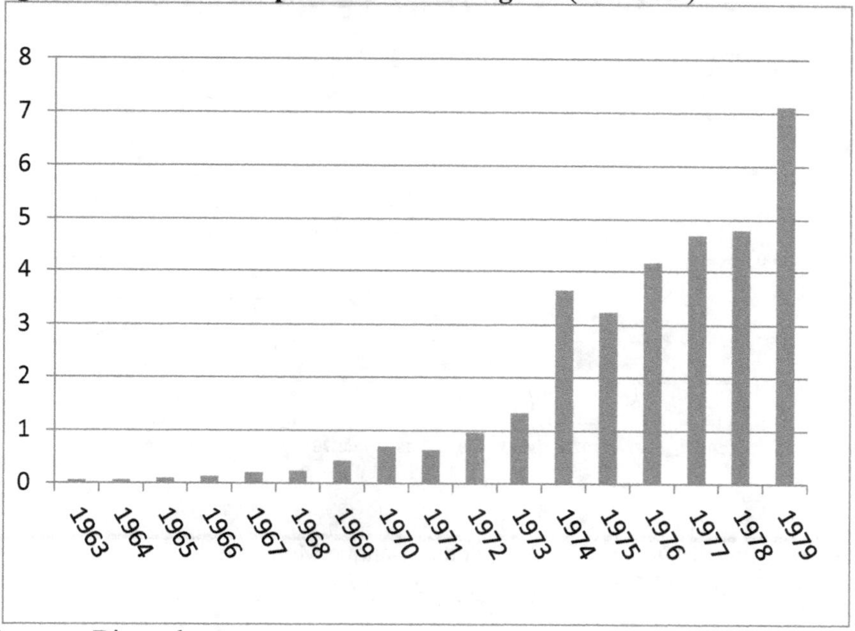

Sources : Divers documents

Devenue acteur crédible auprès des banquiers du monde entier, l'Algérie répond favorablement à leurs sollicitations. Avec toute la suffisance qui lui sied, B. Benhamouda dans une intervention à la télé (en 1982 à l'occasion du retrait du billet de 200 dinars) reconnaît fièrement que : *ce sont les banques étrangères qui se battent pour nous prêter*. Le crédit-fournisseur obligeant à acheter chez l'entreprise qui accepte de faire crédit, le pays s'en détourne pour s'orienter vers les emprunts bancaires dont les conditions sont plus dures (taux d'intérêt élevés et durées plus courte), mais qui laissent la liberté de choisir son fournisseur et les caractéristiques du produit.

Pétrole et dette font couler des flots d'argent sur l'Algérie qui essaie d'en faire un bon usage au service du développement. Les logos de dizaines d'entreprises chapeautant des centaines d'unités de production commencent fleurir, donnant un avant-goût de ce que sera le pays dans quelques années quand le processus arrivera à son terme. Les usines sont généreusement essaimées un peu partout dans le pays, introduisant le progrès dans les régions les plus reculées (routes, électricité, eau courante, écoles…).

Figure 2 : Dette cumulée non remboursée de l'Algérie (106 DZD)

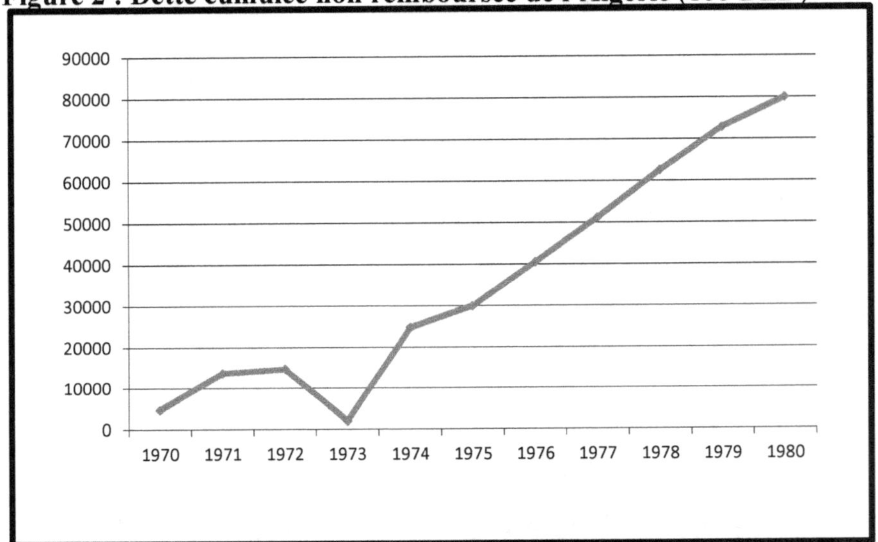

Sources : Pour 1970, 71, 77, 78, 79 et 80 : Banque Mondiale
Pour 1972, 73, 74, 75 et 76. M. L. Benissad (1983)

A la fin du second Plan Quadriennal (1973-1977), beaucoup reste à faire et on est encore loin du niveau des pays industrialisés, mais il est indiscutable que l'Algérie dispose d'une importante base industrielle, moderne et diversifiée que lui envient tous les pays en développement. Par centaines de milliers, par millions, les Algériens quittent le moyen-âge pour entrer dans l'ère de la modernité ; rejetant le statut de *khammès* pour celui de prolétaire. Ils passent sans transition du champ à l'usine et du XVI° au XX° siècle. Des routes, des logements, des écoles, des universités, des équipements sociaux… sont réalisés frénétiquement pour donner le cadre de vie qu'il mérite à l'Algérien nouveau. Les évènements se précipitent, allant si vite que l'Etat a du mal à suivre l'emploi des flots d'argent qui se déversent sur le pays et que les structures de l'économie ne peuvent absorber dans des conditions viables. Dès la fin du second Plan Quadriennal l'instance de planification fait un *Bilan de la décennie* pour constater que le modèle de développement a beaucoup dérivé, risquant d'échapper à tout contrôle. A la base de cette dérive, il y a (entre autres, mais en bonne place) la faiblesse de l'outil de planification. Nul ne sait quels sont les besoins de la nation en tel ou tel produit (tracteur agricole, frigidaire, vanne, chemises...) et nul ne peut donc dire quelle taille doit avoir telle ou telle usine. Pour avancer, il faut improviser, ce qui n'est pas le meilleur moyen pour réussir, car la multiplication des improvisations finit par être fatale à l'économie. Retards, goulots d'étranglements, surcoûts, abandons de projets et cent autres conséquences indésirables, apparaissent. Ce à quoi il faut ajouter les problèmes de localisation, l'Etat ayant tendance à privilégier l'aspect social, sous l'argument que tous les Algériens ont droit à leur part de développement, notamment le travail. Des usines sont réalisées en des endroits où elles n'auraient jamais dû être si des préoccupations strictement économiques avaient prévalu. Localement, les travailleurs qui sont des paysans pas encore dégrossis ont du mal à s'adapter, les managers qui manquent eux-mêmes d'expérience et de qualifications gèrent de grandes usines avec les ressources du bon sens. Heureusement qu'ils ont peu de pouvoir, toutes les décisions arrivant des directions générales installées à Alger. On en arrive ainsi à la situation où des usines neuves tournent à vitesse réduite pour donner des produits de qualité médiocre. Lorsque le gouvernement s'éveille à la nécessité d'endiguer la catastrophe, les mauvaises habitudes se sont déjà imposées et sont devenues des *acquis* pour les travailleurs. Le modèle d'industrialisation entre dans une impasse.

La pause de deux ans (1978 et 1979) dans le processus d'investissement que les pouvoirs publics ont décidé de prendre, ne s'est pas achevée que le rebond du second choc pétrolier de 1979, vient accroître les ressources du pays. L'argent s'entasse. Que faut-il en faire ? Quelqu'un a vu qu'il serait bon de le consacrer à l'amélioration du niveau de vie d'une population épuisée par des sacrifices dont elle ne voit pas la fin[1]. Trop longtemps maintenue dans la frugalité, la population se fit complice de cette entorse au projet de développement. Son accueil plus que favorable encouragea le gouvernement à aller de l'avant, en lançant en 1982, un Plan Anti-

[1] L'idée de détourner des ressources au profit de la consommation est facilitée par la disparition en décembre 1979, de H. Boumediene, le promoteur de la stratégie d'industrialisation.

Pénurie (PAP) dans le but d'achalander les marchés avec tous les produits dont rêvent les ménages comme l'électroménager et les produits exotiques (banane, kiwi,...). Pour légitimer cette dérive, le Parti lance une campagne *Pour une vie meilleure*[1]. L'Algérie entre dans l'ère de la consommation de masse, même si c'est avec des produits d'importation subventionnés.

La première moitié des années 80, correspond à l'âge d'or de l'économie rentière, portée par le baril de pétrole. Quoiqu'on puisse en dire *a posteriori* le petit peuple en a également profité et s'en rappelle encore :

- L'Etat construit des centaines de milliers de logements et les distribue gratuitement aux nécessiteux.
- Les enfants du peuple sont envoyés en formation dans les meilleures universités du monde.
- La majorité des produits de large consommation importés (semoule, sucre, lait, café, viande, fruits et légumes) sont vendus en-dessous de leurs prix réels.
- Les usines sont de véritables centres de vacance où l'ouvrier bénéficie du transport, du repas de midi, du médecin, du dentiste, du sport au travail, de la colonie de vacances pour ses enfants, de primes de rendements quand l'entreprise enregistre des pertes...

Découvrant les aspects chatoyants de la culture de consommation, les Algériens en vinrent à oublier la production et les industries industrialisantes et tous les sacrifices qu'elles exigent. Subrepticement, ils développent un modèle de consommation, des goûts et des comportements de type occidental, se créant des habitudes dont ils pourront difficilement se départir quand les facteurs qui les ont engendrées auront disparu. Le pays vit une situation exceptionnelle qui lui permet d'accéder à l'ère de la société de consommation, en évitant la case « production ».

Le baril de pétrole étant la force de propulsion de l'économie algérienne, la détérioration de son prix en 1986 va montrer le côté cour d'une économie portée par l'exportation d'un seul produit. De 1986 jusqu'à la fin du siècle le prix du baril va osciller légèrement autour du pivot de 20 dollars avec parfois des plongeons jusqu'à de 10

---

[1] *Pour une vie meilleure* est le slogan du troisième congrès du Parti (1983) mais devint vite le mot d'ordre du nouveau régime jusqu'à l'effondrement du prix du baril en 1986.

dollars. Ce n'est qu'à partir de 2000 qu'il commence à se redresser. Nous analyserons cette sombre période dans la section 3 ci-dessous.

22- La période du libéralisme

La période 1986-1999 est une période « sans » pour une Algérie épuisée d'avoir vécu successivement et parfois simultanément, la crise de l'endettement, le rééchelonnement, le plan d'ajustement structurel, la libéralisation, le chômage et le terrorisme. C'est pourquoi il n'y a rien à en dire ici.

C'est à partir de janvier 1999, le prix du baril commence une ascension d'abord douce puis fulgurante qui va le mener en une décennie de 11 à 140 dollars. Comme lors du premier choc pétrolier l'Algérie accède à une aisance inespérée après avoir vécu une longue traversée de l'enfer. Cette richesse, encore une fois, n'est pas le fruit d'une augmentation de la productivité des facteurs, mais un don du ciel, une cagnotte de loto. L'argent arrive inopinément, apportant un supplément de pouvoir d'achat que le fonctionnement normal de l'économie ne peut absorber. Trop heureux de l'aubaine, le gouvernement commence par se débarrasser de la dette extérieure qui a mis le pays sous la botte du FMI et appelé sur lui la malédiction des *conditionnalités*. Cette bonne action étant accomplie, l'Etat réalise que grâce justement aux *conditionnalités*, l'investissement productif échoit désormais aux opérateurs privés nationaux et étrangers, remettant sur le tapis la question de ce qu'il va falloir faire de cet argent. Il n'existe aucun texte qui en atteste, mais on croirait que le gouvernement se soit inspiré des enseignements de la théorie de la croissance endogène (R. Barro, 1998). De fait, les cogitations des gouvernants ont abouti à la conclusion que l'Algérie est en manque d'infrastructures, ce qui décourage les investisseurs[1]. C'est donc à ce niveau que l'Etat doit intervenir. Quelle que soit la source d'inspiration de cette idée, elle recèle beaucoup de vérité[2]. Il s'agit de combler d'énormes retards touchant au réseau routier, au chemin de fer, à l'hydraulique, à

---

[1] Dans l'étude sur l'examen de la politique de l'investissement de l'Algérie, qu'elle a réalisée en 2004, la CNUCED met en tête des points faibles de l'attractivité du pays aux IDE, la faiblesse des infrastructures.

[2] Dans les années 90, non seulement l'Algérie n'avait pas les moyens de s'occuper de ses infrastructures, mais surtout les terroristes en ont fait explorer une partie.

l'électricité, au transport, etc. La mise à niveau s'est étalée sur une quinzaine d'années, organisées en trois plans (ou programmes).

Figure 3 : Recettes des exportations d'hydrocarbures de l'Algérie (milliard de dollars)

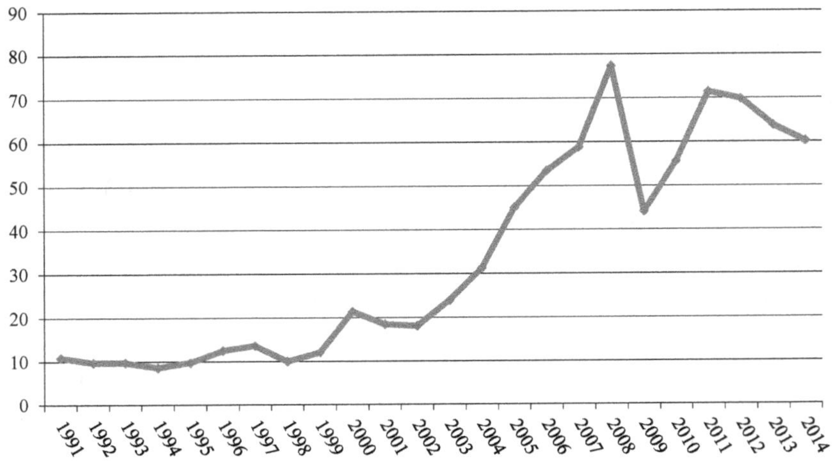

Sources : 1991-1999 Amor Khelif ; 2000-2013 CNIS

Le plan de relance économique

Le plan de relance économique (2001-2004) a été mis en œuvre à un moment où les finances du pays commencent à peine à s'améliorer, expliquant qu'il ne lui soit consacré qu'une enveloppe de 7 milliards de dollars. Le chômage étant à ce moment-là, LE problème de l'Algérie, ce *Plan* vise à créer un environnement propice à l'investissement et à la création d'emplois. Toutefois, en dépit de la modestie du montant et du réalisme de son objectif, seuls deux tiers des 7 milliards ont pu en être consommés. Ce revers est expliqué par le fait que ce soit l'administration qui ait été chargée de son exécution. Sans doute, aurait-il fallu commencer par réformer l'administration, comme œuvre d'utilité publique, avant de s'engager dans des réformes économiques. Quoi qu'il en soit, ce modeste premier plan a servi au moins à chauffer le moteur, car le plus gros va venir.

Le Programme complémentaire de soutien à la croissance

Le prix du baril ayant boosté ses ressources, l'Algérie se lance dans un PSCR (Plan de Soutien à la Croissance Economique) qui couvre la période 2005-2009. L'enveloppe financière qui lui est consacrée s'élève à 55 milliards de dollars, une somme énorme pour une administration qui s'est noyée dans les 7 milliards du Plan précédent. On peut trouver sur Internet[1], une brochure sèche qui donne le détail des dépenses projetées sans aucun texte d'accompagnement. Comme on ne fait jamais de bilan sur les réalisations des gouvernements, nul ne saura dire dans quelle mesure ce programme a été réalisé. Toutefois nous avons un indice révélateur. Dans le cadre du programme 2010-2014 de 286 milliards de dollars, une enveloppe de 130 milliards de dollars a été réservée pour achever les restes à réaliser du PSCR (dont la valeur totale, rappelons-le n'est que de 55 milliards de dollars).

L'argent du PCSC a été dispatché comme suit :

- Il a été consacré près de la moitié du montant (45,4 %) à la réalisation d'équipements tendant à l'amélioration du niveau de vie de la population. Le noyau dur de ce chapitre est constitué de : un million de logements, des universités (231 000 places pédagogiques, équivalent à 8 universités de 30 000 étudiants chacune), des hôpitaux, des complexes culturels et sportifs…
- Le développement des infrastructures de transport (40,5 % du budget), avec l'autoroute Est-ouest de 1200 km, l'expansion et la modernisation du réseau de routes nationales, l'expansion et la modernisation du réseau de chemin de fer, la réalisation de nouveaux aéroports et la modernisation des anciens, la réalisation de nombreux ports de pêche et de plaisance…
- La réalisation de barrages, usines de dessalement de l'eau de mer, transferts d'eau sur des centaines de kilomètres…

La critique peut fuser, mais nul ne peut nier que le niveau de vie de la population s'est nettement amélioré. Ce que l'on pourrait reprocher à ce projet, comme au précédent et au suivant, c'est une injustice dans la répartition régionale des équipements. Certaines régions en ont reçu plus que d'autres, la Kabylie, en particulier, a été marginalisée.

[1] file:///C:/Users/FLY/Desktop/LIVRE%20Algérie/prog%20soutien%20croiss%202005-09.pdf

Tableau 4 : Programme Complémentaire de Soutien à la Croissance (2005-09) (extrait)

1- SECTEUR DES TRANSPORTS	Unité	Q.
Chemin de fer		
Modernisation de la rocade ferroviaire Nord : Annaba–Alger–Oran– frontière marocaine	km	1 200
Electrification des voies existantes y compris la rocade Nord	km	2 000
Modernisation de lignes ferroviaires	km	2 000
Réalisation de lignes ferroviaires nouvelles	km	430
Métro d'Alger		
Equipements du Métro d'Alger et réalisation des études pour son extension		
Transport urbain		
Etude et réalisation de lignes de tramway à travers des villes du pays		
Réalisation de nouveaux téléphériques à travers les wilayas		
Ports et aéroports		
Appui à la valorisation du port de Djendjen		
Etude et réalisation de trois aérogares		
2- SECTEUR DES TRAVAUX PUBLICS		
Poursuite et achèvement des tronçons d'autoroute en cours de réalisation	km	203
Réalisation de l'ensemble des tronçons restant	km	910
Réalisation d'ouvrages d'art	nbre	145
Opération de renforcement des infrastructures portuaires	nbre	11
3- SECTEUR DE L'EAU (infrastructures)		
Réalisation de barrages		8
Réalisation de grands transferts d'eau dont le MAO, B Haroun et Taksebt		8

Source : Extrait du Programme complémentaire de soutien à la croissance (2005-2009)

Le programme quinquennal

Le programme quinquennal (2010-2014) est une monstruosité de 286 milliards de dollars. Fidèle à une filiation théorique non assumée, les pouvoirs publics souhaitent faire tirer le train du développement par la dépense publique. Les prévisions d'investissement dans tous les secteurs sont plus qu'ambitieuses : elles sont tout simplement ahurissantes[1]. Que l'on juge :

- Deux millions de logements,

[1] Le détail du programme se trouve dans le communiqué du Conseil des ministres du 24 mai 2010.

- Raccordement d'un million de foyers au gaz de ville,
- 35 barrages,
- 25 systèmes de transferts d'eau,
- 172 hôpitaux, 377 polycliniques et 45 complexes spécialisés de santé,
- 850 lycées, 1000 collèges et 3000 écoles,
- 600 000 places pédagogiques pour l'enseignement supérieur (équivalant à 23 universités de 30 000 étudiants),
- Des tramways dans 14 villes,

Nous sommes début 2016, le programme est censé être bouclé et soldé depuis plus d'une année (et le pays s'engage dans le plan 2015-2019 sur lequel nous n'avons aucune information claire et fiable), mais aucun bilan n'a été présenté sur l'état des réalisations. Nous avons quelques indicateurs qui attestent que beaucoup n'a pas pu être réalisé[1]. En matière de logements, en 2016, les acquéreurs de logements de type AADL inscrits en 2001 et 2002, attendent encore leurs logements. Au moins la moitié des tramways n'a pas vu le jour, de même que les hôpitaux ; seules les campus universitaires semblent enregistrer un taux de réalisation proche des prévisions[2].

Pour conclure à propos de l'avantage pour l'Algérie de disposer de ressources pétrolières, nous avons sur une quinzaine d'années, une cagnotte de 350 milliards, dépensée au service du développement et du bien-être de la population. On peut aisément imaginer ce qu'aurait été la situation des Algériens aujourd'hui si le prix du baril est resté à son niveau de 1999. La période 2000-2015 correspond au deuxième âge d'or de la rente pétrolière et le résultat est cette fois-ci obtenu en contexte d'économie de marché. Ajoutons que, dans l'euphorie générale, les salaires ont été augmentés (souvent du simple au double), les dettes des paysans ont été effacées, les jeunes obtiennent des crédits à 0 % d'intérêt pour créer de petites entreprises, les importateurs obtiennent des devises pour ramener n'importe quoi de Chine, de Turquie, de France et d'ailleurs. Le gouvernement profite de cette aisance pour acheter pour des milliards en armements, se

[1] Une note du Premier enjoint aux responsables locaux d'abandonner tous les projets non entamés ou à peine entamés.

[2] A Bejaia, 13 lycées datant de 2006, ne sont pas encore livrés, de même que deux campus universitaires, un téléphérique, plusieurs hôpitaux...

constituer un fonds de régulation des recettes (FRC) pour un montant équivalent à 77,2 milliards de dollars et un matelas de réserves de changes de 200 milliards de dollars, placés essentiellement en bons du Trésor américain. Emporté par l'élan, l'Algérie prête 5 milliards de dollars au FMI et efface sans conditions, les dettes d'une dizaine de pays africains (trop pauvres pour rembourser de toute manière).

Présenté sous cet angle, le pétrole est une véritable bénédiction qui a permis au pays de faire des pas de géant, qu'il n'aurait jamais pu espérer faire, sans. Des pays moins chanceux consacrent le produit de leurs maigres exportations à payer leur facture énergétique.

Voyons maintenant le côté obscur du baril.

3- LA MALEDICTION DU PETROLE

Le *Dutch disease* ou mal hollandais, a été mis en évidence aux Pays-Bas, dans les années 60, lorsque d'importants gisements de gaz furent découverts dans la région de Groningue et que le pays commence à en exporter. L'afflux massif de ressources en devises gonfle la masse monétaire, déclenchant une inflation qui va pousser les prix à la hausse. Les taux de change étant fixes, les entreprises hollandaises n'arrivent plus à exporter leurs produits, devenus chers pour les consommateurs étrangers. Ainsi une économie saine et des entreprises compétitives peuvent pâtir d'une entrée brusque de ressources financières générées par l'augmentation du prix de la ressource naturelle que le pays exporte. Deux économistes (W. Max Corden and J. Peter Neary, 1982) ont donné un habillage théorique à ce phénomène sous le label de *Dutch disease* qui a, depuis lors, suscité une littérature abondante. Parmi les pays pétroliers ou dont l'économie est articulée autour d'un seul produit (phosphate, café, cacao…) aucun n'a pu échapper aux ravages du « mal ». Un pays développé comme la Norvège, a été traumatisé par la découverte du pétrole et du gaz sur son territoire, à l'idée d'en devenir dépendant. Gouvernement et Parlement ont dû prendre des mesures draconiennes pour ne pas céder à la facilité de glisser vers une dépendance du type de celle des pays de l'OPEP.

Dans certaines circonstances le pétrole peut avoir sur l'économie d'un pays les effets d'un séisme ravageur. Le prix du baril peut passer en quelques semaines du simple au double, rendant les pays producteurs riches, sans qu'ils aient fait quoi que ce soit pour le mériter[1]. Cette manne agit comme un soporifique qui amollit peuple et dirigeants, les détournant de l'effort productif pour le plaisir de la dépense facile. Il s'en suit un processus de désinvestissement puis de désindustrialisation et de rétrécissement de la base productive du pays. Les acteurs de l'économie se laissent aller à déployer leur génie pour essayer de capter leur part de rente plutôt qu'à bâtir des entreprises puissantes et capables de supporter la concurrence.

L'Algérie est un pays pétrolier qui tire jusqu'à 98 % de ses recettes en devises de l'exportation du pétrole. Nous disons « pétrole » par paresse, mais c'est « hydrocarbures » qu'il faut entendre, ce qui inclue le pétrole bien sûr, mais aussi le gaz et le condensat. Les exportations d'hydrocarbures de l'Algérie se répartissent, d'ailleurs, comme suit :

- Gaz naturel : 40 %
- Pétrole brut : 30 %
- Produits raffinés du pétrole : 20 %

Figure 4 : Prix du baril de pétrole au cours des derniers mois

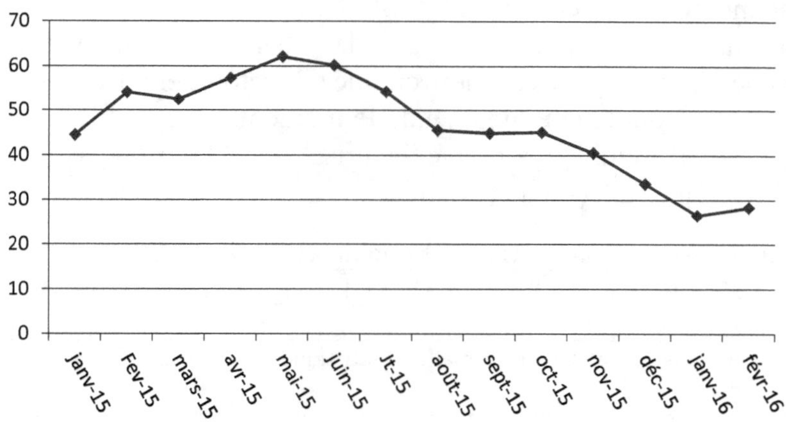

Source : OPEP Basket Price, 2016

Fin 2015, le prix du baril plonge pour descendre en quelques mois en dessous de 30 dollars. Si le peuple est pris d'angoisse (chacun gardant en mémoire les horreurs de la crise de 1986) les pouvoirs publics réagissent comme des « pro » en niant qu'une crise puisse

[1] A l'inverse lorsque le prix du baril chute après plusieurs années d'embellie, la population éprouve énormément de difficultés à s'adapter à un niveau de vie compatible avec le nouveau prix. C'est le cas en ce moment pour l'Algérie.

survenir sous leur direction *éclairée*. Pour se montrer persuasif et convaincre qu'il n'y a pas de crise, le gouvernement s'oblige à l'inertie, refusant de prendre les mesures salvatrices, mais qui attesteraient de l'existence de la crise. Au lieu de s'activer il se recroqueville, perdant un précieux temps à essayer de préserver son image, quitte à mettre à mal l'économie nationale dont les recettes ont baissé de 70 % au premier trimestre 2015 par rapport à la même époque de l'année précédente (8,7 contre 15,6 milliards de dollars) (Note de la Banque d'Algérie). Entre juin 2015 et janvier 2016, le prix du baril a été divisé par 2, exactement comme en 1986.

En 2015, pour la première fois depuis une vingtaine d'années, l'Algérie enregistre un déficit de la balance des paiements et il est de près de 14 milliards de dollars. Ayant mis tous ses œufs dans le même panier, la nation tout entière tombe de haut. Les dix plaies de l'Egypte commencent à s'abattre sur le pays : les réserves de changes fondent, le fonds de réserves est pratiquement épuisé pour combler le déficit budgétaire, le taux de chômage repart à la hausse, les projets en cours sont abandonnés, les émeutes se multiplient, la corruption fait rage, la valeur du dinar se détériore à grande vitesse et le gouvernement commence à envisager avec bienveillance de retourner à l'endettement extérieur. La population appréhende le moment où le ciel lui tombera sur la tête. Il semble bien que la crise de 1986 n'a pas vacciné l'Algérie et que sa leçon a été oubliée.

Tableau 3 : Solde de la balance des paiements (milliard USD)

2005	06	07	08	09	10	11	12	13	14	15
25	33	32,5	40	6	16,5	26,2	21,5	11	4,30	-13,7

Source : Centre National sur l'Information Statistiques des Douanes

Demandons-nous, maintenant, comment le pays en est arrivé à cette fâcheuse situation après une longue période de prospérité au cours de laquelle les hydrocarbures lui ont rapporté quelque 600 milliards de dollars (et les exportations hors hydrocarbures quel que 17 milliards de dollars). Comparons les ressources dont a disposé le pays durant cette période de vaches grasses à la période de vaches maigres qui l'a précédée, soit la période 1991-2000 (Graphique 5).

Graphique 5 : Rentrées en devises de l'Algérie sur une bonne période (2005-2014) et sur une mauvaise période (1991-2000)

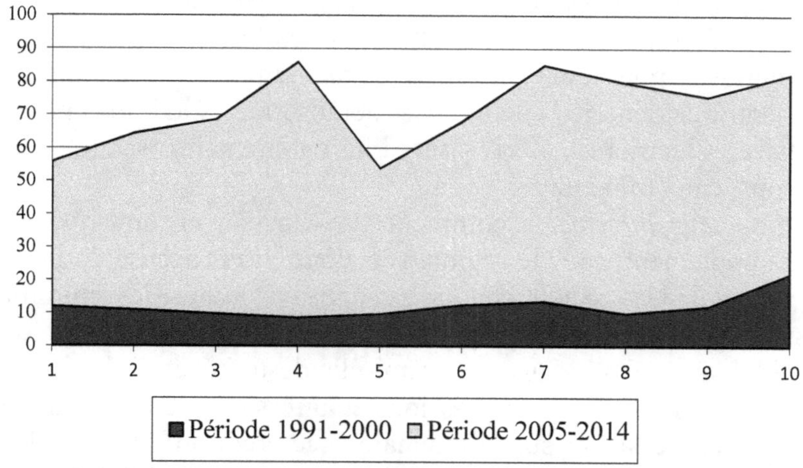

Sources : données 1991-2000 : Amor Khelif (2001) ; données 2005-2014 : CNIS

Jamais l'Algérie n'a pu disposer d'une telle masse de moyens au cours de son histoire. Comment expliquer, dès lors, que l'économie nationale soit si faible qu'au premier accroc, elle panique ? Nous essaierons de discuter cette problématique en quatre axes qui certes ne font pas le tour de la question, mais sont représentatifs de ce qu'est la malédiction des hydrocarbures, en Algérie. Les axes sur lesquelles nous orientons la réflexion sont ceux qui exercent l'impact le plus pernicieux à long terme sur l'économie de l'Algérie, soit, l'informel, la corruption, les détournements et les gaspillages.

31- L'économie devient informelle

L'économie informelle existe dans tous les pays et elle est le fait d'opérateurs économiques véreux, désireux d'échapper totalement ou partiellement à leurs devoirs à l'égard de l'Etat en ne payant pas les impôts et taxes, les charges patronales… Les pouvoirs publics mènent une lutte sans merci contre ces tricheurs, mais les résultats ne sont pas toujours probants. On parle volontiers de « secteur informel » donnant à croire que cette pratique malsaine s'applique à un secteur ou à une branche de l'économie. En réalité, elle se rencontre dans toutes les branches de l'économie. L'économie informelle est un clone de l'économie tout court et tous les secteurs peuvent être clonés, avec ceci que certains secteurs se prêtent au clonage mieux que d'autres. Des secteurs entiers (à titre d'exemple la production de viande blanche, le commerce de détail de fruits, légumes et autres produits d'importation, le transport, l'abattage, les parkings…) s'exercent dans l'obscurité la plus totale. Il en va de même pour tous les métiers du bâtiment (maçonnerie, peinture, menuiserie, soudure, plomberie sanitaire, électricité…) et pour l'agroalimentaire (pain, gâteaux, boissons, eaux minérales…).

Le *secteur informel* a commencé sa carrière en tant que *secteur privé* simplement, sous le régime socialiste. Il est accusé de prospérer en parasitant le secteur public, canalisant toutes les inimitiés et pressions sur lui. Handicapé par un statut quasiment infamant, le privé est réduit à évoluer dans une semi-clandestinité et à devenir quasi invisible pour survivre aux pressions et agressions de l'administration. Il faut attendre la Loi sur la monnaie et le crédit (1990) puis le code des investissements de 1993, pour que cette approche du privé soit reconsidérée. Le carcan a bien été levé, mais en des termes et à des conditions qui ravivent les doutes et méfiances des opérateurs à l'égard de l'Etat. En dépit des assurances l'entrepreneur privé choisit de rester discret et même invisible pour échapper aux pressions. Les rares travaux universitaires qui ont traité du sujet nous apprennent que :

- De nombreux acteurs préfèrent éviter tout contact avec une administration lourde, incompétente et corrompue.
- Des opérateurs créent leur entreprise dans l'informel pour se familiariser avec le *business* sans prendre de risques, avec promesse de revenir à la lumière dès que l'affaire atteint son régime de croisière.
- Des entrepreneurs choisissent d'activer dans l'informel, simplement parce qu'il ne coûte rien d'y être. Il serait idiot de donner à l'Etat ce qu'il ne demande pas.
- Des entrepreneurs qui activent dans la lumière finissent par céder. Ils rendent le registre de commerce puis continuent à exercer la même activité en cachette.
- De grandes entreprises qui activent dans la légalité y compris des entreprises publiques, laissent des pans de leurs activités dans l'ombre (vente/achat sans factures, travailleurs non-déclarés…).

A l'égard de tous ces fraudeurs, l'Etat montre une inépuisable tolérance et même une certaine bienveillance et des ministres en parlent avec respect sous prétexte que ces activités aident à résorber le chômage[1]. C'est une approche criminelle à l'encontre de l'économie nationale, l'activité informelle ne se contente pas de coexister avec l'économie réelle, elle se développe à son détriment, la ronge et la détruit. En effet, le point de saignée que constitue le manque-à-gagner pour le budget de l'Etat est le moindre mal ; les plus gros dégâts sont enregistrés ailleurs :

- En échappant à l'administration, les entreprises informelles échappent à toute forme de contrôle (d'hygiène, de travail,...) mettant sur le marché des produits qui empoisonnent les consommateurs.
- Ne payant pas d'impôts et ne respectant pas les règles d'hygiène et de sécurité, elles peuvent mettre sur le marché des produits dont les prix sont inférieurs à ceux des entreprises légales, les évinçant progressivement du marché. Les fausses entreprises chassent les vraies du marché.

En banalisant l'activité informelle, les pouvoirs publics œuvrent à saper les fondements de l'économie. La disponibilité de la manne pétrolière permet de créer un voile pour escamoter la profondeur de la menace de l'informel, mais pour en guérir l'économie, il faut recourir à des actions courageuses et radicales. Solution que personne ne veut encore envisager, même si le feu est en la demeure. Quelques chiffres laissent profiler le piège dans lequel s'enferre l'Algérie. La loi de finances 2015 prévoit des recettes de 4 684,6 milliards de dinars et des dépenses de 8 858,1 milliards de dinars, ce qui donne un déficit de 4 173,3 milliards de DA, correspondant à 47 % du budget. C'est un drame que le pays ne soit capable de mobiliser que la moitié de ce qu'il est obligé de dépenser. Le gouvernement esquive le problème en lançant un grand emprunt obligataire, plutôt que de mettre l'économie sur rails[2].

32- La corruption

La corruption est une valeur universelle que connaissent tous les peuples du monde à toutes les époques de l'histoire. Dans le monde contemporain, elle s'épanouit, portée par le triptyque : ignorance-

[1] On estime entre 1 et 2 millions le nombre d'emplois créés dans l'informel.

[2] Cet emprunt qui ne pose aucune condition sur l'origine des fonds des souscripteurs, vise aussi à blanchir tout l'argent des détournements.

pauvreté-dictature. Souvent, à la base du phénomène, nous trouvons un bon sentiment : les gens ont un penchant naturel à faire un petit cadeau au fonctionnaire sympathique qui les a aidés à dépasser une difficulté administrative. Les deux parties sont sincères, il n'y a aucune intention de mal faire ; mais peu à peu, le petit démon de chacun entre en jeu. Le corrupteur (disons l'entrepreneur) réalise qu'il pourrait moyennant un petit cadeau (en nature ou en espèce) pourrait faire avancer ses dossiers plus rapidement que s'il les fait passer par la voie normale. Pour sa part, le corrompu (disons le fonctionnaire) réalise que les entrepreneurs sont prêts à payer « quelque chose » pour ne pas avoir de problèmes. Dès lors, il se dit qu'il n'est pas intelligent d'attendre que les entrepreneurs aient des problèmes pour toucher un pourboire, il faut leur créer des problèmes pour les amener à payer. Des logiques se mettent en place des deux côtés, poussant l'économie sous le carcan de la corruption.

En Algérie la corruption a toujours existé en latence, mais à très petite échelle. Il a fallu la jonction de trois facteurs pour lui donner ses lettres de noblesse : des flots d'argent public, un Etat sans projet et sans énergie et une administration lourde et bureaucratique. Les énormes masses d'argent dévolues aux plans de développement mis en œuvre depuis 2001, ont attisé les convoitises. Chacun y va de son tour de passe-passe pour en attirer une partie dans ses poches. Des simili-entreprises sont créées de toutes pièces en des temps record dans le seul objectif de pomper l'argent public, avec la complicité de cadres et de fonctionnaires[1]. Si les petits entrepreneurs choisissent de ne rien payer en restant dans l'ombre de l'informel, les grands (notamment ceux qui ont fait main basse sur l'importation) font avancer leurs pions en distribuant des pots-de-vin[2]. Les gros prédateurs ont ceci de particulier que leurs activités ont un vernis de légalité souvent de respectabilité ; ils se retrouvent dans tous les secteurs d'activité. Les corrompus pour leur part sont les détenteurs d'une parcelle du pouvoir de la puissance publique, à tous les échelons de la hiérarchie. Ajoutons que parmi les grands corrupteurs se

---

[1] L'argent public est réputé n'appartenir à personne en particulier, de sorte que ce que l'un hésite à prendre l'autre le prendra. Le « voleur » est d'autant plus à l'aise qu'il ne vole rien au sens strict du terme, c'est son entreprise qui réalise de gros bénéfices ; s'il arrose quelques personnes haut placées, c'est seulement du *business*.

[2] Le bakchich c'est le côté cool du business, les incorruptibles sont menacés dans leur carrière, dans leur vie et dans leur famille.

trouvent pratiquement toutes firmes étrangères qui activent en Algérie et que paradoxalement, la société algérienne a tendance à condamner le corrompu (un petit misérable) et à excuser, voire admirer, le corrupteur (un puissant imperméable aux lois de Dieu et des hommes).

Comme tout ce qui se déroule dans l'ombre, il est impossible de disposer de données fiables sur ces pratiques, toutefois, il y a un certain nombre d'indices pour servir d'indicateurs, pour en parler :

- Le classement mondial en matière de corruption. En 2014, le *Corruption Perceptions Index* met l'Algérie à la 100ème place sur 175 pays ; en 2015, elle arrive à la 88ème place.
- Les aveux des acteurs. Dans une enquête réalisée par un organisme local 80 % des entrepreneurs avouent verser des pots-de-vin. Pour fluidifier les opérations, tout un réseau de médiateurs et intermédiaires s'est mis en place. L'ensemble de la machine doit constamment trouver du grain à moudre, pour ne pas rouiller disparaitre.
- La création d'un observatoire de la corruption. Sous la pression de l'opinion, le gouvernement a été obligé de créer un *Observatoire de la corruption.* Dès qu'il a été créé cet organisme disparut des radars, n'existant plus que sur papier ; la majorité des Algériens ne savent pas qu'il existe ni quelle est sa mission exacte, mais son existence-même est révélatrice.
- Les nombreux scandales qui fuitent et arrivent sur la place publique. Tous les jours des scandales qu'il n'est plus possible de cacher arrivent sur la place publique, mettant en accusations les plus hauts responsables de l'appareil de l'Etat. Quand il n'est plus possible de cacher un scandale de corruption, il arrive qu'un procès soit organisé pour condamner quelques lampistes. Ainsi va-t-il des affaires Khalifa, autoroute Est-Ouest, Sonatrach I, etc.

La discrétion qui recouvre généralement cette pratique malsaine, n'est plus de mise. N'importe quel quidam peut vous dire combien il faut verser pour décrocher un bon emploi (dans l'enseignement par exemple), obtenir un projet dans le BTP, bénéficier d'une ligne de transport urbain, avoir l'autorisation d'exploiter un débit de boissons, régulariser une construction illégale, obtenir une aide de l'Etat, etc. Les islamistes qui sont des orfèvres en la matière, ont introduit l'euphémisme de *hadiya* (cadeau) pour ne plus avoir à utiliser le terme de *rachwa* (corruption) et sans doute un peu pour leurrer Dieu.

La sixième Chambre criminelle de la Cour suprême italienne a annulé le 24 février 2016 l'acquittement prononcé le 2 novembre dernier en faveur de l'ancien PDG du groupe italien ENI, Paulo Scaroni et de son entreprise dans l'affaire de corruption connue sous le nom de "Sonatrach 2".

Accusé d'être impliqué dans le versement de 198 millions d'euros de pots-de-vin à des responsables algériens en échange d'un contrat de 8 milliards de dollars pour sa filiale Saipem entre 2007 et 2009, Paulo Scaroni avait rejeté ces accusations en juillet dernier, avançant que Saipem agissait en toute indépendance d'ENI .

AL *Huffington Post* du 28 février 2016

Il n'est pas nécessaire de trop s'étaler en citant des cas d'espèce, ce qu'il faut retenir c'est que dans l'Algérien d'aujourd'hui, chacun veut une part de la rente et recourt à tous les moyens pour y arriver. Il n'est plus possible de faire avancer un pion d'une case, sans que cela ne donne lieu au versement d'une obole ; le corrompu du matin devenant le corrupteur du soir. Tout le monde y est soumis, mais les entrepreneurs sont les plus demandés, la législation étant floue, inexistante ou interprétable à souhait, cela laisse beaucoup de marge pour certains d'en profiter.

Si l'on excepte sa condamnation par la morale, la corruption a-t-elle un quelconque impact sur l'évolution de l'économie ? Si dans le monde entier, les gouvernements se mobilisent contre la corruption, ce n'est certainement pas pour son immoralité, mais parce qu'elle représente un danger pour la nation. En Algérie, plus qu'ailleurs, la corruption qui a atteint des niveaux élevés, est plus que jamais une menace sur l'économie. Pour un entrepreneur chaque jour est un parcours du combattant, dont les obstacles sont renouvelés à l'infini. Pour développer son affaire, il peut décider de s'en tenir à la stricte légalité avec le risque de fourvoyer dans les méandres d'une bureaucratie qui va le broyer. Pour éviter les voies sans issues, il peut choisir de sauter directement à la case d'arrivée, en graissant des pattes. La combine consiste pour un fonctionnaire à aider un patron à voler l'Etat et à lui restituer une partie du butin. Les entrepreneurs que la pratique du bakchich horripile ont le choix entre abandonner les affaires ou garder une taille modeste afin de ne pas devenir tentateur. La gourmandise des fonctionnaires (du simple agent au ministre) pousse le pays au désinvestissement et à la désindustrialisation. Les entreprises sérieuses quittent le marché ou n'y entrent pas, libérant la place pour des ersatz d'entreprises dont la survie et la fortune sont assurées par un réseau de fonctionnaires (qui veillent à éliminer des concurrents, revoir la feuille d'impôts, prospecter des marchés, éloigner les contrôles, etc.,) en échange de compensations en argent ou en nature[1].

33- Les détournements

Le monde est plein d'escrocs qui utilisent roublardise et faconde pour exploiter les sentiments humains (peur, avidité, crédulité, confiance, ignorance…) afin de s'enrichir aux dépens d'autrui. Cela peut aller de l'escroc qui travaille en solo à une organisation sophistiquée de type mafia qui travaille sur de gros projets. En Algérie, il y a une croyance sincère qui veut que par définition même, l'Etat est trop grand, trop fort et trop riche, pour que, quoiqu'on puisse lui prendre, il n'en sera jamais appauvri. Cela ne sera jamais qu'une goutte d'eau dans l'océan. Or l'Etat algérien a beaucoup d'argent, étant le plus grand investisseur et le plus grand entrepreneur du pays. L'individu, petite puce devant la superpuissance de l'Etat, peut devenir riche en prenant un « peu » à l'Etat mais l'Etat ne sentira pas plus cette ponction que la montagne ne sent les battements d'ailes d'un moustique. On se rappelle que l'Etat garde la main sur des secteurs entiers, confiés en monopole à des groupes comme Sonatrach, Sonelgaz, Air Algérie, SNVI, SNTF… dont il use autant pour atteindre des objectifs économiques que des objectifs politiques. Ceci expliquant cela, ces sociétés nationales sont loin d'être économiquement viables et ont peu à offrir, à part recruter en sureffectifs. La Sonatrach, par contre, a le nerf de la guerre, ce qui explique que ce soit elle qui subit les assauts de la prédation de l'Etat. Selon les besoins, il lui fait prendre en charge (sous forme de dons, de sponsorings, de participations, de prises en charge…) des organismes ou des individus, désignés. L'argument qui couvre ces détournements organisés sont portés par la thèse que Sonatrach est une entreprise *citoyenne* qui ne peut rester en marge des préoccupations et des soubresauts de la société. Toutes les dépenses n'étant pas des coûts de

---

[1] La compensation plus bénigne qui ne laisse pas de trace et n'est même pas considérée comme de la corruption, consiste à faire recruter son enfant par l'entreprise.

production comptabilisables, l'entreprise évolue dans un flou artistique qui convient à tout le monde parce qu'il favorise toutes les dérives et donne d'immenses perspectives à la meute de prédateurs[1]. Pour nous y retrouver, nous distinguerons entre les petits détournements les grands.

Les petits détournements

Dans un pays où les détournements sont un sport olympique, où les scandales portent sur des milliards de dollars (Affaire Khalifa, Affaire *Tonic*, Affaire *SNC Lavalin*, Affaire *Brown and Root Condor*, Affaire de l'*autoroute Est-Ouest*[2]...), le peuple en est arrivé à excuser et à accepter comme péchés véniels de grands délits.

- Les hauts responsables de l'Etat « casent » femme, enfants et autres parents à des postes de *farniente* et bien payés, dans les représentations des sociétés nationales à l'étranger (notamment Sonatrach et Air Algérie ainsi que les ambassades, consulats et centres culturels). Il est de notoriété publique que les recrutements par ces entreprises se font dans l'opacité la plus totale. Ces personnels parachutés sont un poison, car à l'incompétence ils ajoutent l'arrogance propre aux *intouchables* qui ont des appuis solides en haut lieu. Le travail retombe sur une poignée d'employés « normaux » qui finissent par se décourager, laissant l'entreprise aller à vau-l'eau. Les entreprises assument des charges salariales anormalement élevées pour des rendements trop faibles[3].
- Des cadres subalternes s'entendent avec des fournisseurs indélicats pour gonfler les prix des prestations puis partager les gains. Les postes qui permettent ce genre de combines sont stratégiques et ne tombent pas entre toutes les mains. Peu à peu il se constitue des réseaux qui impliquent les acteurs-clés de l'exécution d'une opération ou d'un projet pour téter les entreprises publiques. De

---

[1] Au moment où sont rédigées ces lignes se termine le grand procès dit *Scandale Sonatrach 1* (parce qu'il y a encore les scandales 2 et 3) dans lequel sont mis en cause les plus hauts responsables de Sonatrach et du secteur de l'énergie. Les détournements se chiffrent en centaines de millions de dollars, mettant à contribution des sociétés-écrans, des aventuriers internationaux et des firmes étrangères.

[2] L'autoroute Est-Ouest (1200 km) est partie avec un budget de 5 milliards de dollars, elle en est à 17 et elle n'est entièrement achevée.

[3] Pour éviter la faillite, Air Algérie a obligé les compagnies étrangères à aligner leurs prix sur les siens, plutôt que d'œuvrer à ramener ses prix au niveau de ceux de la concurrence.

loin en loin, quand une erreur d'aiguillage dévoile un scandale, quelques lampistes sont jetés en pâture à la presse sans toucher à l'ossature du réseau. Les entreprises publiques ne doivent d'exister encore, alors qu'elles auraient dû être mises en faillite depuis longtemps, que parce qu'elles servent de plaques tournantes pour dispatcher l'argent public dans les poches de privilégiés. Il suffit de lire la presse pour réaliser combien cette pratique est ancrée.

Les détournements à grande échelle

Les milliards de dollars du pétrole ont suscité des convoitises et fait naître des vocations, grandement facilités par la confusion qui existe dans la gestion des grandes entreprises. Les nombreux scandales qui n'ont pu être étouffés révèlent bien que derrière les dirigeants des entreprises se tiennent d'autres décideurs dont les décisions ne laissent pas de traces écrites. Sur ce chapitre, nous ne dirons rien, il est préférable de donner une sélection d'articles de presse, pour nous fixer sur l'ampleur du mal.

...En novembre 2002, les transferts de capitaux du groupe vers l'étranger sont bloqués par la Banque d'Algérie. Quatre mois plus tard, trois cadres de Khalifa TV sont arrêtés à l'aéroport d'Alger avec deux millions d'euros en liquide alors qu'ils s'apprêtaient à s'envoler pour Paris. El Khalifa Bank a un trou de 3,27 milliards de dinars dans sa caisse. Les différentes enquêtes et les auditions pendant le procès révéleront la mise en place d'un véritable système mafieux qui fera perdre 200 milliards de dinars à des entreprises publiques et des organismes nationaux comme l'AADL, l'OGPI mais aussi à la CNAS, la CASNOS et la CNR. Lors de la création de sa banque, Rafik Khalifa envoie ses émissaires faire le tour des entreprises publiques pour les convaincre de placer leur argent chez El Khalifa Bank. La promesse ? Des intérêts de 8 à 15 % sur les sommes déposées, alors que les autres banques ne proposent que 3 à 10 %. En échange de leur accord, les dirigeants des organismes publics reçoivent de beaux cadeaux, comme des voyages gratuits sur Khalifa Airlines ou des cartes d'accès au complexe de thalassothérapie de Sidi Fredj. La fameuse académie de la compagnie aérienne ne recrute ses élèves que parmi les enfants de tous ces responsables qui ont conclu des partenariats avec le groupe Khalifa. De même, de nombreux responsables ont pu bénéficier de prêts, disponibles en liquide, qu'ils n'ont jamais remboursés en totalité. Les comptes de la banque Khalifa ont systématiquement été manipulés pour ne pas éveiller trop de soupçons.

El Watan, 29 mars 2013

Scandale du gazoduc algéro-italien Transmed : la botte secrète

On se souvient que lors du scandale de corruption lié au projet du doublement du gazoduc algéro-italien Transmed, qui avait défrayé la chronique politico-médiatico-judiciaire italienne durant l'été 1993, mettant en cause des personnalités politiques italiennes dont l'ancien président du Conseil italien, Giulio Andreotti, des responsables d'ENI ainsi que des personnalités algériennes, la justice de notre pays n'avait pas bougé le petit doigt. La presse italienne avait parlé, à l'époque, d'un intermédiaire d'origine libyenne et de nationalité omanaise, Omar Yahia, ayant joué un rôle-clé dans la concrétisation de ce projet contre la bagatelle de 30 millions de dollars versés par ENI sous forme de commissions. Le nom d'une haute personnalité algérienne revenait dans les indiscrétions de la presse étrangère, qui s'était emparée de l'affaire à l'époque. ...). Des journaux avaient parlé de 10 millions de dollars perçus en pots-de-vin. Aucune suite n'avait été donnée à ces accusations ni par la justice italienne ni par la justice algérienne. Quel juge algérien oserait s'attaquer à un homme aussi fort à l'époque et qui n'avait rien perdu de sa puissance et de ses réseaux même s'il avait quitté, au moment du scandale, son poste à la présidence de la République ? L'affaire avait été classée sans jamais avoir été ouverte. Pour l'opinion publique, connaissant tout ce qui se disait et se dit toujours sur la caste des généraux convertis dans l'affairisme, il apparaissait clairement que l'affaire avait été étouffée. Si la justice s'était saisie du dossier comme elle l'a fait cette fois-ci et que toute la lumière avait été faite sur ces accusations, le doute aurait été levé définitivement dans un sens ou un autre. On n'aurait pas aujourd'hui, 20 ans après, à évoquer cette affaire en ayant le sentiment que toute la vérité n'a pas été dite côté Algériens sur ce dossier. (Extrait)

El Watan, 13 février 2013

Saipem, filiale du géant pétrolier italien ENI, aurait versé à F. B. des pots-de-vin de plus de 200 millions d'euros ayant servi à obtenir huit contrats avec Sonatrach, pour un montant total de 11 milliards d'euros. Intransigeant, le parquet de Milan met en examen le patron d'ENI, Paolo Scaroni, ordonne l'arrestation de Pietro Varone, ancien directeur des opérations de Saipem, et lance un mandat d'arrêt international contre Farid Bedjaoui, considéré comme l'intermédiaire dans le versement de pots-de-vin, à travers sa société Pearls Partners, entre responsables italiens et algériens.

El Watan du 24 décembre 2013

Détourner l'argent public est devenu depuis une quinzaine d'années, l'activité la plus rémunératrice et la moins risquée. En discuter mérite tout un ouvrage, mais nous ne pouvons quitter le chapitre sans avoir rappelé deux cas de figure, repris de la presse de ces derniers mois.

Premier cas : Un importateur obtient 2 millions de dollars pour ramener de Chine tels et tels produits (pièces détachées, tissus, chaussures, ordinateurs, électroménager…), mais il ne se présente pas pour prendre possession de ses conteneurs lorsqu'ils sont débarqués sur un port algérien. Après avoir encombré les quais durant de longs mois, la douane les ouvre pour constater qu'ils ne contiennent qu'un capharnaüm de bric et de broc sans aucune valeur. L'importateur a depuis longtemps quitté le pays avec sur un compte à l'étranger deux millions de dollars. Une telle affaire ne peut aboutir sans quelques bonnes complicités ; notre homme pourrait même n'être qu'un simple homme de paille.

Second cas : Un importateur qui a sollicité 600 000 euros pour régler des importations, s'avère être un escroc car les containers étaient remplis de gravier et de tout-venant. Une erreur[1] quelconque a fait découvrir le pot aux roses, mais pour une combine découverte combien sont passées ? Notons que les entreprises chinoises (et peut-être certains échelons du gouvernement chinois) n'éprouvent aucun scrupule à s'impliquer avec les tricheurs en leur fournissant des papiers en règle pour des marchandises « bidon ».

34- Les gaspillages

Quand l'argent public est disponible à profusion, il y a une tendance générale à le flamber comme dans un casino. Comme un investissement exige compétences et maîtrise du sujet, les gestionnaires des affaires du pays préfèrent briller dans des matières moins contraignantes. C'est pourquoi dans un pays où les promotions se font par cooptation plutôt que par sélection, les investissements structurants sont évincés par des équipements de prestige. Ceux qui détiennent une parcelle de pouvoir en profitent pour donner corps à leurs caprices. Il y a une infinité de nuances dans le gaspillage, de la plus bénigne à la plus maligne, nous en avons tiré les catégories

[1] Plus vraisemblablement, notre homme n'a pas payé ou n'a pas payé les bonnes personnes.

suivantes, pour comprendre comment un pays en développement en manque de tout, dilapide ses ressources.

> Sur les hauteurs d'Oran, plus précisément sur le plateau Moulay Abdelkader El Djillani, au Mont Murdjadjo qui surplombe le fort de Santa-Cruiz, des travaux ont été lancés, dernièrement, avec le feu vert des autorités locales pour ériger une grande mosquée, devant être visible du tout Oran. Selon plusieurs membres d'associations patrimoniales, cette initiative a été lancée «en réaction à la restauration de la chapelle Notre Dame du Salut, attenante au fort de Santa-Cruiz». D'autres soutiennent que c'est le wali d'Oran, «qui tient à laisser son empreinte dans la ville en érigeant une grande mosquée dans un lieu où il n'y a pourtant aucun habitant !» La question qui se pose de facto est la suivante : pour répondre à quel besoin érige-t-on cette mosquée ?
>
> El Watan du 28 avril 2016

Les projets de prestige

Ce sont les investissements de prestige, destinés à glorifier des dirigeants qui n'auront que cela pour se rappeler au bon souvenir de la postérité[1]. Nous retiendrons trois projets extrêmement coûteux, qui sont de pures lubies qui détournent des budgets colossaux sans apporter un gramme valeur ajoutée[2]. En tête de liste vient la Grande mosquée, un projet pharaonique conçu par des Allemands, réalisé par les Chinois et où iront prier les Algériens. D'expérience nous savons que le budget de 1,5 milliard d'euros qui lui est consacré a de fortes chances d'évoluer en 4 ou 5 milliards (la presse parle déjà de 3). Un caprice d'enfant gâté dans un pays qui vient d'annuler cinq projets d'hôpitaux (autour de 400 millions de dollars chacun) pour cause de crise. Derrière cette aberration viennent les manifestations : *Alger capital de la culture arabe* (2007), *Tlemcen capitale de la culture islamique* (2011) et *Constantine capitale de la culture arabe* (2015). Il est quasiment impossible d'obtenir des données fiables sur

[1] En 1982, le président Chadli a profit de la manne du second choc pétrolier pour lancer l'imposant Sanctuaire du martyr qui domine Alger. On ne sait pas combien il a coûté, mais aux prix d'aujourd'hui, cela doit faire 2 ou 3 milliards de dollars. En outre, il a fallu raser tout un grand quartier et reloger ses habitants.

[2] Où classer, le déplacement aux frais de l'Etat, de 9 000 supporters jusqu'au Soudan pour supporter l'équipe d'Algérie, lors d'un match de qualification à la Coupe du monde, contre l'Egypte ? C'est unique dans les annales et comme l'ordre vient de la présidence nous ne saurons jamais le coût de l'opération.

ce qu'ont coûté ces manifestations, mais à partir d'éléments dispersés qui se rapportent à différents projets liés, nous estimons l'ensemble autour de 15 milliards de dollars. La dernière forme de gaspillage de grande envergure que nous voulons rapporter ici est évidemment la politique de lutte contre le chômage. Née d'un bon sentiment dans les années 90, elle a été complètement dévoyée. Au lieu d'encourager l'investissement productif, de soulager les entreprises compétitives et d'aider à l'apparition de véritables capitaines d'industrie, l'Etat adopte une approche mercantile qui consiste à donner aux chômeurs l'argent nécessaire pour créer de petites entreprises. Forcés de devenir entrepreneurs, ils se concentrent dans les créneaux qui ne leur demandent rien et que le ouï-dire considère comme intéressants. Les métiers en vogue sont : location de voitures sans chauffeur, fourgons de transport de marchandises, cafés, BTP… Ainsi, dans telle rue on tombe sur une vingtaine de fourgons de marque X, immatriculés la même année, alignés comme à la parade et qui attendent un improbable client qui veille déplacer deux sacs de ciment jusqu'à chez lui, par exemple. Le jeune propriétaire est tout aussi chômeur qu'avant et il a le fourgon à entretenir et à rembourser. Nul ne sait combien le dispositif ANSEJ a coûté à l'Etat, mais l'unité de compte est le milliard de dollars. Des millions de faux emplois sont créés qui ne créent aucune richesse, quand le pays importe tout ce que ces emplois auraient pu créer si une politique plus judicieuse a été adoptée.

Les projets *pourris*

Cela pourrait tout aussi bien être une spécificité des Algériens ou une spécificité des incompétents, mais c'est un fait que la majorité des responsables voient le monde par le trou de la serrure. Quand quelqu'un lance un projet, il voudrait également être celui qui l'inaugurera, un peu comme ce photographe de presse sportive auquel son directeur demande une bonne photo du départ du *100 mètres* et une bonne photo d'arrivée. Il ne voudrait pas partager la gloire avec un autre. La recette pour y arriver tient en deux points :

- S'engager sur de petits projets, réalisables dans le cadre d'un mandat (de maire par exemple).

- Un grand projet doit être comprimé et compressé pour entrer dans le même laps de temps. Il faut faire vite, sauter des étapes, fermer les yeux sur les malformations… c'est-à-dire bâcler le travail[1].

L'ouvrage est inauguré en grande pompe, mais chacun prie pour ce soit quelqu'un d'autre qui sera là quand les problèmes vont s'abattre, inéluctablement. Des pans de routes s'affaissent, des digues cèdent sous l'assaut des vagues, des cités entières sont livrées sans VRD, des bâtiments s'effondrent à la moindre secousse tellurique, des égouts éclatent, l'étanchéité ne retient rien, l'eau n'arrive pas aux étages supérieurs, les trémies sont inondées, les logements neufs sont rénovés... Dès qu'un projet est clos, il faut se dépêcher de demander une rallonge pour le faire tenir debout, cela devient un autre projet. Finalement personne ne saura combien a coûté le projet initial.

Le ministre de la Culture a inauguré en grande pompe en présence de tous les médias algériens un site Internet dédié au patrimoine culturel algérien. Le ministre de la Culture a eu la bonne idée d'annoncer que ce site est en construction, mais plusieurs jours après, le chantier s'éternise. Ce n'est pas fini : le comble c'est que lorsqu'une personne intéressée rentre dans le site on lui demande un mot de passe, lequel mot de passe n'existe pas et on ne sait même pas où le chercher ! Résultat : l'accès au patrimoine algérien est impossible même dans le virtuel dommage pour ce grand chantier auquel même le président de la République a consacré un message vu son importance. L'Expression du jeudi 3 mars 2016

Les nouveaux bénéficiaires des logements LSP, à la cité des 720 Logements de Aïn Benian, à l'ouest d'Alger, ne se doutaient nullement qu'ils allaient être victimes d'une «parodie de cérémonie de remise des clés» organisée le 16 novembre 2015 par l'OPGI de Bir Mourad Raïs. Ils étaient 482 bénéficiaires à avoir reçu, ce jour-là, les clés de leur logement neuf. Un chiffre qui va «meubler» les statistiques du ministère de l'Habitat qui malheureusement n'est qu'un autre mensonge adressé à l'opinion publique. En réalité, tous les logements reçus sont inhabitables, car il n'y a ni eau, ni électricité, ni gaz. Les 482 bénéficiaires n'ont trouvé aucune oreille attentive à leurs doléances et cela dure depuis cinq mois !

El Watan du 6 mars 2016

[1] De mémoire nous pouvons attester qu'il n'a été donne que 45 jours pour l'étude du campus d'Aboudaou (30 000 étudiants) d'une superficie de 35 hectares, à Bejaia. L'appel a été publié en pleine canicule de Juillet et les bureaux d'études ont 45 jours, en pleine période de vacances, pour fournir l'étude jusqu'à la maquette.

Les projets inutiles

Quand l'argent public est disponible à profusion, par ruissellement, des miettes finissent par tomber entre les mains de tous les responsables locaux. Chacun voulant marquer son passage au poste, on redouble d'ingéniosité à qui se distinguera. Parmi les voies explorées, nous retenons : les festivals, les journées théâtrales, les fêtes thématiques, la statuaire, la réfection des trottoirs et des lampadaires... On trouve de tout, partout ; il est difficile d'y voir autre chose qu'une occasion de claquer l'argent du peuple, pour le plaisir de passer à la télévision ou d'avoir sa photo dans un journal.

Comme un virus, le gaspillage se propage dans tout le corps de l'Algérie, chacun s'y adonne comme il respire, pourrissant la société de l'intérieur.

- Des ménages pourtant pauvres jettent de la nourriture, notamment le pain, parce qu'il est subventionné et ne coûte pas cher. Des éleveurs achètent même du bon pain chez le boulanger pour le donner aux vaches, car le pain (subventionné) est moins cher que l'aliment de bétail. Un simple *expresso* vaut trois baguettes de pain.
- Les routes, les caniveaux, les réseaux de distribution d'eau[1], les stations d'épuration d'eaux usées, les immeubles d'habitation et les équipements coûteux des entreprises et des collectivités locales, ne sont pas entretenus. Ce qui accélère leur dégradation.
- On trouve dans les magasins des centaines de colifichets en plastique (importés de Chine) à propos desquels bien malin sera celui qui pourrait dire à quoi ils peuvent bien servir.
- L'Etat confie aux Chinois la réalisation de dizaines de milliers de logements, du même type que ceux que les Algériens savaient produire il y a 40 ans déjà.
- ...

Le bon sens de paysan lui-même semble s'assoupir chez celui qui détient une parcelle d'autorité sur l'argent public. Quand l'absence d'un minimum de morale s'adosse à l'incompétence, la gestion des biens publics devient une forme de *potlatch*. La population participe à l'effort général de prédation par une sorte d'esprit de représailles, en se disant que si les responsables *pompent* des millions, ce serait injuste

[1] La qualité du réseau de distribution d'eau est telle que sur 100 m^3 pompées à la source, seuls 40 m^3 arrivent à destination, soit une perte de 60 %.

de ne pas soustraire des miettes à leur voracité. Dans ces conditions le vol devient quasiment un acte de bravoure patriotique. L'observateur extérieur voit le pays tout entier comme un panier de crabes ou si quelqu'un marché droit c'est parce qu'il est anormalement constitué.

Conclusion

En cette année 2016, cela fait 60 ans que le pétrole a été découvert en Algérie et du premier jour rien n'a pesé autant que lui sur le devenir des Algériens. Certains historiens essaient d'imaginer ce qu'aurait pu être l'Algérie sans la colonisation française et d'autres d'imaginer ce qu'elle aurait pu être sans le pétrole. Dans les deux cas, la plupart des analystes arrivent à la conclusion qu'elle se serait portée mieux. En fait, on ne le saura vraiment jamais de telle sorte que tout est possible, le meilleur comme le pire. Le premier accroc avec le pétrole survient dès sa découverte qui incita la puissance coloniale à redoubler de férocité pour garder cette colonie dont la valeur vient tout à coup d'augmenter. Dès les premières années, le pétrole montre son visage de Janus, d'un côté la guerre se prolongea de quelques années, mais de l'autre elle donna au pays les réalisations du Plan de Constantine[1]. Depuis lors l'Algérie joue avec le pétrole au jeu de l'homme qui essaie de chevaucher un bison ; il lui arrive d'être sur le dos de la bête pour un moment, mais le plus souvent il se retrouve le nez dans la poussière.

Au début, l'Algérie a voulu utiliser les ressources des hydrocarbures à préparer l'après-pétrole, à construire une économie réellement indépendante de tout, surtout du pétrole[2]. La brutale augmentation du prix du baril à partir de 1973 a *virussé* le projet. Sans l'avoir cherché, les hommes au pouvoir donnent l'air d'avoir « fumé un joint » qui leur fait découvrir le nirvana. Tout à coup ils furent illuminés et réalisent que toute la peine qu'il faut se donner pour construire une usine, la gérer, produire une chemise d'un prix élevé et d'une qualité moyenne, peut être économisée en important directement une chemise de qualité et moins chère. Et ainsi fut fait. Ce

---

[1] Intitulé officiellement : Plan de Développement Economique et Social, il a été créé par l'arrêté du 12 février 1959, relatif à la préparation du plan de développement économique et sociale de l'Algérie.

[2] L'Algérie a beaucoup lutté pour que le prix du gaz soit aligné sur celui du pétrole ; malheureusement le succès arrive au moment où le prix du baril chute.

virage est négocié sous la foi que le prix du baril ne redescendra jamais et c'est là que réside la faille, car les lois économiques qui poussent le prix à la hausse sont les mêmes qui œuvrent à sa baisse. Le pays tout entier s'enfonce dans l'addiction à une drogue douce, chacun sait vaguement que ce n'est pas la bonne voie, mais personne ne peut (veut) s'en priver. A ses bons moments, le secteur pétrolier est tellement rentable qu'il rend obsolète toute autre catégorie d'investissement (forcément moins rentable). Poussé dans le dos dans cette direction, l'Algérien exhume rapidement le rentier qui gît en chacun homme ; il devient un « bras cassé » allergique à toute forme d'effort, au travail et au compter-sur-soi, demandant tout, ne donnant rien. Si le comportement de l'individu (essayant de vivre de l'aide de l'Etat) est rationnel du point de vue économique, un tel comportement est illogique lorsqu'il est appliqué à l'ensemble de la population. L'Etat qui a des stratégies macroéconomiques, qui a le souci du court, du long et du très long terme, qui a le pouvoir (et le devoir) d'empêcher la destruction de la nation, etc. n'a rien fait, pour qu'il en aille autrement. Fascinés par l'argent facile, le Pouvoir a :

- Fermé les yeux sur la corruption et les détournements.
- Fait monter en grade des incompétents et des escrocs,
- Distribué gratuitement des logements,
- Créé de faux emplois,
- Composé avec une trop faible productivité et un taux d'absentéisme à deux chiffres,
- Laissé des voyous transformer les rues en parkings et les trottoirs en souks,
- Obligé à devenir entrepreneurs des jeunes qui ne demandent que du travail.
- Donné des devises à n'importe qui pour importer n'importe quoi,
- Distribué des diplômes à des gens qui ne les méritent pas,
- Remis en liberté des criminels par milliers chaque année,
- Acheté du sable d'Espagne pour le système de freinage du métro d'Alger…

Chacune de ces dérives n'est rendue possible que par la disponibilité de l'argent public, contre lequel les puissants vont comme à la curée. Une partie est détournée par eux et ils utilisent l'autre partie pour acheter le silence des uns et la complicité des autres. Le baril de pétrole a miné l'Algérie.

Conclusion générale

Des chercheurs ont réalisé une expérience qui mérite d'être rapportée ici. On coupe toute la largeur d'un aquarium avec une plaque de verre contre laquelle le poisson en vadrouille, se cogne parce qu'il ne la voit pas. Après plusieurs essais infructueux pour aller au-delà, il finit par réaliser que le chemin est bloqué d'une manière ou d'une autre et qu'il est obligé de rester dans sa moitié d'aquarium. Ensuite, on enlève la feuille de verre et surprise, le poisson qui circule dans sa moitié d'aquarium s'arrête pile à l'endroit où il se rappelait s'être cogné contre quelque chose 5 minutes auparavant. Il a assimilé la leçon.

Au tournant de la dernière décennie du XX° siècle, l'Algérie a vécu la crise la plus traumatisante depuis la guerre de libération. La misère et la violence y ont atteint des pics qui auraient dû inscrire à l'encre indélébile dans la mémoire collective des Algériens et les vacciner définitivement contre le retour de ce type de crise. La crise a pris fin avec le nouveau siècle qui entre, avec la remontée spectaculaire du prix du baril de pétrole. Programme de relance, programme de soutien à la relance, grands projets de prestige, soutien à la paix sociale (soutien des prix, prêts à taux zéro pour la création de PME), prise en charge de milliers de supporters de l'équipe nationale… donnent de l'Algérie l'illusion d'un pays en plein boom économique.

La bulle éclate à la mi-2014, lorsque sans avertir, le prix du baril fait une brusque plongée qui le ramène de 110 à 55 dollars en un semestre, puis il a continué à dégringoler jusqu'à passer sous la barre des 40 dollars puis sous celle des 30. Certains pays pétroliers sont sonnés, notamment ceux qui n'exportent que du pétrole. L'Algérie en est, ce qui l'a rendue depuis plusieurs décennies dépendantes aux revenus tirés de ses exportations, qui peuvent aller jusqu'à la moitié de son PIB et à près de 100 % de ses exportations. En, fait, dans tout le pays, il y a peu de régions, de secteurs d'activité, de catégories socioprofessionnelles et de personnes qui ne doive rien au pétrole. C'est pourquoi, plus que partout ailleurs, la crise y a fait l'effet d'une bombe. Même les citoyens les moins clairvoyants savent en leur for intérieur que la manière dont ont été conduites les affaires du pays laisse à désirer, bien que pour des intérêts de conjoncture, beaucoup ont applaudi la dérive. Aujourd'hui, chacun subodore que l'heure de régler la facture du laisser-aller est arrivée. Comme toujours elle arrive toujours au mauvais moment, c'est-à-dire alors que toute la région de l'Afrique du Nord et du Moyen-Orient est sur un volcan.

Indépendamment des jeux géostratégiques des grandes puissances qui peuvent avoir des projets qui impliquent tel ou tel pays (la fameuse *main de l'étranger*), l'échec de l'Algérie est inscrit dans ses seuls gènes. *Incompétence-corruption-injustice*, pourrait être la devise du pays, car le sérieux, la discipline et le goût du travail bien fait, ont été effacés de la mémoire collective du peuple. Les Algériens se contentent d'aller à la curée, essayant de prendre une grosse part de ce qui est disponible (logement, éducation, santé, salaire, avantages divers) sans rien donner en contrepartie. Un baril à 120 dollars permet, comme un plâtre, de couvrir les malfaçons de l'édifice économique et d'émousser l'esprit critique des citoyens. N'ayant ni intelligence, ni mémoire ni imagination, l'Etat continue à prodiguer les mêmes recettes aux mêmes problèmes, leur permettant de se poser avec plus d'acuité l'année suivante. L'Algérie fait du sur-place. Ses camarades de promotion (Espagne, Portugal, Corée du Sud...) sont déjà loin devant, ceux qui étaient derrière sont maintenant devant (Turquie, Tunisie, Qatar...) et les bons derniers font des bouchées doubles (Ethiopie, Niger, Tchad...).

Depuis 2000, « Le Pouvoir » pratique une politique de la terre brûlée, agissant comme un enfant gâté qui gaspille des ressources rares et précieuses à faire tout et n'importe quoi sans réfléchir. Quand le résultat ne le satisfait pas, il efface et fait autre chose, toujours sans réfléchir. Donnons quelques exemples pour illustrer notre propos.

- Au cours des dernières années, les ministres deviennent « accros » aux superlatifs, ne lançant plus que des *mégaprojets* et des *projets du siècle*. Ces projets sont confiés à de grandes firmes étrangères, de telle sorte qu'aujourd'hui, il y a plus de firmes turques, françaises, chinoises, américaines et tunisiennes qui interviennent en Algérie, que d'algériennes. La dérive ne s'arrête pas à ce niveau, pour la bonne raison que les projets « méga » ne bénéficient pas d'études « méga ». Les études sont bâclées par incompétence, par l'implication de nombreux intermédiaires, par les pots-de-vin, par le désir d'apparaître sous les feux de la rampe, par souci de créer un fait accompli en lançant le projet prématurément, etc. Le coût est faramineux[1].

- Le président de la République, le premier ministre, le ministre de l'Intérieur…, visitant dans le pays profond, n'hésitent pas à « ajouter » verbalement à telle ou telle wilaya des dizaines de milliards de dinars qui ne sont pas budgétisés et qui ne correspondent pas à des objectifs précis. Ils donnent de l'argent de la même manière que les anciens rois, jetaient des bourses de pièces d'or à qui leur plait parmi la plèbe.
- Des réformes importantes sont annoncées à grand bruit puis brutalement abandonnées sans explication (réforme de l'administration (commission Issad), réforme de l'éducation (commission Benzaghou), stratégie de ré-industrialisation (projet de Temmar en 2007)... En parallèle, des réformes inattendues sont brutalement imposées à un coût qu'on n'a pas fini d'évaluer (réconciliation nationale, réforme du LMD, manipulation de la Constitution pour libérer les mandats, privatisation de Sonatrach…).
- Des réformes de première importance, sont mises en attente indéterminée, comme si chaque année de perdue n'enfonce pas le pays plus profondément dans le marécage du sous-développement. En premier lieu, nous pensons ici à une réorganisation administrative radicale du territoire pour en faire un instrument de croissance. Les concepts de décentralisation et de régionalisation sonnent comme une remise en cause de l'autorité de l'Etat central et par conséquent menace l'Etat dans son existence. Un débat franc, serein, sincère et responsable doit être engagé sur la question, seul un pouvoir adossé à une légitimité en or massif pourrait l'engager. En deuxième lieu, il faut se pencher sur le système bancaire. La transition vers l'économie de marché a touché à tout sauf à la banque qui reste à l'âge de pierre de la

---

[1] Les scandales du Siège d'Air Algérie, de la grande mosquée, du tunnel de Djebel Ouahch, du tronçon d'autoroute Bouira-Lakhdaria et tant d'autres sont là pour attester du bâclage des études touchant aux grands projets.

finance[1]. En troisième lieu, nous pensons à une réforme globale et radicale du système d'éducation/formation[2].

Esquives, atermoiements, coups de tête, reculades, roublardise... sont les principes de fonctionnement de l'Etat algérien qui navigue à vue, sans vision et sans cap. La disponibilité de l'argent permettant le miracle de créer une illusion que « ça va » alors le pays fait partie de la poignée des derniers. Les classements que réalisent annuellement certaines institutions internationales (Banque Mondiale, *World Economic Forum*, PNUD, *Human Rights*, *Academic Ranking of World Universities,...*) indiquent, que non seulement l'Algérie fait figure de cancre, mais que son classement va se détériorant d'année en année. Plutôt que d'en prendre acte, « Le Pouvoir » choisit de s'en prendre aux institutions qui font ces classements, qu'il accuse de comploter contre l'Algérie.

Les cinq chapitres de ce petit livre ne font pas le bilan de l'Algérie, ils attirent seulement l'attention sur les incohérences qui minent les piliers-porteurs de l'économie nationale. L'agriculture, l'industrie, l'école, la ville et le pétrole, ont été soumis à des manipulations qui ont fini par leur être fatales. La loi de Malthus (d'une production agricole qui croit selon une suite arithmétique et d'une population qui croit selon une suite géométrique) trouve une parfaite illustration dans le cas de l'Algérie. Délibérément délaissée l'agriculture risque de valoir de sérieux revers au pays. L'industrie, pour sa part, se contente d'une existence symbolique et budgétivore, n'offrant que des déceptions. Quant à l'école, elle est plus à l'aise pour produire de l'ignorance que de la connaissance, alors que la ville a muté en monstre antédiluvien qui se nourrit de l'énergie et de l'intelligence de ses habitants. Enfin, l'usage qui a été fait des ressources tirées du pétrole a décérébré la nation tout entière.

Les cinq chapitres, loin d'être indépendants, sont au contraire intimement liés, ce qui nous a obligé à quelques redites qu'il faut assumer pour la clarté du discours. Partant, tant que ces secteurs sont ainsi déstructurés, il serait naïf d'entreprendre des réformes qui ne s'appliquent pas à eux, préalablement à toute autre chose. Conduire

---

[1] Un député s'est même félicité que le crash financier de 2008, ait épargné l'Algérie parce que, Dieu merci, elle a un système financier primitif.

[2] Durant l'été 2015, un semblant de débat s'est engagé sur l'école, mais il s'est fourvoyé en se focalisant sur l'antinomie *dardja-fosha* (arabe classique/arabe populaire).

simultanément de profondes réformes sur l'agriculture, l'industrie, l'école et la ville, s'apparente à une authentique révolution qu'il faut réussir sous peine de disparaître. Parfois nous avons proposé quelques pistes de réflexion, d'autres fois, nous avons laissé la question à de meilleures compétences que nous.

Finalement, lorsqu'on voit l'immense gâchis que les Algériens ont fait de leur pays, alors même qu'ils sont partis avec une dotation en facteurs meilleure que celle de nombreux pays qui les dépassent aujourd'hui ; on finit par se demander si l'Algérie ne serait pas, en fin de compte, frappée par une malédiction au berceau ? Elle jouit d'une situation géographique stratégique, d'un territoire vaste et diversifié, d'un climat doux, de ressources du sous-sol enviables, d'une population jeune et dynamique, etc., mais ne sait quoi en faire. Comment cela se peut-il ? Nous savons où n'est pas la réponse : non l'Algérien n'est pas un idiot congénital qui transforme ce qu'il touche en ordure comme Midas transforme en or tout ce qu'il touche.

Alors *what else* ?

Pour nous en expliquer, prenons la liberté de revenir au matérialisme historique de Karl Marx. Le matérialisme historique explique comment les sociétés évoluent par résolution de conflits qui apparaissent entre les moyens de production et les rapports de production. Les moyens de production sont constitués par l'ensemble de l'outillage que les hommes utilisent pour produire. Le progrès technique introduit constamment des améliorations sur cet outillage, de telle sorte que chaque époque a ses moyens de production. Pour exploiter de manière optimale ses moyens de production à un moment donné, la communauté humaine doit se donner une certaine organisation et une certaine hiérarchisation. Lorsqu'au bout d'un certain temps, le progrès technologique a introduit suffisamment d'améliorations pour modifier la structure même des moyens de production, il surgit un conflit entre des moyens de production nouveaux et des rapports de production anciens. La communauté doit s'adapter en adoptant une organisation qui soit à même d'exploiter au mieux les nouveaux outils dont elle dispose, pour augmenter la production. Les pauvres, déjà pauvres n'ont rien à perdre dans le changement et les riches déjà riches n'ont rien à y gagner. Ce qui explique qu'en règle générale, l'évolution est portée par la révolution.

Revenons à l'Algérie.

C'est incontestable les potentialités du pays sont importantes : pétrole, gaz, fer, zinc, uranium, or, phosphate, sites naturels, sites historiques, sites paléolithiques, forêts, littoral, oasis… Ce qui fait défaut c'est l'organisation idoine pour en faire le meilleur usage possible. Un modèle d'organisation est un moyen pour atteindre des fins. Qui n'a pas d'objectif à atteindre ne peut tracer d'itinéraire, or c'est bien ce manque à l'Algérie, d'avoir un projet de société et de regarder vers l'avenir. Le premier ministre Abdelmalek Sellal, voulant sans doute marquer l'histoire à la Churchill, lançait un jour à un auditoire perplexe : *peu importe où nous allons, pourvu qu'on y aille ensemble*. La messe est dite.

Bibliographie

- Ammour, Leucate et Moulin : La voie algérienne. Maspero, Paris 1974.
- ANIMA : La méditerranée intelligente, innovation, pôles technologiques et attraction des investissements. Notes et documents n° 9, Marseille, Avril 2005.
- Azzouz L. : 1998, La problématique de la baisse du niveau scolaire. In : *L'école en débat*, Alger, Casbah éditions.
- Barro (Robert J.) : *Determinants of Economic Growth: A Cross-Country Empirical Study*. MIT Press Books, the MIT Press, 1998.
- Beccatini (Giacomo): Industrial Districts. A new approach to industrial change. Edward Elgar Publishing Limited. Cheltenham (UK) 2004.
- Becker (Gary S.): Human Capital. *A Theoretical and Empirical Analysis with Special Reference to Education.* The University of Chicago Press Chicago and London. Third Edition, 1993 (First Edition, 1964).
- Becker (Gary S.): *Investment in Human Capital: A Theoretical Analysis*. The Journal of Political Economy, Vol. 70, No. 5, Part 2: Investment in Human Beings, (Oct. 1962).
- Bedrani (Slimane) : L'agriculture algérienne depuis 1966. OPU, Alger 1981 Bedrani (Slimane) : Développement et politique agroalimentaire dans la région Méditerranée, Algérie. CIHEAM, Rapport annuel 2002.
- Benachenhou (A.) : Planification et développement en Algérie, 1962-1980. Alger 1980
- Benghebrit Nouria-Remaoun: Ecole et religion. In Mahiou (A.) et Henry (J.-R.) (sous la direction de) : Où va l'Algérie ? Kartala-IREMEM éditeurs, Marseille 2001.
- Benhouria (T.) : L'économie de l'Algérie. Maspero, Paris 1980
- Benissad (M. L.) : Economie du développement de l'Algérie. OPU, Alger 1979
- Bessalah (Hamid) : Apport de la recherche scientifique nationale dans l'avènement de la société d'information et la création de l'économie du savoir. CDTA, décembre 2002.

- Betbèze (Jean-Paul) : et Saint-Étienne (Christian) : Une stratégie PME pour la France : favoriser l'essor des gazelles, entreprises moyennes en forte croissance.
- Bianchi (Patrizio), Miller (Lee M) and Bertini (Silvano): The Italian SME experience and possible lessons for emerging countries. UNIDO, March, 1997.
- Boudalia-Greffou (Malika) : L'école algérienne d'Ibn Badis à Pavlov. Editions Laphomic, Alger, 1989
- Bouklia-Hassane (R.) & Zatla (N) : L'IDE dans le bassin méditerranéen : Ses déterminants et son effet sur la croissance économique. In Les cahiers du CREAD n° 55 du 1er semestre 2001
- Bozarslan (Hamit) : Réflexions sur l'économie de l'Empire ottoman et le passage à la révolution industrielle. Cahiers d'études sur la Méditerranée orientale et le monde turco-iranien, N° 5, janvier-juin 1988
- Brandell (Inga) : Les rapports franco-algériens depuis 1962. Harmattan, Paris 1977
- CNES : L'économie de la connaissance en Algérie, facteur de développement : quelle stratégie pour l'Algérie ? Décembre, 2004.
- CNES : L'urbanisation et les risques naturels et industriels en Algérie : inquiétudes actuelles et futures
- CNES : La ville algérienne ou le devenir urbain du pays
- CNES : Le manuel scolaire : aspects économiques et sociaux. Décembre 2002.
- CNES : Le rapport sur le développement humain, 2001
- CNUCED : Algérie, examen de la politique de l'investissement. Nations-Unies, Genève, 2004.
- Collectif : La population de l'Algérie. C.I.C.R.E.D. Series, 1974.
- Conti (S.) : Les conditions territoriales du développement de la PME, la leçon théorique du modèle italien, les petites entreprises. Colloque de Montpellier dans petites entreprises et développement local, Editions, Eskadersa : L'Algérie en débat. Maspero, Paris 1980
- Conway (Patrick): Algeria, Windfalls in Socialist economy. In World Bank: Oil windfalls, blessing or curse. Published for the World Bank, Oxford University Press, 1988.

- Corden (W. Max) and Neary (J. Peter) : *Booming sector and de-industrialization in a small open economy. The Economic Journal*, Vol. 92, N° 368 ; December 1982.
- Djeflat (Abdelkader): National system of innovation in the MENA region. World Bank, July, 2002.
- Engels (F.) : La question du logement. Editions sociales, Paris 1969.
- Ferroukhi D., 1998, Passé scolaire et performances des élèves, *Revue INSANIYAT*, n° 6 sept/déc.
- Gattaz (Y.) : La moyenne entreprise championne de la croissance durable. Fayard 2002.
- Gescaud (Frank) : Italie : le succès des districts industriels, LE MOCCI, n° : 1337, 14 mai 1998.
- Gholamallah (Mohamed). La crise des carrières des enseignants universitaires. In les cahiers du CREAD : Les enseignants universitaires algériens : conditions, attitudes et pratiques professionnelles. Sous la direction de Mohamed Gholamallah, N° 62/63, 4ème trimestre 2002-1er trimestre 2003.
- Glaeser (Edward L.) : *Cities, Information, and Economic Growth*, Cityscape 9.
- Glaeser (Edward L.) : *The economic approach to cities*. NBER, Working Paper 13696, 2007
- Grandguillaume (Gilbert) : l'arabisation au Maghreb. Revue d'Aménagement linguistique, Aménagement linguistique au Maghreb, Office Québécois de la langue française, N° 107, 2004.
- Hadjadj (Djillali) : Corruption et démocratie en Algérie. Editions La Dispute, Paris 1999.
- Henderson (J. Vernon). *Optimum City Size: The External Diseconomy Question*. Journal of Political Economy, 82(2) : 373-388, 1974.
- Henderson (J. Vernon) : *Efficiency of Resource Usage and City Size*. Journal of Urban Economics. 19.47-70 (1986).
- Hoffman (Anders N.) and Markusen (James R): *Investment Liberalization and the Geography of Firm Location*. NBER 2005Jacobs (Jane) : Déclin et survie des villes américaines. P. Mardaga éditeur, Liège, 1991.
- International Energy Agency: Key World Energy Statistics, 2015

- Kheladi (M), Ait Sidhoum (H) & Akrour (S) : Architecture urbanisme et rationalité économique. Projet de recherche, disponible au Labo Economie & Développement.
- Kheladi (M), Belattaf (M) & Arhab (B) : Contribution à l'analyse des structures de la ville algérienne, à partir du cas de la ville de Bejaia. Les Cahiers du CREAD, n° 56 du deuxième trimestre 2001
- Kheladi (M), Belattaf (M) & Arhab (B) : Transport urbain à Bejaia. In Les Cahiers du CREAD n° 54 du quatrième trimestre 2000
- Kheladi (M), Belattaf (M) et Arhab (B) : Aménagement urbain et développement socio-économique dans la ville de Bejaia. Projet de recherche, disponible au Labo Economie & Développement.
- Kheladi (M), Belattaf (M) et Arhab (B) : Perspectives de développement de la région de Bejaia par le tourisme. Projet de recherche, disponible au Labo Economie & Développement
- Kheladi (M.), Ait Atmane (B.), Bennacer (A.), Agoune (K.) et Benkhenouche (L.) : Croissance et Compétitivité : quel rôle pour la ville. Cas de la ville de Bejaia. Projet de recherche CMEP, 2012
- Kheladi (M.), Arhab (B.) et Ait Sidhoum (H.) : Analyse de l'impact de la libéralisation du transport urbain dans la ville de Bejaia. Projet de recherche CMEP, 2005
- Kheladi (M.), Arhab (B.), Merzouk (F.), Mancer (I.) et Boughidène (R.) : Essai d'analyse du triptyque : Emploi-Croissance-Productivité Projet de recherche CMEP, 2009
- Kheladi (M.), Idir (M.), Bedjguelel (F.) et Alilat (T.) : A l'ère de la mondialisation, la PME peut-elle constituer une voie de développement pour l'Algérie ? Une étude à partir du cas de la wilaya de Bejaia. Projet de recherche CMEP, 2008
- Kheladi (Mokhtar) : Urbanisme et systèmes sociaux. La planification urbaine en Algérie. OPU, Alger 1991.
- Khelfaoui (Hocine) : La science en Algérie. In la science en Afrique à l'aube du 21ème siècle. IRD, Paris, décembre 2001.
- Khelfaoui (Hocine) : Les TIC dans le système scientifique algérien, IRD (institut de recherche et développement, http://www.tic.ird.fr
- Khelif (Amor) : La réforme du secteur des hydrocarbures en Algérie, ajustement libéral ou changement de logique économique. In Mahiou (A.) et Henry (J.-R.) (sous la direction de) : Où va l'Algérie ? Kartala-IREMEM éditeurs, Marseille 2001.

- Kopp (Anatole) : Architecture et mode de vie : Textes des années 20 en URSS. PUG, Grenoble, 1979
- Kopp (Anatole) : Changer la vie, changer la ville. UGE, Paris 1975
- Kopp (Anatole) : Ville et révolution. Anthropos, Paris 1967
- Le Corbusier : La charte d'Athènes, Editions de Minuit
- Le Corbusier : Urbanisme (1925) Editions Arthaud, Paris 1975
- Le Corbusier : Manière de penser l'urbanisme. Denoël-Gonthier, Paris 1977
- Lynch (Kevin) : L'image de la cité. Dunod, Paris 1973
- Martin (Ron) and Sunley (Peter): *Deconstructing clusters: chaotic concept or policy panacea? Journal of economic geography*; troisième trimestre 2003
- McLuhan (Marshall) : La galaxy Gutenberg, Paris 1968
- Merad-Boudia (Abdelhamid) : La formation sociale algérienne précoloniale : essai d'analyse théorique. OPU, Alger 1981
- MESRS : L'encadrement universitaire : bilan et perspectives, Mars 2004.
- Ministère des PME et de l'Artisanat, bulletin d'information n° 6, 2004.
- Morone (Piergiuseppe) and Testa (Giuseppina): What Makes Small and Medium Enterprises Competitive. An investigation into the Italian manufacturing sector. University of Napoli "L'Orientale" and Birkbeck College, University of London
- OCDE : L'économie fondée sur le savoir. Paris1996
- OCDE : Mesurer le capital humain. Paris, 1996.
- OECD, IEA and Eurostat: Energy statistics Manual, 2005.
- OPEC: World Oil Outlook, report 2016.
- OST : Les systèmes de recherche et d'innovation du monde et leurs relations avec la France : les pays du Maghreb, mai 2005.
- Paquot (Thierry) et alii : La ville et l'urbain, l'état des savoirs. La découverte, Paris 2000
- Paulet (J.-Pierre) : Géographie urbaine Armand Colin, Paris 2000
- Porter (Michael) : *Clusters and the New Economics of Competition.* Harvard Business Review. Nov./Dec. 1998. Reprint number
- Porter (Michael) : *Location, Competition, and Economic Development: Local Clusters in a Global Economy.* Economic Development Quarterly Vol. 14 No. 1, February 2000 15-34.

- Porter (Michael) : *The competitive advantage of nations*. Free Press, New York, 1990
- Raffinot (Marc) et Jacquemot (Pierre), Le capitalisme d'État Algérien, Maspero, Paris, 1977
- Reich (Robert) : l'économie mondialisée. Dunod, Paris, 1993.
- Romer (Paul M.) : *Increasing Returns and Long-Run Growth*. The Journal of Political Economy, Vol. 94, No. 5. (October, 1986).
- Romer (Paul) : Increasing returns and new developments in the theory of growth. NBER Working Paper Series N° 3098, September 1989.
- Saïdouni (M.) : Eléments d'introduction à l'urbanisme. Histoire, méthodologie, réglementation. Casbah éditions. Alger 2000
- Saxenian (Annalee): Regional Advantage: Culture and Competition in Silicon Valley and Route 128. Harvard University Press (1996)
- Schultz (Theodore W.) : Il n'est de richesse que d'hommes. Investissement humain et qualité de la population. Ed. Tendances Actuelles, Paris 1983.Schultz (Theodore W.): *Investment in Human Capital*. The American Economic Review, Vol. 51, No. 1, (Mar., 1961).
- Schultz (Theodore W.): *Reflections on Investment in Man*. The Journal of Political Economy, Vol. 70, No. 5, Part 2: Investment in Human Beings, (Oct., 1962), pp. 1-8
- Svensson (Jakob): Eight questions about corruption. Journal of Economic Perspectives—Volume 19, Number 3—Summer 2005—Pages 19–42
- Thisse (Jacques-François) and Ottaviano (Gianmarco IP): Agglomeration and economic geography. Center for Economic Policy Research, Discussion paper series, N° 3838, March 2003. www.cepr.org
- Tiano (André) : Le Maghreb entre les mythes. PUF, Paris, 1967
- UNESCO, Déclaration mondiale sur l'enseignement supérieur pour le XXIe siècle : visions et actions, Conférence mondiale sur l'enseignement supérieur, Paris, 5-9 octobre.
- Wright (F-L) : L'avenir de l'architecture. Denoël-Gauthier ; Paris 1982.

Table des matières

L'HARMATTAN ITALIA
Via Degli Artisti 15; 10124 Torino

L'HARMATTAN HONGRIE
Könyvesbolt ; Kossuth L. u. 14-16
1053 Budapest

L'HARMATTAN KINSHASA
185, avenue Nyangwe
Commune de Lingwala
Kinshasa, R.D. Congo
(00243) 998697603 ou (00243) 999229662

L'HARMATTAN CONGO
67, av. E. P. Lumumba
Bât. – Congo Pharmacie (Bib. Nat.)
BP2874 Brazzaville
harmattan.congo@yahoo.fr

L'HARMATTAN GUINÉE
Almamya Rue KA 028, en face
du restaurant Le Cèdre
OKB agency BP 3470 Conakry
(00224) 657 20 85 08 / 664 28 91 96
harmattanguinee@yahoo.fr

L'HARMATTAN MALI
Rue 73, Porte 536, Niamakoro,
Cité Unicef, Bamako
Tél. 00 (223) 20205724 / +(223) 76378082
poudiougopaul@yahoo.fr
pp.harmattan@gmail.com

L'HARMATTAN CAMEROUN
BP 11486
Face à la SNI, immeuble Don Bosco
Yaoundé
(00237) 99 76 61 66
harmattancam@yahoo.fr

L'HARMATTAN CÔTE D'IVOIRE
Résidence Karl / cité des arts
Abidjan-Cocody 03 BP 1588 Abidjan 03
(00225) 05 77 87 31
etien_nda@yahoo.fr

L'HARMATTAN BURKINA
Penou Achille Some
Ouagadougou
(+226) 70 26 88 27

L'HARMATTAN SÉNÉGAL
10 VDN en face Mermoz, après le pont de Fann
BP 45034 Dakar Fann
33 825 98 58 / 33 860 9858
senharmattan@gmail.com / senlibraire@gmail.com
www.harmattansenegal.com

L'HARMATTAN BÉNIN
ISOR-BENIN
01 BP 359 COTONOU-RP
Quartier Gbèdjromèdé,
Rue Agbélenco, Lot 1247 I
Tél : 00 229 21 32 53 79
christian_dablaka123@yahoo.fr

Achevé d'imprimer par Corlet Numérique - 14110 Condé-sur-Noireau
N° d'Imprimeur : 130866 - Dépôt légal : juillet 2016 - *Imprimé en France*

www.ingramcontent.com/pod-product-compliance
Lightning Source LLC
LaVergne TN
LVHW011305061026
849535LV00005B/1414